广东省中小学新一轮"百千万人才培养工程"丛书

丛书顾问　吴颖民

丛书主编　王　红　　副主编　黄牧航　黄道鸣

名校长办学思想研究

主　编　王　红
副主编　雷丽珍　童宏保

WUHAN UNIVERSITY PRESS
武汉大学出版社

图书在版编目(CIP)数据

名校长办学思想研究/王红主编.—武汉：武汉大学出版社,2019.12
(2022.11 重印)

广东省中小学新一轮"百千万人才培养工程"丛书

ISBN 978-7-307-21296-1

Ⅰ.名…　Ⅱ.王…　Ⅲ.中小学—校长—学校管理—研究　Ⅳ.G637

中国版本图书馆 CIP 数据核字(2019)第 268479 号

责任编辑:聂勇军　　　责任校对:李孟潇　　　版式设计:马　佳

出版发行:**武汉大学出版社**　(430072　武昌　珞珈山)
　　　　　(电子邮箱:cbs22@whu.edu.cn　网址:www.wdp.com.cn)
印刷:武汉邮科印务有限公司
开本:720×1000　1/16　印张:19.25　字数:266 千字　插页:1
版次:2019 年 12 月第 1 版　2022 年 11 月第 2 次印刷
ISBN 978-7-307-21296-1　定价:55.00 元

总　序

做有文化自觉的现代教育者

吴颖民

　　中国的中小学校从没有像如今这样呈现出群体性的文化觉醒，也从没有像如今这样流露出普遍性的文化焦虑。

　　随着教育改革日益进入深水区，中国教育发展的整体态势已经有了很大的改变。6 年前，在"教育与中国未来 30 人论坛"上，对于基础教育面临的困境，我着重谈了三个问题：核心素养、课程改革与评价体系。我高兴地看到，短短几年时间，随着中国学生核心素养体系的提出、新课程改革的深化，以及新的考试招生制度改革逐步落地，这些问题都慢慢有了日渐清晰的答案。

　　于是新的问题也随之而来，因为这一系列的教育改革意味着，好学生、好学校、好教育的标准变了，尽管分数和升学率仍很重要，但对学校来说仅有分数和升学率已经着实拿不出手了。这时候，无论校长还是老师都强烈感受到一种认同危机，我们如何衡量自我的教育价值，又如何找准自身在教育发展中的定位？

　　同样让人感到焦虑的还有，仅仅是十多年时间，中国教育面临的外部环境也已经今非昔比。当世界变得日益"平坦化"，当中国教育者日渐频繁地参与到国际教育文化的交流对话中，我们对国际教育有了更为深入、客观的观察与理解，不再用仰视的态度去看待国际教育理念与经验，而是多了一份平视的、冷静的省察视角。这又意味着，中国教育的参照系也发生了变化，"我是谁""我从哪里来""要到哪里去"，诸如此类的身份迷茫进一步加剧了。

这样的教育内外环境变化带来的学校文化嬗变的阵痛，既是我们推进中小学教育人才队伍建设的动因，也是我们希望找寻新的学校教育价值观，让学校教育者重新审视自我，得以安身立命的教育命题。

就是在这样的背景下，2012年10月，广东省启动了中小学新一轮"百千万人才培养工程"。目的也很明确，要在这个"呼唤教育家辈出"的时代，培养出一大批具有较高理论素养和实践能力的，在全省乃至全国处于领军地位并发挥示范作用的名教师、名校长和教育家。响应这一号召，华南师范大学作为重要参与方之一，责无旁贷地承担了其中的"教育家培养项目"、"中学名校长培养项目"、"高中文科类名教师培养项目"和"高中理科类名教师培养项目"四个子工程。

呈现在大家面前的这套丛书，从《中美基础教育比较》《中芬基础教育比较》《两岸基础教育比较》《名校长办学思想研究》到《教学名师教学思想研究》，既是几年来上述四个培养项目的成果显现，是在高等师范院校引领下，一批优秀中小学名师、名校长对自身教育实践的理念升华和思想凝练；同时又是面对曾经的学校教育定位和身份认同的困惑与迷茫，尝试进行的新时代学校教育文化的重新认识与建构，或者说，是素质教育校本化表达的"广东智慧"、"广东方案"。

我们看到，经历了从站起来、富起来到强起来的当代中国，越来越重视价值建构、阐释与传播，也展现出越来越强的文化自信。我们的学校教育、我们的校长和教师也应如此。

见微知著，今天的学校教育需要重新进行价值建构与定位，需要更有文化自觉的教育者。也因此，在项目实施过程中，我们明确了以教育思想、办学思想和教学思想为培养主线，通过"五个结合"，即理论研修和行动研究相结合、导师引领与个人研修相结合、脱产学习与岗位研修相结合、国内学习与海外研修相结合、研修提升和示范引领相结合，帮助参加培训项目的校长和教师学员升华实践，凝练思想。

成效令人欣慰！在项目平台上，一大批校长和教师的文化意识被唤醒，他们认真审视自己的教育实践历程，在反思中努力形成自己对教育教学的个性化理解，进而建构自己的教育理念体系和教育实践模型，形成了具有一定理论基础的、特色鲜明的办学思想和教学思想。从个体而言，他们在项目的催化下实现了个人成长，增进了对教育本质的理解，对所从事的教育事业有了更深的价值认知，也有了更高的期待。从整个基础教育改革而言，他们用这样的行动为教育研究提供了一个个鲜活的样本，丰富了当代的实践教育学。

同样值得重视的一个价值动向，就是校长和教师们在中外教育的对话与比较中，开始渐渐觉醒的教育主体意识和文化自信。在项目培训实践中，我们创造条件让学员走出国门，深入考察美国教育、芬兰教育，重视国际教育交流对话。在这个过程中，校长和教师们不再是"言必称希腊"，而是以更为理性、平和的态度对待异域经验。他们在发现好的经验与做法时，能够以积极建设的态度"把美好带回家"。但又不是一味"拿来"，更多学会从不同文化背景、不同发展阶段来理解教育差异。尤其难得的是，他们在中外教育比较中重新认识到，中国的学校教育也有其应该坚持的特色，我们既要学人之长、补己之短，又不能丢了自己原有的好东西。

中国的基础教育需要走向国际化，需要强化自身的国际化人才培养功能，但国际化不是否定自我，对外来经验全盘接受，而是要在平等参与国际教育合作、交流中，增进国际理解，倡导求同存异。这就好比茶与咖啡，无所谓优劣，仅关乎趣味。

从这个角度来说，作为项目成果的这套丛书，既是这些校长或教师对个人教育思想观念的梳理提炼，更是中国一线教育工作者对基础教育国际化的真诚思考：什么是国外基础教育的优势？什么是中国基础教育的特点？我们该向人家学习什么？又该坚持和发扬什么？

这同时又是一份珍贵的成长见证。几年来，这些校长或教师不少已成为广东省中小学教育的领军人才，有的已经在全国崭露头角。他们从整体上构成了新时代岭南教育的风格特色，成为一支闪现思想锐气、富有改革精神的"教育新势力"。

正是有感于这样蓬勃的生长态势，两年前，我们打造了被称为"中国教育TED"的品牌活动——"山长讲坛"，让广东的名师、名校长可以有一个广泛传播、分享教育思想和学术风采的现代平台。在"山长讲坛"第一季的首场演讲中，我说，校长应当成为师生的精神领袖，在真善美境界中求得宁静，在精神层面引领师生的发展，通过凝练、传播和践行三个层面，逐步清晰自己的教育思想和办学理念，形成独特的办学主张。

就在前不久，以"粤教育·粤精彩——唱响岭南教育流派"为主题，新一轮广东省中小学（幼儿园）名师、名校（园）长工作室主持人高峰论坛在华南师大举行，有70多位岭南名师、名校长登台演讲，表达他们的教育主张和教育实践。以此为契机，华南师大将推进"岭南教育流派名工作室"的发展建设，从教育思想和教育实践两个层面打造更具独特风格的"岭南教育"。

提出"岭南教育流派"这一概念，不是简单地"贴标签"、"划地盘"，而是有着多重思考。一方面，长期以来，岭南教育被深深地打上了广东人一贯的务实勤劳、勇于开拓、行胜于言等鲜明印记，但正所谓"言而不文，行而不远"，我们期待有更多校长和教师通过著书立说，对岭南教育的共性文化特征进行梳理提炼，从而更深更广地参与到中国当代教育文化的共建中。另一方面，粤港澳大湾区的建设也对岭南教育的融合共享发出了时代的呼唤，"独行速，众行远"，校长与教师必须舍却小我，融入大我，学会相互借力，相互成就。我们理想中的岭南教育流派，应该是一个兼容并蓄、互通互鉴的教育文化圈，一个和而不同、美美与共的良性教育生态。

而这套丛书的策划与出版，也是怀着同样的初衷与期待，希望为岭南校长和教师架设一个展示、分享发展成果的平台，引领和督促他们向着"教育家办学"的方向不断前行。

实事求是地说，作为一项高等师范院校和中小学校长、教师共同参与的研修创新活动，项目本身还有许多不完善之处，校长和教师们在丛书中呈现出来的与其说是成果，不如说是一份份项目作业，是他们成长过程中的一个纪念，更是他们走向更高教育境界的基点。也因此，无论是丛书的思想内容还是体例结构，都还略显粗糙，有许多的不足。丛书得以结集出版，一方面是鼓励和鞭策，另一方面也是求教于大家，给予批评和指正。倘能激发更多校长和教师对学校文化建设的重视，共同投身于中国特色基础教育的改革发展，则更是善莫大焉。

是为序。

（作者系华南师范大学原副校长、研究员、博士生导师，中国教育学会副会长，广东省中小学校长联合会首任会长，广州中学首任校长。）

前　言

谈校长的办学思想

童宏保

　　思想是人类区别于其他动物的重要标志。思想的内涵在许慎《说文解字》里解释为："思"者，上为"田"，下为"心"，"心之田"；"想"者，上为"相"，下为"心"，"心之相"。《现代汉语词典》对"思想"的解释有三个义项：①客观存在反映在人的意识中经过思维活动而产生的结果，思想的内容为社会制度的性质和人们的物质生活条件所决定，在阶级社会中，思想具有明显的阶级性。②念头；想法。③思量。我思故我在。思想如何，你对事物的判断就如何。所谓仁者见仁、智者见智；境由心造，相由心生即是如此。毛泽东在《人的正确思想是从哪里来的?》中认为："无数客观外界的现象通过人的眼、耳、鼻、舌、身这五个官能反映到自己的头脑中来，开始是感性认识。这种感性认识的材料积累多了，就会产生一个飞跃，变成了理性认识，这就是思想。"此处的思想是指通过概念的联系，概括地说明现象的本质和规律的理论原理，或者表现为一系列观点综合的理论体系。

　　教育思想是教育者对教育现象、教育规律和教育原则等的思考和认识。教育理念是在思想提炼中自己对教育总体概括的核心概念的表达。例如，孔子的"有教无类"，李吉林的"情境教育"，杜威的"民主教育"，陶行知的"生活教育"，朱永新的"新教育"，叶澜的"新基础"等等。其他学者在谈及"教育理念"时常和"教育思想"混合使用。

教育思想是在核心概念统领下的，一系列教育主张形成的对教育理论高度、教育视野的广度和深入教育相关要素的深度的立体化表达。它是思想体系，不是零星的观点。零星的教育观点是形成系列的教育主张的基础，系列的教育主张从宽度、深度和广度几方面形成立体化、体系化的思想。思想提炼中的思想是指由核心理念演化而来的思想体系，不是日常话语中的思想意识和零星观点。

教育思想的细分是因人而异和因职位而异的。确切地说是因职业而定的。在办学思想的凝练中，有关于"教育思想""办学思想"和"教学思想"之说。思想提炼是要依赖角色位置的，笔者把基于"角色定位"的思想提炼取名为"角色定位说思想提炼"。这是因为，首先，角色决定人思考内容的定位、格局和策略。按照角色理论，角色对人的行为产生当然权力，即角色权力。角色权力会影响思考的内容，所谓在其位就要谋其政，不在其位不谋其政。其次，角色影响着人们的行动。从职业角色思考问题、分析问题和解决问题是最合组织需要和个人需要、最有效率的工作思维。在教育行业中，所有的思想都可以成为教育思想。教育思想终极目的是要回答"培养什么人"的问题，教育思想的策略是要回答"怎么培养人"的问题。当下，有一个"为谁培养人"的问题，这个问题是对"培养什么人"问题的强调和具体化。这几个基本问题是所有教育者做"形而上"思考时都要回答的问题。但教师角色基于课堂、校长基于学校以及教育决策专家基于政策、教育学家基于理论对这个问题的不同回答就会出现多样性表达。教师重在课堂培养什么人、怎么培养人、用什么样的课程培养什么样的人。他会思考一些具体的标准，对诸如好学生标准、好教师标准、好课堂标准、好课程标准等系列化问题的回答就构成教学思想。校长在提炼思想时，在目标层面，把凝练校长的办学思想作为名校长培养的主体目标和主导任务，整个培养过程都以办学思想凝练为主线，校长会思考诸如好学校的标准、学校的哲学体系、学校的育人目标和办学体系等，回答"办什么样的学校""怎么办学校"等问题。

在过程与方法层面，由于实现目标的方法论的确定，取决于目标的核心要素形成规律。"思想"是名校长成长的一个核心要素。校长的思想主要针对办学思想，具体就是管理思想和教育思想，回答学校培养什么人和怎么培养人的问题。校长办学思想的内涵是在对学校发展规律的认识基础上形成的办学的观点、主张乃至系统化之后形成的思想体系，包括办学思想的具体要素，如愿景、使命，以及学生观、教师观等。校长的办学思想成型需要经过从办学观点到系列办学主张，从系列办学主张再到办学思想体系的塑造过程。

校长办学思想凝结着学校的办学特色，学校的办学特色会打上校长思想的烙印。简单地说，校长留下的是特色，能带走的是思想。从职业角色定位来讲，办学思想只是对校长而言的，是办什么样的学校、怎么办学校的思想。教育思想是对教育者而言，是培养什么人、怎么培养人的思想。校长的角色又分教育者、管理者、领导者。对校长而言，有时说教育思想就部分等于办学思想。不同的学者对教育思想和办学思想分类也有区别。我认为，校长的办学思想分为教育思想和管理思想，教育思想回答"培养什么人""怎么培养人"的问题；管理思想回答"办什么学校""怎么办学校"的问题。

校长的办学思想要在办学行动中通过实践检验，好的办学思想会正确地指导办学实践，不好的办学思想会误导办学实践。检验思想正确与否的唯一标准是能否正确地指导教育改革实践。从思想到制度、从制度到行动是校长办学思想凝练的过程。检验一个校长做得好不好，只要看其办学思想的凝练在实践指导中发挥作用的程度就可以了解。好的凝练是"三法"统一的修炼，即办学思想的"想法"与制度和课程体系的"说法"到办学实践的"做法"的统一。极少数教育家型校长能做到理想与实践的完美统一，优秀的校长能做到较好的统一，有一定思想的校长能做到基本统一，还有一些校长缺少思想，基本不能达到三者统一。

广东省中小学新一轮"百千万人才培养工程"第二批名校长培养对象21人在华南师范大学吴颖民教授和王红教授团队指导下，在三年多研修中，以办学思想提炼为主线，通过强化思想与方法、思想与特色、思想与实践、思想与创新等多环节研修，初步提炼了适合本校办学特色和个人办学思想，具有岭南学校本真特色和岭南教育人的务实、创新和行动风格的办学思想雏形。

仔细研读，有感于斯，特作以上言。

目　　录

从"善美"到"上美"：
理念指引与行动落实

韶关市曲江初级中学　曹国雄

近四年来，参加的广东省中小学新一轮"百千万人才培养工程"，让我受益匪浅，更加坚信"办学校就是做文化"理念。我在城郊学校——马坝中学（以下简称"马中"）任校长七年，2018年6月，我被提拔调任到我区最好、规模最大的"曲江初级中学"任校长，多年的校长经历使我对学校文化建设有了独到的见解，凝练出自己的办学思想，由原学校马中"善美教育"拓展到现学校曲江初级中学（以下简称"曲初"）的"上美教育"，并将现在学校的学校文化确立了起来，两所学校都形成了办学特色，教育教学质量均实现了质的飞跃。

一、办学思想的凝练：马中"善美教育"到曲初"上美教育"

（一）马中"善美教育"

在马中，打造善美文化，以善育人，以善兴校，创建善美教育，是我作为校长的办学宗旨。以"尚书向善，笃学明志"作为马中办学理念，重在继承与弘扬中华传统文化，崇尚读书，以书为友，爱书，学书，营造书香校园。积极打造以禅宗为源的校园善美文化，激励学子勤

1

奋好学，奋发上进，努力追求美好的人生志向。

善美文化是马中的办学特色，也是学校文化建设的抓手。为积极倡导善心、善德、善行、善举，让马中成为"善地"；以善施教，以善育人，以善载道，让马中成为"扬善之校"；教善、施善、弘善，让马中教师成为"育善之师"；崇善、立善、向善、行善，让马中学生成为"善学之生"。善如水，在马中无处不在，上善若水般品质自然成为我校师生成长的目标。着力打造善文化，让高贵的精神、灵明的意识、纯正的思想及高雅的气质整合与统一，成为我校的基于禅宗、立于道家、融于儒家的独具特色的善美文化，形成了"八大抓手"：一是从自身做起，加强班子建设。我始终坚持以人为本的管理理念，在生活上，做教职工的公仆；在工作中，坚持严于律己，以身作则。坚持深入教学第一线，加强巡堂、巡夜，参与教研教改、听课、评课。为加强班子建设，重新调整班子成员工作分工，明确各自职责，起用新秀，发挥中层骨干的作用，鼓励他们做榜样、勤奉献、干实事、求实效。现在，一支"团结务实、民主开拓、与时俱进、不断创新"的班子队伍正在逐步形成。二是引领师资队伍"心怀善念，学做善人"，要知善向善，"与人为善"。正如老子《道德经》所言，"上善若水，水善利万物而不争"。这是一种奉献而不求索取的美德，有一种海纳百川的境界，教人行善。善如水，有"七善"，上善若水任方圆，水善于滋润万物而不与万物相争。正是道家"为而不争"的人生态度与境界。作为教师，则应以智者的清醒，将上善若水的境界更好地扩展与提升，拥有美好的为师之道。三是学善说善。每年借助"世界阅读日"系列活动，开展校长赠书读书论书活动，有目的有针对性地先后赠予了稻盛和夫的《人为什么活着》、华阳的《工作重在尽职》、肖川的《教师的幸福人生与专业成长》、何怀宏的《沉思录》等六本书，让大家阅读学习，写心得，谈体会，评比表彰。四是以"善"装点校园，彰显善文化内涵。种植名木，摆放景观石，精心设计制作善文化墙、宣传栏、班级教室门牌、特色班级名片、班务栏、学生个性化宿舍等一批具有学校善文化特色的产品，并装裱悬挂一批有"善"元素的名家字画，寓善其中。五是设置善美文化课，不断完善校本"善美文化教材"，校本教材循环使用。此举有利于师生学习研究善文化，有章可循，共享交流。六是成立"善地文学社"，创办《善地报》。开辟了固定的社团活动场所，机构健全，章程规范。《善地报》两开四版彩印，每月定期出版，师生人手一份，现已坚持出版了42期，好评不断。七是开创师生善文化论坛。教师在教职工周例会上讲，每次2人，每人发言5分钟。学生在每周国旗下讲，每次2人，每人发言3分钟。形成人人都讲善的氛围，以求文化的认同。八是每年五月举办为期一个月的善美文化艺术节，现已连办七届，形成了讲为善故事比赛、为善日记评选、"善在我心中"征文比赛等十大系列主题活动，取得了丰硕的成果，师生在整个五月就像天天都在过节一样，享受善美文化的魅力。

（二）曲初"上美教育"

在曲初中学，我潜心研究，创办"上美"特色，打造"上美文化"，培育学生"乐观向上、追求卓越"的品格。创办"上美教育"，是我作为校长的办学思想。上美文化是曲初中学的办学特色，也是学校文化建设的抓手。为着力打造"智善古贤，上美曲初"独具特色的上美文化，我积极申报"内化与上，外化与美，上美教育实验研究"课题，该课题被广东省教育科学规划领导小组批准立项，并获得省财政专项经费。学校"上美文化"也逐一推进并落地，首届"上美文化"艺术节开幕并举行五大系列活动、上美报社成立并揭牌、《上美报》首刊出版、校园上美元素文化景观相继落地，并开展上善之星、上智之星、上美少年、上美之师、上美文明班等一系列师生荣誉评选，我多次在学生家长会上宣讲学校上美文化与教育。

1. 上美教育的核心价值观——智善古贤，上美曲初

智、善、古、贤是中华传统文化的瑰宝，千百年来与时俱进，被不断发掘、丰富，滋润着不同领域的思想与理念。此"四品"也是曲江所拥有的文化"特产"，从距今约 13 万年的马坝人遗址，到六祖慧能的讲禅修行，再到张九龄、余靖等名臣贤相建功立业，曲江拥有极为丰富而又极具特色的较全面的文化积蕴。而曲江初级中学从 1927 年其前身曲江中学建校以来，就将曲江优秀的文化赋予教育事业，求真求实，取得诸多成果，盛誉一方。

而今，曲初人站在新的时代起点上，立志将曲江文化、曲江精神，乃至中国传统文化的精神感知于心，内化于行，将其与初中教育紧密结合，提炼出"智善古贤，上美曲初"的核心价值观，力求为"上"而至"美"，培养"上美"之人，打造"上美"曲初。

具体来讲，"上美"文化核心价值观的内涵包括四个方面。

上智通慧之美。慧能禅宗文化是中国传统文化之大本，凝聚了千百年来中华文明的智慧，对周敦颐、朱熹、王阳明等理学家的哲学思想，乃至近代资产阶级思想家如谭嗣同、章太炎的思想都产生恒久的影响，许多文学作品、茶道等都是以禅宗为基础为本源的衍生。上智文化置于学校教育中，就是要让学生有一个好的智识学习，达到通慧状态。"慧"是一个更为通达、更为全面的境界，让学生游刃有余掌握学习和生活上的知识和技能，更好地适应未来社会需要。

上善修德之美。佛教是中国传统文化的"三根柱子"之一，倡导向善行善，以和为贵，这也是中华文明所秉承与传扬的基本理念。上善文化于学校教育，其善作为一种德的顶级境界，就是要学生学会处理好人与自我、人与自然、人与社会、人与世界的友善关系，这也是教育育人的四个维度之所在。

上古传承之美。马坝文明、石峡文化都是曲江的宝贵财富，历久弥新。曲江是文明曙光较早照耀之地，文明领先之所，地域文明突出。十

九大报告指出："文化自信是一个国家、一个民族发展中更基本、更深沉、更持久的力量。"文化自信，就要从地方文化的自信开始，在树立文化自信，传扬中华优秀文化的时代背景下，学校作为文化传承的主要场所，应主动肩负起薪火相传的重要使命，让特色优秀文化深入学生内心，让传统文化继续生根发芽、开枝散叶。

上贤领秀之美。曲江历史上人才辈出，贤相贤臣贤才名噪一时，他们锐意变革，领时代之先。张九龄开山大庾岭，余靖官场革新，开清廉之气。上贤榜样的力量虽年代久远但深入人心，新时代的少年学子要学习先辈勇于开拓的精神，有博采古今的觉悟，融通中外的能力，领秀于世的胸怀。

"智善古贤，上美曲初"核心价值观，扎根中国传统文化，立足学校现实，有着厚实的文化基础和昂扬上进的精气神，大气的概念和丰富的内涵能引起师生的深切共鸣，能让学校在核心价值观的引领下积极上进，更上一层楼。

2. 育人目标——培养智慧、德善、儒雅、领秀之上上之才

智慧通达。高质量的知识学习、智识培养是学校育人的基本工作，也是学生成长成才、向上至美的基本要求。智慧是"形而上"的"道"，是知识积累、不断思考基础之上的思维方式、分析能力、探究能力的培养与进步，有了方式方法和心胸眼界的提升，学生的学习和生活就更为通达，更有价值感。

修德向善。十八大报告将"立德树人"作为教育的根本任务，这就重申了德育在学校工作中的首要位置，同时也为我们教育工作者提出了更高的要求——教育不仅仅是"教书育人"，更重要的是要"立德树人"。修"美"德，向"上"善，才能立起一个能容人洽世，与未来偕进的健康的"人"。初中阶段的学生正值青春期，容易颠覆以前形成的积极善良的心理品质，学校要加大德育力度，注重学生的心理健康，以积极的心理品质为标杆和引导，为学生的健康成长保驾护航。

温文尔雅。君子文化是中华民族独特的精神标识，是中华民族特有的文化概念，也是中国人独特的理想人格。儒雅君子，最主要的气质就是温文尔雅，态度温和，举止斯文。我国著名教育家叶圣陶先生曾说，"温文尔雅正是学者的态度"。曲初的学子，继承优秀先辈的精神品质，吸收优秀传统文化的精髓，同时以文化来哺育日常学习，近"雅"而育"文"，提升能力和气质。

领秀争先。张九龄、余靖等曲江先贤、文化名人就是曲初学子最真切的榜样，向上的态度和至美的标准应成为学生的共识。正如阿德勒个体心理学所提出的，个人都受到"向上意志"的支配，都有追求卓越的信念。学校要尊重学生自主成长的规律，保护向上争先的信念，不打击不压抑，开阔学生的眼界，培养创新意识，天天向上，迎接未来。

3. 办学目标——办一所扎根中国文化、领秀未来社会的高品质学校

扎根中国文化，需要且必要。中国优秀传统文化是曲初发展的根，其滋养必不可少，是学校发展所需要的。曲初在文化上的借力是教育原则的体现，教育必须扎根中国文化，才能走得更远，才能走向世界。对于曲初来说，学校拥有极具代表性的地方文化，这是学校发展的机遇。放到宏观的国家、世界的层面上，更有传承与弘扬中国优秀传统文化的责任。

领秀未来社会，有能力有担当。未来社会的探索者、先行者必是非"上""美"而不取的。曲江初级中学紧跟教育改革，勇立潮头，虽与高中部分离，但曲初把握教育趋势，结合实际情况，潜心培养人才，用心做实教育，争取获一个又一个瞩目的佳绩，立志做教育的"领跑者"，其向上的态度和至美的标准体现了曲初的能力；此外，曲初既有能力，也有责任、有义务做高品质学校。曲初的领导班子有大气的胸怀和长远的目标，凝心聚力，像一群年轻人追逐梦想一般，积步致远，前途远大，其向上的势头，让我们看到了曲初光明的未来。

4. 一训三风

校训：大道上达　智善古贤

大道即正确的道理，是一种通透美好的境界，这是人生追求的价值，也是教育方向所至和目标所在。教育就是要教人求真、学做真人，不断靠近正确的道理，追求有价值的目标，成就他人，成就自己。同时，追求大道需要"向上"才能抵达，也是"上美"理念的核心要求，校训从其包含的"智、善、古、贤"四品中来，也作为训导规正着学校培养人才的方向。

校风：天天向上 积步成美

一上一世界，天天有进步。师生每向上一步，每登上一层，就有更大自我价值实现的获得感和满足感，有"未来可期"的激励，便继续攀登，日有所思，日有所得，便能积步致远，达到学习美、生活美、工作美、成长美的境界；此外，"上"所代表的高等级、高品质也要求师生有远大志向，心有大格局、大未来，追求高品质的"上美"人生。

教风：谆谆善诱　成人之美

教师应把"成就每一个孩子"的理念放在心上。成就不是压制、灌输，而是培养、激发，要耐心恳切地教诲、诱导，以激发学生的学习兴趣为要，既乐观其成，又能乐教善成。对学生的发展抱有浓厚的兴趣和希望，并将这种积极的态度带到实际工作中来，乐教善教，便能成就学生、成就自己。

学风：日积月累　"智"善至美

学习是一个知识积累的过程，成长也是一个分阶段循序渐进的过程。马斯洛需求层次理论中的每个层次的需求都要按发展规律逐次实现，学生的学习成长也要遵循规律、日积月累、静待花开。同时要注重学生人格和学识的全面发展，初中是知识积累的重要时期，也是青春期心理健康重点引导阶段，应培养学生的积极心理品质，使其有睿性，有德性，日思日进，成就美的生活。

5. 实践体系

（1）管理文化——赋能管理

赋能管理包括三个层面，即自我赋能，互相赋能，集体赋能。管理学大师彼得·圣吉在《第五项修炼》中提出的五项修炼就是改善个人与组织的思维模式，分为自我超越、改善心智模式、建立共同愿景、团队学习、系统思考五项。这也对应了赋能管理文化自我激励、互相鼓励、集体合力的理念，即关注每一个，发展每一个，让每个个体在教育教学中找到自我价值，实现自我认知，从而处理好相互之间的关系，形成团结的集体，共同为教育事业发力。

（2）课程文化——上美课程

上美课程体系可分为上智课程、上善课程、上古课程、上贤课程，其下又可分为更细致的课程类别，主要代表基础知识的学习、德育课程的学习、中华优秀传统文化的学习以及综合实践能力的学习，几者互有交叉，互为补充。

（3）课堂文化——通慧课堂

通慧课堂，意在激发学生自主学习的兴趣与能力，改变传统死板的唯分数、唯名次的观念，而是以思维方式的转变为主，学习能力的提升为根本，以达到通达、融会贯通的"慧"的境界。通过导、研、点、悟、化五步课堂，课前导入、小组合作研究、教师点拨、学生体悟、最终将知识内化于心的模式，提高学生的知识与能力素养，同时也促使教师不断革新，不断进步。

（4）教师文化——上师文化

上师本指佛学的老师，博学广闻、慈悲、通达、圆满等品质是其基本要求。此种文化应用到教师身上，就是要求教师既有真才实学，能授业、可解惑，又要用爱心来启迪学生的智慧，用爱心唤起学生的责任心，用一颗"孩子心"，点燃学生学习的热情，点化学生懵懂稚嫩的思想，使之通达、圆满。

（5）学生文化——上美少年

建立学生评价体系，结合课程分为上智之星，上善之星，国学之星，创新之星……

（6）环境文化——智善之地

智善之地，以智善古贤为字给亭、路、楼命名，打造榜样文化，使文化的能量潜移默化地赋入师生的心中。

二、高品质课堂：从马中"善美课堂"到曲初"上美通慧课堂"

课堂是学生学习的主阵地，应让学生高效率学习、掌握学习方法、学会思维与创造、培养学习品质与核心素养。从马中"善美课堂"到曲初"上美通慧课堂"，我切身感悟到塑造高品质课堂的重要性。高品质课堂的特征主要有以下几方面：

高效率学习。无论采用什么方式方法教，高效率学习是基本要求，是高品质教学的特征之一。

学会了学习。学会学习是掌握了学习的方法与工具，是训练了适应终身学习的技能，是授之以渔。

创造性学习。学的目的是为了应用，能把所学运用于解决实际问题，是学习必须培养的重要能力。创造性能力是适应社会需要的关键能力。

学习品质。品质是支持学习优秀的软件系统，如学习习惯、刻苦精神、勤奋态度等，它们是保证学生学习优秀成绩优秀的基础性条件。

我们通过"高尚、本真、丰厚、灵动"的要求塑造高品质课堂，采用中国教育科学研究院综合改革实验区成果《高品质课堂创新案例研究》指导高品质课堂塑造，形成校本特色的高品质课堂模式。

（一）马中"善美课堂"

教学是一门永无止境的艺术。爱在左，责任在右。作为教师，我相继任教思想品德课、善文化课（校本课程）、书法课等学科课程。我的追求不仅是要传授给学生知识和技能，而且要培养他们善于观察、勤于思考、勇于探索的精神，更要塑造他们健全完美的人格，使每个孩子的生活更加丰富多彩，让他们真正学会生活、感悟生活。我引领学校构建多维度的"善美共进体"管理模式，开设"三位一体"的多元化学生社团，形成"以生为本，以学定教，先学后教"的善美课堂及教学管理模式，及规范的教与学过程的管理机制。

一是以提高课堂教学效率为核心，构建高效的善美课堂。课堂的有效性直接影响着教学质量。第一，以生为本，以学定教；第二，以书为本，用好教材；第三，以法为本，提高时效。一节课合理分配教学时间，充分地让学生自主探究、深刻体验，发挥学习的能动性。

二是以开展教学反思为支点，构建精品课堂。研究教材、备课是预设反思，听课学习他人是比较反思，教后思考是自我反思，评课是诊断反思，写教研论文是提升反思。我引导教师用研究的心态对待每一节课，将研究作为成长的方式，将问题作为研究的起点，将反思作为常用的方法，将重建作为改进的途径。每学期，学校还会组织拍摄教师的精品课，用于交流、参评等。

三是以教学管理为平台，构建质量机制。教学质量在课堂里也在教学管理中，学校的教学管理模式可以概括为"一个中心，三个平台"，即以教学为中心，构建以教研组为核心的课堂教学改革管理平台，以年级组为核心的教学质量管理平台，以教导处为核心的教学监督管理平台。教研组负责组织集体教研、备课和听课、评课，负责抓好教师的常规教学，指导落实好教材、教法和教研。年级组负责教学的过程管理，质量考核。教导处负责过程监管，问题诊断，对教师实行"量化考核"。

（二）曲初"上美通慧课堂"

通慧课堂，意在激发学生自主学习的兴趣与能力，改变传统死板的唯分数、唯名次的观念，以思维方式的转变为主，学习能力的提升为根本，以达到通达、融会贯通的"慧"的境界。

以生为本，深化课程改革，构建"上美通慧课堂"。我引领学校构建"赋能管理"模式，关注每一个，发展每一个，让每一个个体在教育教学中找到自我价值，实现自我认知。我坚持问题导向促进课堂发展理念，深化"学生主体"意识，深入开展教学改革，努力探索激发学生学习积极性的策略，建构以"通慧"为特色的曲初课堂模式。我遵循"多元发展"基本观念，从学生的认知问题出发，建立"导—研—点—悟—化"五大教学基本流程，不断加强学生心智模式的开发，提升学生思维力、表达力和创造力，凸显"自主、自助、自生"的学生发展特色，形成较为稳定的实践体系。我们主要采取以下策略。

（1）分学科成立课堂教学改革核心研究组，落实好校本教研工作，提高教研活动的质量和效率。

（2）全面改革备课，积极探讨网络环境下的备课新模式，充分发挥集体备课的实效性。

（3）建立"问题导向"教学实践体系，以"通慧"为基本点构建学科教学基本流程，形成学科教学模式群。

（4）实行学生周推荐优秀课堂制度。

（5）"通慧课堂"流程基本掌握，课堂制度初步形成。

①专家分学科调研诊断、指导，从"问题研究""教学创新设计"和"实践、反思"三个环节的规范入手，构建通慧课堂创新顶层设计方案。

②协助学校开展"课堂组织与管理"、"教学设计创新"等系列培训，有针对、有层次地提高教师专业综合能力，保障教学创新设计实施。

③协助学校开展"课堂创新论坛"，建立教研组反思性研究学习制

度，构建具有共同教育价值理念，能促进自身和学生共同进步和发展的共同体。

④建立由教研组长、备课组长、特级教师组成的质量评估核心小组，配合以年级组、教务处和教研组，开展每两周一次的学情分析、反馈，引导教师善于发现和研究日常教学中存在的关键问题。

同时，开设"三位一体"的多元化学生社团。我校开设了近100个学生社团，成功承办了韶关市中小学"下午四点半阳光活动"，充分展现了我校师生的精神风貌及才艺，并获得好评。我校"机器人社"组队参加韶关市、广东省的机器人大赛荣获市优秀组织奖，师生在省、市单项均获得好成绩，并获得"科学之光"港珠澳大湾区特训营成员资格，参加北京世界机器人大赛冠军赛获全能奖和风采奖，并接受团中央未来网专题采访报道。

三、教研教改——善美课题和上美课题

我积极投身于教育科研实践，在实践中研究，在研究中提高，期望自己能往"学者型"教师方面发展。

本人已成功申报立项并主持研究的省级研究课题有3个：一是2013年12月成功申报省级立项课题"'善文化'德育特色品牌实验研究"（GDZXXDY13086），并主持开展实验研究四年，挖掘禅宗善文化的魅力，形成鲜明的办学特色，2017年1月成功通过结题。二是2016年10月成功申报省级立项"'善美'特色教育指引学生践行和培育社会主义核心价值观"（BQW16MXZ017），2019年1月成功结题。三是2018年5月成功申报立项广东省教育科研"十三五"规划课题"内化与上，外化与美，上美教育实验研究"（2018YQJK159），2018年12月顺利开题，并正常开展实验研究。本人受聘为韶关学院省级教师发展中心客座教授，被推荐为广东省教育督学，成为广东省中小学教育专家人才库成员。2017年1月，我撰写的德育论文《因善而美，创建善美教

育》荣获 2016 年韶关市中小学德育论文评选一等奖。2015 年 5 月被确定为首批韶关市曲江区校长工作室主持人，受区教育局委托培养校长学员共 7 人。

四、引领示范、发挥辐射作用

一直以来，我非常注重自身专业的成长和引领示范作用，充分发挥广东省中小学新一轮"百千万人才培养工程"名校长培养对象和广东省首批骨干校长的作用，积极探索研究我校的上美教育，凝练自己的办学思想，形成自己对"学校文化建设"的独到见解。为了分享治校经验，我多次响应广东省教育厅项目办的"送教下乡"支援活动。我走访或接访了东莞塘厦、广州、韶关仁化等地兄弟学校及各种学习交流活动。2017 年 5 月我被聘任为韶关学院省级中小学教师发展中心客座教授，承担省级"培青"工作。现已承担韶关学院省级中小学教师发展中心现场教学 3 次，组织韶关、清远、河源等市的中小学校长重点探讨学校文化建设，深受好评。发挥曲江区中小学校长工作室主持人作用，引领示范。2016 年 12 月，在我校进行了一次为期一周的校长学员跟岗学习，重点探讨学校文化建设，切身体会我校的学校文化。2017 年 3 月，我组织校长学员到重庆市参加全国中小学校长及教育行政干部高级研修班考察学习。其中，学员赖书基已经成长为乌石学校校长。积极引导，搭建平台。我指导培养的青年教师欧德列成长为年级主任、办公室副主任，荣获韶关市优秀班主任、韶关市优秀教育工作者；黎桂兰、陈慧霞先后参加韶关市班主任技能大赛均获二等奖。

作为省名校长培养对象，我阅读了不少专业学术丛书，不断充实自己、发展自己，历经四年，感慨良多，仍然感到"书到用时方恨少"。虽有满腔的教育情怀，已有自己的所谓办学思想，但"路漫漫其修远兮，吾将上下而求索"，我将在今后的工作中虚心学习，勇于创新，再创佳绩，争做更优秀的教育工作者。

师生持续发展　融和养育根基

——"为师生的可持续发展奠定基础"办学思想的提出与践行

惠州市仲恺高新区惠州一中东江学校　曾　庆

可持续发展的概念来源于绿色环保的理念，指既满足当代人的需求，又不损害后代人满足其需求的发展，其追求的是自然与人类和谐共处、相互支持、共同发展。对于人而言，则指的是人与人之间和谐相处、相互扶持、协调发展，其不仅着眼于眼前，更着眼于未来，使人具有源源不断的向上发展的动力和能力。

一、办学思想的提出

习近平总书记 2018 年 5 月 2 日在北京大学师生座谈会上对"学校培养什么人、怎样培养人"的问题作了深入系统的阐述。他说："我先给一个明确答案，就是我们的教育要培养德智体美全面发展的社会主义建设者和接班人。"在论述这个"明确答案"时，他深刻揭示了教育的普遍性和特殊性的辩证关系，进而阐明了我国教育的培养目标。他指出："古今中外，关于教育和办学，思想流派繁多，理论观点各异，但在教育必须培养社会发展所需要的人这一点上是有共识的。培养社会发展所需要的人，说具体了，就是培养社会发展、知识积累、文化传承、国家存续、制度运行所要求的人。所以，古今中外，每个国家都是按照自己的政治要求来培养人的，世界一流大学都是在服务自己国家发展中成长起来的。我国社会主义教育就是要培养社会主义建设者和接班人。"

中国正在建设社会主义现代化强国，前行在实现中华民族伟大复兴的道路上，"培养社会发展所需要的人"就是要培养有利于社会发展，能适应社会发展，能够为社会发展，为国家的建设贡献自己力量的社会主义建设者和接班人，这就需要我们所培养出来的人具有可持续发展的知识储备和能力储备，我们学校的任务就是要为培养者和培养对象的可持续发展奠定扎实的基础。

1. 农村中学的生源和师资决定了这类学校应该更多地关注夯实教师和学生的发展基础

生源质量差，师资队伍参差不齐，这是农村中学的普遍境遇。当年，我所在的沥林中学就是这样一所农村初级中学，全校九成学生来自农村家庭，超过七成的学生是外来务工人员子女，绝大部分教师第一学历为大专。由于学校地处城市边缘，长期被边缘化，教师中安于现状的思想十分普遍。这些都决定了作为农村学校的沥林中学如果只是一味地抓教学成绩，或者想从教学上取得突破，不仅不切合实际，更有可能是拔苗助长，累了老师，害了学生。依靠加班加点、题海战术拔高成绩，教师的素质和能力其实并没有提高，反而更加固化；学生的素养也没有提高，反而本身的潜能被掏空，造成更多学生厌学、恶学。这种不重视基础的教育，甚至掏空基础的教育，其结果必然是教师无法适应未来的教育需要，学生将背着沉重的包袱前行，前景堪虞。

我们看到，一些农村学校为了追求高升学率，不惜牺牲老师和学生的休息与活动时间，搞直升班、重点班，安排老师利用一切可利用的时间给学生补课，给学生做大量的练习题、模拟题。甚至还有学校刻意安排部分学生重读九年级，以反复的训练、机械的训练来达到提高中考成绩的目的。在这样一个氛围中成长的学生，不仅不能体验到学习的快乐，甚至还有可能丧失对生活的兴趣，失去对学习的兴趣。由于他们的潜能已经被过度开发，他们做题的能力是建立在机械的反复训练上的，而不是已经掌握了解决问题的能力；他们的学习大多是强迫的，而不是建立在个人兴趣之上。这些学生到了高一级的学校，就很难再发挥出好的水平，缺乏后劲，甚至失去对学习的兴趣，根本无法实现可持续的发展。

那么这一类的学校，我们应该如何来夯实老师和学生的基础呢？我认为，对于老师而言，应该让老师接受与未来教育接轨的、符合教育规律的教育理念，并能在这种教育理念的指引下进行教育教学的理论研究与实践研究，且能将这种理念运用于平时的教育教学当中，更重要的是要让老师感受到教育的快乐，只有快乐的教师才能教出快乐的学生；对于学生而言，应该为学生搭建个性发展的平台，让不同层次的学生各得其所，都能感受到学校的快乐。同时，培养学生良好的学习习惯和生活习惯，让品德修养成为每位学生的自我需求。这样，学生才能保持对学校、对学习的兴趣，才能更好地应对将来的学习和生活挑战。

2. 基础教育的基础性决定了在初中阶段应该更加重视学生基本品德的养成

学校教育要贯彻"德育为先"的思想。党的十九大报告和习近平总书记对教育的系列重要讲话中也多次强调学校教育要做到立德树人，以德为先。华南师范大学教授莫雷等在培训讲座中也多次提到了这一观点。可是，由于当前各地区以学科成绩、升学率为核心的教育评价体系的存在，德育为先的思想其实在很多学校并没有很好地得到落实。

（1）过度地强调学生文化学习而忽略了对学生最基本的品德教育

在很多学校领导的眼里，升学率才是硬道理。当然，这不能只怪我们的校长，许多校长也是被当前的评价方式所逼的。于是，德育工作在一些学校成了"说起来重要，做起来次要，忙起来不要"的可有可无的附属品，德育工作流于形式，重道理说教而轻基础品质，重惩罚而轻引导，重热闹而轻体验，德育的有效性大打折扣。

一些学校为了表现自己对德育的重视，制定了严苛的纪律制度、处理办法，开展了"生命教育""爱国教育""国际主义教育"等一系列活动，却偏偏忽略了对学生最基本的素养的培养：待人接物的素养、与人交往的素养、说话行为的素养、安全自护的素养……学生只知道学习，却不知道如何与人交往。只懂得一些大道理，却不能尊重自己的父母。在学校里唯唯诺诺，一旦脱离学校的管束就开始肆意妄为。

当前青少年品德修养的缺失不能不说是和我们学校对德育工作的态度和方式存在不足有着莫大的关系。

（2）学科教学未能有机地渗透品德教育

教书育人这是自古以来人们对教师的基本要求，然而，现在我们许多学校的科任教师却忽略了这一原则，德育工作成了单纯班主任的工作，许多科任教师在课堂上除了埋头授课外，不仅对课堂纪律、校园违纪现象不愿理、不爱理，甚至在学科教学中渗透品德教育都没做到。尤其是数学、物理、化学、音乐、美术、体育等学科，老师往往认为这些学科与德育毫无关联。然而，他们却没留意到，这些学科当中一些定理、公式背后的故事，甚至定理、公式本身就蕴含着丰富的人生哲理。音乐、美术学科本身就可以结合学校的德育主题对学生进行审美观的教育和艺术的熏陶，体育课恰恰是对学生顽强意志最好的培养形式，我们的每一堂课都可以关注培养学生的言行习惯。

3. 学校教育不仅仅要以生为本，还要以师为本，教师才是学校发展的根本

就学校而言，如果只是简单地把以人为本理解为以生为本，而忽略了教师在教育教学中的重要作用，忽略了对教师可持续的教育教学能力的培养，片面地强调学校工作围着学生转，这并不利于学校的发展，也不利于学生的发展。

在学校发展、教师发展和学生发展这三者之中，学生发展是目的，学校发展是载体，教师发展是关键。没有教师的发展，学生的发展就成了无本之木；没有教师的发展，学校的发展就失去了支撑。对于学校或校长来说，建设一支优秀的教师队伍就显得尤为重要，而不断促进教师可持续的专业成长是学校工作的重中之重。

教师专业成长一般包括专业思想、专业知识和专业能力三个方面的内容。

专业思想又包括专业态度、教育理念和专业道德三个方面的内容。专业态度是指教师对自己从事的职业所持有的基本态度，教育理念是指教师对教育事业所持有的理想信念，专业道德是指教师在教育教学活动中处理人际关系所要遵循的职业操守。专业知识包括学科专业知识、教育理论知识和教学实践知识三个主要成分。具备比较渊博的学科专业知识是教师实施教学的基础，教育理论知识对教师具有非常重要的启迪作用，教学实践知识是教师教学能力的重要来源。专业能力就是教师在教书育人中所表现出来的教育教学能力的总和。它要求教师在具备正常教育教学能力，能维持正常教学的基础上，还要具备与教学实践直接相关的特殊能力，如学科教学能力、交往能力、语言表达能力、班级管理能力等。

而可持续的教师专业能力则要求教师在具备以上基本的思想、知识和能力的基础上，还要具备洞察未来的敏锐目光及适应未来发展的教育教学理念。能在较短的时间内接受、掌握和运用新的教育教学技术和手段，能根据社会和学生的发展、变化及时调整自己的教育教学方法。具有与时俱进的思想和终身学习的能力，并保持一种持续不断的、阶梯上升基本态势。简而言之，就是教师需要清醒地认识到社会将会怎样发展，现代社会发展到了怎样的程度，现在的学生与过去相比发生了怎样的变化，未来社会需要怎样的人才。在这些认识的基础上，教师能适时地更新自己的教育教学手段，传授给学生新的知识和应对未来的能力。一个与时俱进的教师，就是能引导学生认识未来，并培养学生适应未来需要的素质的教师，是为学生的未来着想而不是只关注当下的老师。只有教师具备了可持续发展的素养和能力，才能教出适应未来教育和未来工作、生活的可持续发展的学生。

二、对办学思想的理论思考

我们经常会听到，某些学校中考成绩连年优秀，学生升学率高，可当地的高中学校却不愿意接收这类学校的学生，因为这些高中学校认为这些学校培养出来的学生虽然中考成绩不错，可到了高中却后劲不足，甚至逐渐失去学习的兴趣。我们也经常看到，某些高考拔尖的学校，高考后会出现学生把课本和学习资料撕烂，抛洒校园，发泄着他们对这些书本和资料的痛恨。

我认为，其最根本的原因是我们一些学校过于片面追求升学率、高分数，而忽略了基础教育阶段基础性这个关键字眼，没能为老师和学生的可持续发展奠定扎实的基础。

1994 年，在开罗召开的联合国国际人口与发展会议上通过的《行动纲领》指出：可持续发展问题的中心是人。1995 年国际社会发展高级首脑会议将人确立为可持续发展的核心，《中国 21 世纪议程》指出：可持续发展以人为本位。从"可持续发展"的理论发展来看，可持续发展最终归结为社会的全面进步和人的全面发展。

在联合国大会开展的名为《发展的目标、过程和指标》研究项目中，对人的可持续发展提出了这样的定义：人的发展是指人在各个生活阶段的发展，以及个人、社会、自然之间某种和谐关系的构成，保证人的潜力得到充分发挥，而又不使社会和自然受到损害、掠夺和破坏。可以说，这一定义揭示了人的可持续发展的实质。

概括而言，可持续发展的人应该具有以下特征：

①具有不断向上发展的愿望和动力；

②能够与周围的人与环境（社会、自然）和谐相处；

③在自己的努力和他人的帮助下，不断提升自己的素质，发掘自己的潜力；

④潜力的发掘不会影响周围的环境和人际关系，也不会影响人未来的发展，甚至将促进环境和与之关联的人的发展；

⑤始终让自己处在时代的前沿。

由此可见，具备可持续发展能力的人，在个人的发展中是不会影响和阻碍他人的发展的，且与周围的人协调发展，共同提高；在发掘个人潜力的过程中，也不会因为过度开发而丧失对未来发展的兴趣，能持续不断地发挥自己的潜能，推动自身和环境的发展。因此，一名具有可持续发展能力的教师，他在自身不断发展提升的同时也能指导和成就学生的可持续发展；一名能够可持续发展的学生，他的素质应该是全面的，人格应该是完整的，他的潜能被合理地保护着、保持着，并推动着他不断向前发展。

在我看来，一个具有可持续发展力的教师，他应该具备以下几方面的特点：

①好学好思。海量阅读、跨界阅读，向同行学习，也向其他行业学习，不断丰富自身的知识储备。他会去思考所获取的知识与自己教育教学的关联，也会去思考各种知识之间的内在联系，从中发现内在规律。因为好学，他能从书本中了解到最新最合适的教育理念；因为好思，他能从同行或其他行业人士的身上感悟到适合自己的教育教学方法；也因为好学，他可以一直走在教育的最前沿。

②勇于实践，无惧挫折。具有可持续发展力的教师，他所获取的知识和内心的感悟不会只停留在理论上，而是会运用于实践中，无惧困难挫折，在实践中不断改进、升级、完善，最终找到适合自己也适合学生、能够让学生和自己一起成长的教育教学方法。

③具有面向未来的教育眼光。具有可持续发展力和可持续发展理念的教师，他不会只盯着学生当前的成绩，而是着眼于学生的未来发展，在教育教学中为学生未来的发展筑牢思想基础、品德基础、知识基础、

技能基础。他会让学生始终保持对知识的好奇心和求知欲，始终保持对学习的兴趣和热情。

④师德高尚，对工作充满热情。教师的人格魅力是教师为学生奠定思想、品德基础的最好示范。一个始终对工作充满热情的老师，他必然也会热情对待他的同事、他的学生、他学生的家长，乃至身边的每一个人；他必然会满怀热情地不断提升自己，让更多的学生学有所得，学有所优。

而具有可持续发展力的学生，则应该具有以下特点：

①品格纯良，人格完善。具有可持续发展力的社会主义建设者和接班人，应该具有完善的人格，懂得感恩，为人善良，他不会因遭遇挫折而心灰意冷，甚至放弃生命；也不会因遭遇不公，而迁怒他人，甚至报复社会。他能清醒地认识自己，为自己规划适合自己的发展道路，百折不回，内心充满阳光。

②始终保持对学习的兴趣，不断探索新知。具有可持续发展力的社会主义建设者和接班人，他能始终保持对学习的兴趣，无论是现在还是未来，都在主动而充满热情地探索新知，有着积极向上的动力和激情。

③学以致用，知行合一。具有可持续发展力的社会主义建设者和接班人不应该是只会夸夸其谈的空谈家，而是知行合一的实践者，有着丰富的知识储备，又能够将知识运用于工作实践中，并且在实践中进一步充实自己的知识，提升自己的实践能力。

我们要培养的就是这样的具有可持续发展力的学生。

学校作为育人机构，本来就肩负着为老师的可持续发展及为学生的可持续发展奠基的双重重任。

三、我的探索与实践

我之前所在的沥林中学是一所镇办农村初级中学，全校有78%的学生是外来务工人员子女，有95%的学生是农村户口，可以说，是一所非常纯粹的农村学校。在很长一段时间，沥林中学都处于一种"高不成低不就"的状态：想在学习成绩上有所突破却受到生源的限制（成绩优秀且家庭有条件的学生大多被送到了一些重点中学就读），希望改善办学环境却没有足够的资金，地方政府本身经费有限，能用于教育的就更加捉襟见肘了。与此同时，教师观念落后、保守，不愿意打破原有的传统，只希望保持现状，稳拿自己的工资。

不可否认，这几年教师的待遇在不断提高，但也正因为教师待遇提高了，就越显得学校经费的局促，学校用于教师激励性补助的资金相对于教师不断抬升的工资来说已经不再有吸引力，教师的工作积极性不仅没有提升，反而有所下降，维持现状、不思进取的心态弥漫在教师当中。

学校经费紧缺，生源薄弱，教学质量停滞，师生缺乏自信，社会不认可，这些都是沥林中学当年所面临的现状，而这种状况对于惠州以北，乃至西北经济欠发达地区来说，并不是孤例。

面对这样的学校，这样的状况，是自怨自艾、等、靠、要，还是主动出击，寻找突破口？

面对这些问题，我毫不犹豫地选择了后者：让教师动起来，让学生活起来，培养具有可持续发展力的教师和学生。

(一) 我的思考

我认为为师生的可持续发展奠基，学校必须做好以下几方面工作。

1. 教师的可持续发展需要学校高度重视教师的培训工作，并能为教师向更高层次发展提供动力、平台和制度保障

常常听到一些学校说，要促进青年教师成长就要给青年教师压担子；也有一些学校认为，只需要建立完善的制度，以制度来管人，就能实现教师的可持续发展。其实，这些只是推动教师发展的一种形式，一

个方面，只有把教师的培训工作和制度建设结合起来，并为教师的成长和发展搭建平台，提供支持，才能更好地促进教师的可持续发展。

搭建平台，就是为有发展提升意向或潜力的老师提供能让他们发挥才智的平台，提供资金、场地和人力的支持，鼓励和帮助他们向更高层次发展。支持他们实现自己的教育理想，让他们的才干得到最充分的发挥。尤其是对于那些取得了一些成就的老师，不仅要给予他们应有的荣誉、待遇，还要鼓励他们再上台阶，给予他们深造的机会，给予他们发挥才能的空间，也给予他们在发展中所需要的一切支持。

制度建设，就是要建立完善的奖励和激励制度，保障积极主动、乐于奉献、取得成就的老师能获得应有的奖励和待遇。只有建立了完善而且科学公平的评价、激励制度，才能更有效地保障教师工作和自我发展的积极性。而不公平、不科学的奖惩制度及评优制度往往会打击先进教师的积极性，消磨人的斗志和进取心。

有了好的平台和科学的评价制度，可以激励一部分老师发挥出他们的聪明才智，促进他们的发展。而教师培训则可以帮助一大批老师在理念和能力上得到提升，促进学校教师整体素质的提高。在培训中，我们可以着力培养教师以下几方面的可持续发展能力。

（1）正确的职业观和职业认同感

对教师进行职业观的教育应该贯穿学校培训工作的始终，也只有老师们充分认识了这个职业，认识了自己肩负的重任，具有了对教师这个职业的认同感和使命感，才会有可持续发展的动力和自觉性。这是可持续发展的思想基础。

（2）面向未来的教育理念与创新力

推动学生的可持续发展，使之适应未来社会的需要，就需要老师具备面向未来的教育理念，并以此来引领自己的教育教学工作。这就需要老师及时了解当前教育发展的状况，了解并理解先进的教育理念，尤其是要让老师们认识到，我们对学生的培养不能只着眼于某个阶段的成功，而要着眼于学生未来的发展。也只有让老师们充分认识到这一点，并以此为基础升级自己的教育理念，才能推动学校教育教学的革新，才能激发老师们的创新力，去改变自己的传统课堂。

（3）自主学习与终身学习的习惯

随着社会的发展和不断更新，老师们在学校时所学到的知识也在迅速地过时、更新，更何况有很多现实的解决问题的技巧和方式是我们在学校里所学不到的。要适应社会的变化和知识的更新，作为教师，也应该不断更新和升级自己的知识及教育教学手段。具备了这种意识和能力的教师，才能在不断发展变化的社会跟上时代的步伐，才能更好地把握学生的现实需求，才能与学生有共同的话题，也只有具有了这种终身学习的意识，教师才具有可持续发展的能力。

（4）课程整合与开发能力

当今的教育，正越来越重视学生在学习中的自主作用，新的教育名词不断涌现：翻转课堂、微课、慕课、思维导图……面对时代的变化，学生认知的变化，我们要根据学生的特点和需求将自己所教授的课程进行重新整合，使之更适合学生的认知规律，更容易被学生所接受。课本只是老师在传授知识时所借助的一种工具，传授技能和知识才是教师教学的根本。当这种工具不适应时代需要，不适应现代科技下知识传授的方式，尤其是不适应学生的需要时，教师就应该适时地对这种工具做出相应的调整。

（5）反思能力

人总是在对自己的不断反思中进步的，身为教师也不例外。作为一位具有可持续发展能力的教师，他会在每节课后，认真思考自己课堂上的得与失，并时时调整授课方式，充实并修订授课内容；他会在每周、每月、每学期结束时思考自己一周、一月、一学期的工作，发扬优点，克服不足；他会在听到别人的评价时保持清醒的头脑，对别人指出的问题，不争辩、不过度解释，努力使自己做得更好。这就是我们所说的反思能力。

反思能让我们时刻保持清醒的头脑，更好地认识自己，认识自己的工作，从而更好地推动自己的工作更加完善和进步。

（6）健康的心态与心理调适能力。

如果一位老师不具备健康的心态和心理调适能力，经受不住压力和打击，那么他的教育生命无疑是短暂的。因为，当一位老师开始感觉自己的学生并不可爱的时候，学生也不会再觉得这个老师可爱了。

（7）教育和教学相结合的能力

教书育人是我们每一位教师的责任，教师在教学中要密切关注每一位学生的思想动态，关注每一位学生的情绪变化，关注每一位学生的需求，并适时对学生进行思想辅导。也只有将教学与思想教育相结合，引导学生形成良好的学习观、世界观和价值观，才能更好地提高我们课堂的效率。只有学科教师和班主任共同承担起教育的责任，教育的实效性才能得到最有力的发挥，才能更好地引领大多数学生走向成功。

（8）接受与运用新技术新手段的能力

我们不要忘记，我们所教出来的学生将来要面对的是未来高度发达的社会，他们当中很多人甚至将成为未来世界的缔造者、建设者。作为教师，我们应该从现在开始培养他们的科技情怀，让他们感受到社会的发展、变化给我们生活和学习带来的便利和变革，使他们在将来的学习、工作中不至于落伍。基于这样的认识，作为教师，我们首先应该成为现代设备和技术的追寻者，勇于接受并乐于接受新鲜事物，努力学习和掌握新设备的使用，且将其与我们的教育教学结合在一起。让我们与学生有共同的语言，可以用新的设备、新的技术去丰富我们的课堂教学，可以用我们的知识去指导和引导学生正确使用新的设备、新的技能。只有这样，我们才能与时俱进，成为可持续发展的教师。

（9）协调与合作能力

作为一名具有可持续发展能力的教师，他所关注的不仅仅是自己的课堂教学，也必然会关注课堂上学生的反应，关注学生和家长的需求，关注身边同事的发展。善于协调与本学科其他老师、与任教班级其他学科教师的关系，能科学处置本学科与其他学科的关系，追求的是与同学科教师的共同发展，与其他学科的协调发展。

只有同时具备了以上各种能力的教师，才是具有可持续发展能力的教师。作为学校，要培养这种具有可持续发展能力的教师，一方面需要学校为教师提供大量的有针对性的学习培训机会，帮助老师提高认识，弥补自身存在的短板；另一方面也需要学校为教师的发展和提升提供平台，让教师想提升，并且有机会提升，在提升中体现自身的价值。

2. 学校要为学生提供可持续发展的理由和发展力

对于大多数学生来说，上学读书并不是一件轻松愉快的事情。既然这样，作为学校就应该给一个让学生愿意继续在学校待下去的理由。这个理由不应该是父母意愿，也不应该是其他强迫性的要求，而是学校在文化、教学、教育等诸方面对学生潜移默化地施加影响。这种影响能让学生认识到自身存在和发展的价值，能让学生从中获得可持续发展的发展力。

（1）学校和教师要改变以分数论英雄的传统观念，改革评价制度，让每个学生都能找到自己的发展点

为什么我们总有一些学生讨厌上学，甚至恐惧上学？为什么我们总有一些学生在中考、高考结束后会将课本撕烂，抛弃在校园？为什么我们总有一些学生大学毕业后除了读书什么也不会？

我们不妨试想下，当一个学生来到学校，老师看重的是学习成绩，于是总是要求他背大量的知识点，做大量的练习，还时不时拿考不上高中怎么办来"恐吓"他。一旦他成绩落后于其他同学，他可能会面临边缘化，被老师打上差生的标签。回到家里，父母过问的也大多是考试成绩，一旦成绩不理想，就可能面临父母的轮番"批判"，于是，一切娱乐被剥夺了，一切兴趣被禁止了。在农村家庭，还会出现因为忍受不了老师一次又一次的"投诉"而干脆将孩子带回家不让孩子读书的情况。在这样一种氛围下上学，学生能对学校产生好感吗？于是，他们逃学，他们通过其他极端的方式来表现他们的存在，他们当中很多人在初

中毕业后就不再愿意进入校园。即使那些成绩好的学生，一旦老师和父母给他们定下的目标达成，他们便如释重负般以撕书、狂欢来表达内心的不满。

我们要改变这种状况，就必须改变以分数论英雄的传统观念，改革评价标准。

作为学校，不能以学生的成绩好坏作为评价老师的唯一标准，而是要看除成绩之外，老师还能给学生留下什么。一个优秀的老师，他应该能够让学生找到人生的方向，能自信、自立、自强，乐观、向上，认可自己的老师，认同自己的学校。

作为学校，还要为学生潜能得到发掘和发挥搭建平台。我们不提倡基础教育的学校过度地挖掘学生学习的潜力，但我们主张学校和老师要帮助学生发现自己的潜能，并让其发挥出来。我们要做的是保护学生的兴趣和好奇心，让每一位学生都能找到属于自己的亮点。

不是每个学生都是学习的料，但他们总有某方面兴趣或爱好，总有某方面的技能长于其他大多数同学。而学校的任务就是通过举办各种各样的活动、各种各样的兴趣小组为学生兴趣的发挥、特长的展示搭建平台，让在学习上并不突出的学生也有表现自己的机会，也能收获成功和来自老师同学的喝彩。让他们感觉到，在学校还有值得他们留恋的地方，有他们成就梦想的舞台。

作为老师，我们不能凭成绩将学生分成三六九等。对于成绩好的学生，我们要关注他们品德和人格的修养，增强他们的抗挫折能力；还要注意培养和唤醒他们除学习以外的其他兴趣、爱好，促进这类学生全面发展。对于在学习上不那么突出，甚至较为落后的学生，我们要帮助他们找到自己的兴趣点，鼓励他们参与各类活动，甚至为有特殊才能的学生搭建专门的平台，让他们也能赢得同学的喝彩和仰慕，让他们也能感受到成功的喜悦。更重要的是，要让每一位学生都能找到属于自己的发展方向，并愿意为此而努力。

如果在学校里，学生不会因学习成绩不好而被老师所歧视，不愁自己的兴趣、特长没有展示发挥的舞台，而且还能收获成功，收获赞赏，他们还会惧怕上学吗？还会讨厌学校吗？

需要说明的是，改变唯分数论的评价方式并不是说不看重学生的学习质量，而是通过改变传统的评价方式，更加全面地评价学生，让学生形成对学习、对学校的认同感，从而让他们乐于学习、乐于探究，只有不厌倦学习，不厌倦学校，才能更加深入地学习，提高他们的学习能力和学习质量。

（2）改革课堂教学模式，让每位学生都参与其中，成为学习的主人

改革课堂教学模式，就是要改变过去那种教师一言堂，以教师为主体的课堂教学形式。对教师而言，要针对学生的实际情况，去设计问题，设计教学方式，设计考试形式，因材施教，让不同层次的学生学有所得；对学生而言，要摆脱对老师的依赖，养成自主学习、自主探究、自己思考的习惯。在这种课堂上，教师要发挥学生的主观能动性，以相信学生为思想基础，知识不再是老师给予的，而是在老师的引导和组织下，学生通过查找资料、集体讨论、自主探究，自己去发现、领悟到的。

新的课堂，应该能充分调动学生参与的积极性，培养学生良好学习习惯和学习能力，培养学生求知和探索精神，提升学生学习兴趣。学生在课堂上得到老师最大程度的信任和尊重，宽松活跃的课堂吸引着学生参与到学习中来，且乐此不疲，这样的课堂，能让学生的才智得到充分发挥，更能保护学生对知识的好奇心和探究心，促成学生自主学习，终身学习。

（3）构建新的课程体系，让学生实现最佳发展

如果课堂改革解决了教师怎么教和学生怎么学的问题的话，课程体系的建设则是为了解决教师教什么和学生学什么的问题；如果说，课堂改革扩展的是学生学习的长度，课程体系的改革则是为了拓展学生学习的宽度。

　　课程体系建设并不是看到别人有什么课就跟着开什么课，也不是想到什么就编什么，而是需要先进行顶层设计，这个"顶"就是学校的办学理念。办学理念包含两个关键要素，一个是课程理念，一个是学生的培养目标，课程体系的构建必须围绕这两个要素展开。

　　课程体系的建设，可以根据地方特色或学校特色进行地方课程或特色课程的开发，也可以在国家基础课程的基础上，根据需要和学生的接受能力进行课内课外、不同学科间、同一学科不同年级间的整合，也就是统整课程的建设。有条件的学校，还可以围绕某一主题或者某一探究项目来整合课程。无论哪一种类型，都必须体现学校的办学理念，有利于学生能力和素养的提升。

　　（4）实现德育的内化，培养学生可持续的核心素养

　　传统的德育，大多是以说教、强制为主，形式单一，缺少互动体验，是以外在的强化管理代替道德的自主内化，未能真正形成以学生自我需求为核心的主体德育，学生的自觉性、自控性、自主性和德育的实效性、延续性较差。从德育的效果来看，一些学生表面上接受了老师的说教，行为上表现得比较规矩，但却很容易受到外在不良因素的影响而出现反复。一旦步入社会，在学校里形成的所谓良好品质便很容易受到不良风气的侵蚀，品德教育的效果并不牢靠。即使是在学校，相当一部分学生对老师的道德说教并不是完全理解，并没有内化成个人的品质。他们的规矩仅仅是因为学校有严格的制度和来自老师、家长的压力，是一种外在的约束。学生本身的认识并没有得到进一步的深化，他们对美丑的判断、对是非的认识大多缺乏一个科学的标准。

　　学生的品德修养缺乏长效性、持续性和自觉性，成为学生可持续发展的瓶颈，而改变这一状况的有效途径就是进行德育内化的改革，改变原有的德育模式、德育形式，抛开原来那些听起来高大上的口号式的主题德育，以培养可持续的公民核心素养为主要目标，以构建平等的师生关系及相互信任的师生关系为基础，注重体验、注重感悟，让品德修养成为每位学生的自我需求，而不是学校和老师强加在他们身上的表象。

（5）回归教育本真，营造和谐、宽松的校园氛围，让学生爱上学校

在学校里，我们除了教授知识，还教给了学生什么？我们一直在努力打造一个学生喜欢、家长满意的学校。可实际上，这种喜欢很大程度上是学校的一厢情愿，是老师们认为学生应该喜欢的那种喜欢。

有人曾经做过调查，问学生喜欢怎样的班级，怎样的学校，大多数学生都表示，他们喜欢在雷夫老师的"五十六号课室"里学习，喜欢像《窗边的小豆豆》里巴学园那样的学校。

在五十六号课室里，雷夫老师把每位学生当做自己的朋友，充分信任每一位学生，除了传授知识外，他更注重培养学生终身受用的素养，他让班上每一位学生都掌握一门艺术技能、一门体育技能。他尊重每一位学生的个性发展，遵循每一位学生的发展规律，在品德教养上，他引导学生从他律到自律，使那些来自贫民窟的孩子变成了彬彬有礼的绅士。

日本作家黑柳彻子笔下巴学园的校长小林宗作有着和雷夫老师一样的教育情怀，他认为："无论哪个孩子，当他出世时，都具有优良的品质，在他成长过程中，会受到很多影响，这些优良品质可能会受到损害，所以我们要早早地发现这些优良品质，并让它们得到发扬光大，把孩子培养成有个性的人。"在他看来，每个孩子的本性是善良的，是有着优良本性的，老师的任务之一就是去发现孩子的优良品质（而不是仅仅看到学生的缺点，甚至给学生打上坏孩子的标签）。所以，当厌恶学校的小豆豆来到巴学园时，他能探着身子耐心地听了小豆豆四个小时的絮絮叨叨，让小豆豆第一次感受到来自他人的尊重。所以，他会为身体有缺陷的学生设计有利于他们发挥的运动会项目，使他的缺陷转换为优势，赢得了一个又一个冠军，让他有机会凭自己的本事获得成功，获得自信。他会让老师在每天的第一节课将一天的课程和问题写在黑板上，让学生从自己喜欢的内容开始学，从自己喜欢的问题开始做，让学生不会感受到来自老师的压力，学生从自己感兴趣的学科开始学，逐渐

树立起学习的信心，进而爱上学习。巴学园重视学生知识的学习，更重视学生的生活习惯、心理健康、社会情理等方面的塑造，致力于培养"完整的人"。在巴学园里，学生是自由的，无拘无束的，每位孩子都能感受到老师对他们的尊重，都能感受到学校生活的快乐。

五十六号教室和巴学园之所以受到学生的欢迎和喜欢，是因为教育者使教育回归了本真，遵循的是孩子的成长规律，关注的是孩子的自然天性。回归教育的本真，就是要实现真正的以人为本，尊重孩子成长、发展的天性，在学校里营造宽松和谐的氛围，创造适合孩子成长和个性发展的环境。老师不是灌输知识，而是创造条件让孩子在兴趣的引导下去探寻知识，掌握获得知识的技能和技巧。德育不是用纪律去禁锢孩子的言行，而是通过各种活动让品德成为孩子的一种需要。师生之间是一种平等和谐相互信任的关系。

（二）我的探索与实践

1. 以生为本，多元德育，关注每一位孩子的成长

我清楚地记得，当我来到沥林中学，参加第一次开学典礼时的情形：领导在台上自顾自地讲，学生在下面闹哄哄地一片却没人管，大家似乎都司空见惯，这样的会议可以说是毫无意义可言。这样的风气表现在课堂上，是纪律的散漫；表现在礼仪上，是学生对老师的不尊重。这使我意识到，要改变学校的现状，提高教学效率，提升德育管理水平，营造良好校风是关键。

正是基于这种认识，我和我的班子确立了德育先行的发展思想，把德育工作放在各项工作的首位，积极探索德育转型工作，建立适合沥林中学的德育管理模式。

（1）让德育从后台走到前台，从圣坛走下来

实行德育先行，首先要确定德育工作在学校的地位。因此，我们首先确立了"成才先成人，为学生的可持续发展奠定基础"的德育理念，

把德育工作放在学校工作的首位，强调成人是成才的基础，道德养成是为学生未来工作、生活和终身发展奠定基础的；其次，我们把德育工作的重心放在礼仪教育上，将礼仪教育作为德育工作的纵贯线，强调礼仪教育是形成良好校风的基础，让品德教育与学生的日常生活紧密地结合在一起，具有很强的可操作性，可看，可感，可评价，避免了德育的虚和空，让德育工作落在实处，真正为学校发展服务；最后，我们要求德育工作者打破塑造"完人"的传统德育思想，承认人的个体差异性，注重挖掘学生身上的亮点和潜能，少批评多鼓励，少惩罚多引导，让学困生也有值得人们夸赞的地方。

（2）让德育贴近生活，培养学生良好的言行习惯

在长期的德育实践中，我们发现学生与学生之间的矛盾、学生与老师之间的矛盾，其根源大多是由于不文明的言语、举动所造成的；喜欢穿拖鞋、说话带脏字、随手扔垃圾、在公共场合大声喧哗等等，这些是大多数农村学生的通病，而这些恰恰正是良好校风形成的基本要素。因此，我校把对学生的文明礼仪教育作为德育的中心工作和贯穿始终的教育来抓，培养学生端正、良好的文明习惯。提出了学生礼貌从进校门和老师打招呼开始、学生卫生意识从不在课室丢垃圾开始、学生仪表从穿好校服开始、感恩教育从尊重父母开始的文明教育目标，低起点，高标准，使德育工作更贴近学生生活，更切合学生认知实际，学生容易理解，也容易做到，德育目标不再是高不可攀的"桃子"。就像上台阶，迈好了第一步，以后的台阶就好上很多。

如何让学生从内心体会到行为习惯对学习、生活、交际的重要性，又能够更加直观地认识到应该怎样规范自己的言行，一直以来是我们德育工作者积极探索的问题。传统的德育注重的是德育知识的灌输，德育要求被外化成一条条行为准则、规章制度，片面地认为只要学生学习了这些准则和制度就能遵守这些准则和制度，而忽略了道德观念的内化。要改变这一现状，我们就要让学生参与到具体的情境活动当中，在老师根据学生年龄特点、生活实际、行为习惯、道德目标而设置的活动中去

体验、去感悟。让学生在活动的体验中意识到自己行为上存在的问题，让学生在活动的讨论中认识到应该如何去规范自己的言行，一切都源于学生自己的体验与感悟，源于学生自我的反思与自纠。德育规范由老师的强制要求内化为学生的自我需求，从而能有效解决学生"为什么要这样做？""怎样做才合适"的困惑。相较于传统德育而言，体验式德育是主体处于道德情境中，在原有道德经验的基础上通过想象、移情、感悟等多种心理活动，产生含有价值判断的新道德观念、情感、态度、行动的体悟过程，具有亲历性、平等性、情境性、反思性等特征。体验式德育的内容是以学生日常生活为着力点，贴近实际、贴近生活、贴近社会，以活动体验为感悟载体，实现德育内容生活化，从而将学生的道德认知、道德情感、道德意志、道德行为相融通，重视蕴藏于道德知识表层结构之下的生活意义，关注与所授道德知识息息相关的学生生活。体验式德育内容具有生成性、拓展性，紧扣学生的日常生活，不为学生预设好应形成哪些良好品质，而让学生在体验、对话中自己感悟。

因此，在德育活动的设计上，我们注重开展主题式和体验式的德育活动，力求贴近学生的生活，贴近社会，以参与式的体验活动替代了道德说教，让学生在体验中去感受，去感悟，去接受心灵的撞击，从而达到教育的目的。

我们还根据学生喜欢观看影视片的特点，提出了影视德育的概念，动员班主任、德育工作者，乃至学科老师留意和收集一些对学生有教育意义的电影、电视、视频等，根据德育工作的需要分门别类建立影视资源库，再结合相应的德育主题播放给学生观看，组织学生围绕影视作品的内容，或者某一热点问题展开讨论。孩子具有很强的模仿性和代入性，好的影视作品能对学生的视觉和心灵产生强烈的冲击，对学生的思想和行为产生潜移默化的影响，其效果往往更优于普通文字和口头的说教。

数年来的实践证明，通过这种低起点的德育要求和体验式的德育活动，学生的文明意识有了明显提高，校园环境干净了，生生矛盾减少了，各种严重违纪被杜绝了。

（3）推动德育与艺术的整合，提高德育的实效

我们认为艺术教育可以归入到美育的范畴，而美育是属于审美理想和人生态度的教育，美育的实施过程更偏重于培养高度的道德自觉性，使他律转化为自律。美育过程所内含的道德修养和理想教育的功能，对新的历史时期的道德实施来说，特别是当前中央关于加强青少年思想道德建设的落实来说，具有深刻的启发性和特殊的促进作用。从美育的角度去思考德育，即如何将理性的灌输转化为理性的自觉，将德育实施中人格的被动接受转化为主体自觉认同，正是当代德育实施的核心所在。道德教育要适应新的时代要求，首先应当引进美育的情感体验机制，把德育也作为一个情感问题来对待，让受教育者在情感的感染和熏陶下，不断增长对道德的自觉意识，促使道德教育将一种普遍的社会道德要求逐渐转化为个体的情感要求，从而克服道德说教的强迫性和灌输性，克服道德教育在内容和形式方面的某些缺陷。

而艺术教育是实施美育的主要手段。由于艺术具有审美认知、审美教育、审美娱乐等独特的功能和作用，具有以情感人、潜移默化、寓教于乐等特点，使艺术成为审美教育的主要内容和主要方式。艺术教育作为美育的核心内容，不仅能够普及艺术的基本知识和基本原理，更有利于提高学生的审美修养和艺术鉴赏力，培养学生健全的审美心理结构，促进学生道德的完善和智力的开发，发展人的感知、理解、创造等诸种能力，培养全面发展的人。

为此，沥林中学设立了专门的文体部，归属德育板块领导。通过艺术与德育的整合，每一项艺术活动都被赋予了德育的内涵，艺术活动的主题与德育的主题相适应，艺术活动成为德育的重要载体。德育专题活动突破了传统的以说教为主的模式，而是以音乐、舞蹈、小品、国学、体育等形式呈现出来，让学生在艺术的体验中去感悟，得到心灵上的洗礼。这种道德的教育不再是生硬的说教，而是潜移默化的感化，直接沁润人的心灵。活动还是提高学生参与度的催化剂，要想让学生放学后仍

然留下来参加体育锻炼，那么就要举办运动会、篮球比赛、乒乓球比赛；如果要想校园里到处充满歌声，到处看见舞影，那么，组织文艺汇演、合唱比赛不失为有效的途径。在沥林中学，一学期下来，围绕德育计划而开展的各类活动接连不断，文艺汇演、红歌会、篮球俱乐部联赛、手抄报比赛、征文活动、演讲比赛、诗歌朗诵会、摄影比赛等等，极大地激发了学生的参与热情，丰富了校园文化生活，更为学生个性的展示、才艺的展示提供了广阔的平台。

当德育遇上艺术，德育便不再生硬；当艺术结合德育，艺术便有了更高的使命。正是通过艺术和德育的整合，沥林中学的德育工作开始迈向新的台阶，对学生的培养，开始从文明向文雅迈进，创建文雅校园、和谐校园，打造德美文化已成为沥林中学德育工作的核心目标。

2. 搭建适合学生成长的平台，营造让人自信的环境氛围

（1）以艺术体育特长、科创教育为突破口，树立学生自信心和自豪感

几年前，在与已经从沥林中学毕业的学生的一次谈话中，学生向我倾诉了他心中的苦闷：当别人都在谈论自己学校值得自豪的地方时，自己却是无话可说，他认为母校实在没有什么值得一提的东西。这次谈话深深刺痛了我和我的同事们。既然在生源上、在教学成绩上我们还一时无法与其他学校相比，那么我们何不走出一条具有自身特色的自强之路？在其他领域先打响自己的品牌。正是基于这样的认识，我们根据我校学生大多喜爱文艺、体育的特点，确定了一条以艺术体育教育为突破口，创建特色学校的素质教育之路。我们组建了艺术团、美术兴趣小组及各类体育训练队，还在每个年级设立了艺术班，每年都派老师到小学去挑选艺术方面的人才。先后开设了语言班、舞蹈班、古筝班、美术小组，定辅导教师，定时间场所，定内容目标，对学生进行系统的艺术培训。从 2009 年到 2017 年，我校艺术团和体育队先后获得集体项目区级一等奖（含冠军）30 个，市级一等奖 10 个，项目涵盖合唱、舞蹈、小

品、古筝、朗诵、乒乓球、篮球、跳绳、健美操等多个领域，成为仲恺区艺术体育教育的佼佼者。2017年，沥林中学合唱队还先后闯进了"央音"合唱大赛的市级决赛、省级决赛，并被选送参加2018年在北京中央音乐学院举行的国家级决赛，斩获金奖。屡屡的获奖，不仅让艺术团、体育队的学生们充满了自豪，也让全校的老师和同学开始对自己学校的发展燃起了希望之火，自信和自豪的情绪开始在老师和学生心中蔓延。

2015年，学校新聘了一位广州美术学院毕业的美术教师。他发现，处于初中阶段的孩子比较好动，也有创作欲望，总喜欢在木桌上刻刻画画，而且不少学生还画得不错。通过分析，他认识到，孩子们这样做，并不是简单的品德方面的问题，而是这个年龄段孩子的普遍特性。如果能利用好孩子的这一特性，将他们引导到美术创作上来，也不失为一种创新。于是，他开始着手教学生制作版画。由于自己所学的专业不是版画，他就主动找自己母校的老师学习；常规版画所需要的专门材料比较贵，他就找来各种材料试验，寻找适合学生且成本低廉的板材；自己一个人的力量不够，他就采取先教会一批，再由其中学得较好的学生去教其他学生的做法。很快，他的版画社就发展壮大起来。很多孩子对版画有着浓厚的兴趣，从开始时的简单模仿，到现在能够自己创作，孩子们兴趣盎然地跟着他们的美术老师享受着这门高雅的艺术。版画创作成为学校的又一个艺术品牌。

2017年，沥林中学科创小组、无人机社团先后成立，学校的科学教育开始向纵深发展。很多人认为，农村学校的学生大多来自农村，对新科技缺乏了解，更不用说参与科技创新了。其实，科创活动本身主要是为了培育学生对科技的感知和创新思维，虽然很多地区的农村学校无法开展高科技、高成本的科创教育，但我们依然可以根据学校的实际，因地制宜，结合现实生活，结合孩子身边的科学，运用低成本的材料，通过精细而科学策划的活动引导学生关注科学，掌握一些日常科学知识，逐步形成创新性的思维。如可以让学生结合当地民风民俗，指导学生考察当地的民风年俗、传统建筑、族群祠堂、方言习惯、地方小吃等，写出调查报告；也可以结合新农村建设，组织学生考察当地的支柱产业、特色农业，有条件的还可以在校园开辟果蔬空间，让学生用从父母或农村长辈那里学来的农业知识参与农产品的种植、培育，加深学生对地方农业的认识；还可以指导学生利用农村现成的材料，如稻草、秸秆、芦苇、泥土、树枝及各种废旧材料等制作航模海模、手工艺品，开展芦苇搭桥承重力大比拼、秸秆船载物能力大作战、废旧物品时装秀等科技竞赛，培养学生的环保意识和创造力；也可以引导学生关注生活中和父母劳作时遇到的问题、困难，和学生一起研究解决问题的办法，指导学生研制一些辅助性的小工具、小器械。相对而言，农村学校由于所处地理环境的特殊性，在开展科技教育方面可利用的材料和素材会更加丰富，也更容易激发学生的参与兴趣。

（2）将生本理念融入日常的教学和管理当中

把课堂还给学生，让学生成为学习的主人，这是我们对老师在教学方面提出的要求。一切从学生出发，因材施教，让每位学生都能学有所得，在不同的层面获得不同层次的发展，这是我们正在进行的自主高效课堂改革的最终目标。我们充分认识到，把学生留在课室、留在学校，不能光靠严格的管理和强制的手段，更重要的是要培养学生乐学、好学的思想。只有让学生感觉到课堂的有趣，让不同层次的学生都能听得懂，学得到，让学生感觉到在学校里还有自己可以发挥的平台，他们才能将自己的心留在学校里。

相对于按学生层次分班和分层走班学习，我们更主张学科老师根据自己学科的实际实行班内分层。也就是学科老师根据班级学生的学习情况将学生分成三到四个层次，对不同层次的学生在学习目标、练习作业、评价标准上提出不同的要求。同样是作业，也许基础较弱的学生只需要做两道基础题就可以了，而基础较强的学生则需要完成所有作业，还可以主动要求老师加量；在检查测试中，学习能力较强的学生需要全部完成，并达到一定的分数才过关，而基础较弱的学生只需要完成基础部分，达到老师所规定的分数就可以算优秀了，如果这类学生完成了基础部分，还有能力做其他试题，老师还可以给予加分奖励。在日常的教学中，老师不仅要给基础薄弱的学生以辅导，还在班级内按照异质组合的原则，将学生分成若干个组，每个组都包含有不同层次的学生，实行共同学习，一体评价，鼓励学习能力较强的学生去帮扶基础较弱的学生。这样一来，学习能力较强的学生不致"吃不饱"，又可以通过"兵教兵"的方式加深他们对知识点的理解，提高他们的运用能力。更重要的是，基础较弱的学生不再因为作业不会、完不成作业而总受老师的批评，也不会总因为自己考试成绩的不理想而尴尬、受家长的指责，从而失去对学习的信心而破罐破摔。

每学期，我们都会举办学校田径运动会、科技文化艺术节、文艺汇演、演讲比赛、朗诵比赛、英语活动周、小学科知识竞赛、趣味科学小制作竞赛、趣味体育比赛、篮球俱乐部联赛等各种活动，为学生提供表现特长、展示自我的平台，让每一个学生都能在不同的活动中找到展示自我、发挥特长的空间。即使是运动会的入场式，我们也将原来统一的班牌交给各班学生自行设计、自己制作，虽然千奇百态，却巧妙地展现了学生的智慧，体现了班级的个性特点。丰富多彩的校园文化生活，不仅充实了师生的精神文化，也让校园充满了欢乐，学习生活不再显得枯燥无味，学生才能的展现也不再仅仅局限于学习成绩。许多同学在活动中重新认识了自己，树立了信心，增强了集体荣誉感和学校的凝聚力，对学校的认同感进一步提升。

3. 重视教师培训和教学研究，扎实推进课堂改革

在优先发展德育，打造学校艺术特色的同时，我们针对沥林中学教师教育观念保守、落后，教学研究、教师科研意识淡薄的情况，提出了加强教师培训，逐步推进教学研究，以教研促教学的教学发展策略，循序渐进地推进课堂改革。

（1）重视对教师的培训工作

在沥林中学，除了每周一次的教师论坛，让老师轮流登台讲述自己的教育故事，交流自己的读书心得外，每学期结束时学校会安排两到三天的教师业务学习时间，或请专家为老师授课，或由学校富有经验的教师担纲主讲，又或组织教师进行学期反思、交流，展示一学期来的教育教学体验、心得，让忙碌了一学期的老师静下心来思考自己的教育教学过程，让自己的教育思想得到提升和更新。在开展校本培训，请专家来学校进行授课的同时，我还安排老师走出去，或参加省市区教育部门组织的各类培训，或参加一些社会教育机构组织的讲座论坛。自 2014 年起，我们还主动与一些优质学校，或在某一方面有突出成绩的学校联系，安排老师到对方学校去跟岗学习。

各种有针对性的培训更新了老师们的观念，青年教师的成长为学校教育教学注入了活力和动力，也促进了老教师的发展。2014 年，我校有五位教师入选惠州市培训人才库，成为仲恺区初级中学入选人数最多的学校。其中，杨细梅老师还被评为惠州市首席教师，是仲恺区初级中学中第一个获此殊荣的教师。

（2）以教研促教学

曾几何时，当全市许多学校都在开展课题研究的时候，沥林中学却一直偏安一隅，许多老师甚至不知道课题研究为何物，或者觉得课题研究高不可攀，做起来麻烦，且对教学没有什么用处。针对这种情况，我们并没有一味地追赶潮流，而是鼓励教师"在研究状态下工作，在工作过程中研究"，指导老师开展以解决教育教学中实际问题为主要目的的小课题研究，研究课题不求大，不求高，不求独一，只为扎扎实实解决实际问题。别人研究过的，我们也可以拿来结合我们学校的实际进行探讨、学习，帮助教师逐步打破课题研究的神秘感和畏难情绪。在公开课的设置上，我要求各学科的公开课要围绕一个专题展开，以解决教学中的实际问题为目的，摒弃以往公开课设置只是为上课而上课的盲目无序的做法。教师的公开课不再仅仅是个人教学水平的体现，而是体现了学科组或备课组对某个专题的理解和实际运用的能力，以及解决问题的思路和方法。逐步实现了听课和评课的科研化、学术化、专题化，教师的评课也摆脱了单纯的就人评课的形式，而转变为针对某个专题、某个现象进行，真正体现了听评课的教研内涵。

到 2017 年，沥林中学已经有近 20 个课题获得区级立项，10 个课题获得了市级立项，两个课题获得了省级立项。教师教研水平的提高，也推动了学校教学质量的提升，期末考试成绩和中考成绩连年位列仲恺高新区前列。

虽然我现在已因工作需要调离了沥林中学，但在新的岗位上我依然坚持为师生可持续发展奠定基础的办学思想，继续在新的岗位上为老师和学生的可持续发展，为老师和学生适应未来的发展夯实业务基础、道德基础、学识基础和能力基础。

办一所受人尊敬的温暖学校

佛山市启聪学校　陈　辉

2009 年 7 月之前，我在高中从事教学和管理 16 年。来到佛山市启聪学校之前，在佛山一中等三所高中工作，且都是市、区级重点高中。16 年的教育生涯，3 所学校任教和参与管理的经历，是一笔宝贵的人生财富，让我学会拥抱变化、积极应对变化。从普通教育跨入特殊教育，从副校长到校长，既是教育类别的转型，也是管理岗位的变化。面对全新的教育对象，从健全人到有特殊需要的学生，从桃李满天下的成就感，到怎么都教不会的挫折感……我开始新的思考和探索。

我一直将世界想象得无比美好，即使在遭受挫折和困难时，我依然难改天真。我认为生命皆有尊严，憧憬和谐友善。我自认为是现实主义者、存在主义者，懂得妥协和中庸。

什么是教育？什么是学校？什么是好学校？好校长又是什么样的？不同的人自会有不同的回答。

一、教育本质：就是唤醒和激发

什么是教育？我最喜欢雅斯贝尔斯所说的，他说教育的本质是：一棵树摇动另一棵树，一朵云推动另一朵云，一个灵魂唤醒另一个灵魂。

（一）用生命唤醒生命

特殊学生，由于身体的残缺，普遍缺乏自信，家长对其成长的期望值比较低。残缺的生命通常被人认为仅仅是一种存在。德国著名的文化教育学家斯普朗格曾说:"教育的最终目的不是传授已有的东西,而是要把人的创造力量诱导出来,将生命感、价值感唤醒。"马克思也说:"教育绝非单纯的文化传递,教育为之教育,正是在于它是一种人格心灵的唤醒,因此说教育的核心就是在唤醒。"残障儿童作为人的存在,其生命发展权是任何人、任何理由都不能剥夺的。因此,特殊教育的价值独特性首先在于对残障儿童内在生命价值的确认、尊重,实现人的权利平等。

(二) 用关爱激发潜能

任何人生来都有一定的潜能,特殊儿童也是如此。潜能是人足以区别动物的重要标志,是能够把未成熟的人、没有完全社会化的人培养成出色的人、社会化的人的前提条件。但人的潜能很少自动表现出来,人的潜能的充分实现,必须通过教育,通过学习才能实现。充分认识特殊儿童的潜能存在的事实和价值,尽可能地发挥他们的潜能,是特殊教育老师努力追求的目标。我们需要更专业的精神和职业技能,在缺陷补偿的基础上,根据多元智能理论,充分挖掘特殊儿童的潜能,提升他们的生命质量。

二、办学追求:建设一所受人尊敬的温暖学校

什么是好学校?在我的想象中,学校应该是学生喜欢的地方,是一个能够给孩子留下美好记忆的地方。这里有一群温暖的老师,他们相互温暖,也温暖了学生和家长。老师们用自己的爱和专业智慧,点燃残缺生命心中的火把,收获学生和家长的爱戴,赢得社会的尊敬。

"成为一所让人尊敬的温暖学校"是我们学校的愿景。特殊教育不需要同情,需要"受人尊敬",如何才能做到呢?"温暖的学校"怎么体现在我们日常工作和生活中?为了将愿景转化为现实,我们在2015

年制定了《佛山市启聪学校 2016—2018 三年发展规划》，明确提出未来三年学校工作的主题词分别是课程建设年、特色形成年和品牌优化年。我们要求学校干部清晰而准确地理解学校特色的内涵，各个处室、科级组制订三年发展行动计划，全体教师制订三年个人成长行动计划。我是谁？我的现状是怎么样的？三年后的我将是怎样的？我的教育主张是什么？我的教学主张是什么？我将如何达到设定的目标？其目的是唤醒广大教师主体的发展意识，真正认识到自我发展不是一项外在的任务或要求，而是一种职业生存方式与生活习惯，是一种"自胜者强"的文化行为，从而形成具有佛山启聪特色的教师文化、学校组织文化。

（一） 用行动赢得尊敬

在特殊教育学校，我们不靠泪水获取怜悯，而是通过汗水赢得尊敬。师生坚信"自胜者强"，真正的高贵不是优于别人，而是优于过去的自己。学在其中，乐在其中，暖在其中，充满温情故事。

（二） 用温暖传递温暖

苏霍姆林斯基曾说："学校里的学习，不是毫无热情地把知识从一个头脑装进另一个头脑，而是师生之间每时每刻都在进行心灵的交流，进行心灵的接触。"这种心灵的接触，可以让人在严寒的冬天感受到春天般的温暖。真正贴近心灵的教育是什么？是用温暖传递温暖。学生在教师充满爱的呵护中，生命的意识被唤醒，积极向上的欲望被激发。他们在温暖的教育土壤中尽情吮吸爱的芬芳，自由灵动、主动快乐地学习、成长。

（三） 用耐心学会等待

教育本身是一门慢的艺术，需要遵循生命成长的规律和教育的规律。特殊孩子的生命成长更加是个漫长而曲折的过程，急功近利在特殊教育学校是行不通的，而没有希望的懈怠却容易变成老师们的工作常态。爱普通孩子，教育就是"爱一朵花就陪它绽放"；爱特殊孩子，教育就是"牵着蜗牛去散步"。我们需要转换生命的视角，敏于捕捉生命中细微的变化，欣赏生命的美好。爱在左，情在右，在生命的两旁，随时撒种，即便踏着荆棘，也不觉痛苦，耐心等待不经意的开花。

教育就像用小火煨汤，它需要教育者不断地释放出真诚和热情，"温温不绝，绵绵若存"，只有这样，才能"炖出"孩子生命的醇香。最后，那种特有的香气会弥漫于孩子的生活，温暖孩子一生的行程。

三、学校管理：修己安人

管理的真谛在于修己安人。从管理角度来看，"修己"是管理的基础，"安人"是管理的目标。

(一) 对于校长角色的认知

美国管理学家德鲁克说："领导力就是把一个人的视野提到更高的境界，把一个人的成就提到更高的标准，锤炼其人格，使之超越通常的局限。然后才能把一个人的潜力、持续的创新动力开发出来，让他做出他以前想都不敢想的那种成就。"

什么样的校长是好校长？首先，打铁还需自身硬。明代政治家钱琦曾说："治人者必先自治、责人者必先自责、成人者必须自成。"管理首先是管理好自己。德鲁克说："领导者本身的定义是培养追随者。"只有让自己变得更优秀，才会有更多教职员工追随。其次，不断地引领和超越。好的校长要让自己不断地成长，潜下心来，思索学校的发展大计。他不会沉湎于过去的辉煌而固步自封，更不会躺在别人的功劳簿上坐享其成。他会认真反思曾经走过的路，继承、提炼和升华学校的传统和文化；他会思索如何开拓未知的路，为学校未来发展找一个准确的定位。对于传统来说，他是开拓者；对于明天来说，他又是奠基人。

（二）塑造学校文化

学校文化是学校的灵魂，它凝聚了全校师生共同的价值观、共同的信念、共同的愿景、共同的努力方向。因此，校长要特别重视学校文化的统领作用、规范作用、激励作用和熔炉作用。

1. 提炼办学思想的精神内核

学校的办学思想是学校系统规划、合理定位后形成的良好愿景和师生为之共同奋斗的目标，决定着学校发展的方向和教育内涵。办学思想的提炼就是学校文化凝练的过程。文化凝练不是一个轻松的过程，需要时间和智慧。2011年，我们申报了国家级课题——"'激发特殊学生潜能教育'特色学校建设的个案研究"。自2012年起，我们开始挖掘学校发展原有的经验和传统，对比分析认清现状，明确未来发展方向，发动学校的师生进行头脑风暴。也请文化学者、大学教授一起研讨，前后持续了两年的时间。凝练的过程就是不断凝聚共识，对学校文化增强认同的过程。我们确定了学校的办学理念、培养目标、校训、校风、学风和教风，并且写进了学校章程。2017年2月该课题结题，并出版了课题成果《特殊教育特色学校建设的实践研究》一书。

佛山市启聪学校经过20多年的发展，从刚开始招收听障义务教育学生，到后来发展高中教育，在全省率先尝试开展学前教育和职业教育。为了适应社会的需求，又先后开设了智障教育和视障教育。每一步的发展都是不断地克服困难、艰难探索的过程。在发展的过程中，逐步孕育了"自胜者强"的校园精神，"自胜者强"是我们的校训。我们在对特殊学生进行适当补偿康复的基础上，更多地思考和实践如何激发老师和学生的潜能。"关爱生命，激发潜能"是我们的办学理念。"自信阳光，学有所长"是我们培养学生的目标，是对学生未来的期许。"三风"分别是校风——博爱立人，进取求新；教风——厚爱立德，勤研求实；学风——自爱立志，笃行求真。我们还将学校的建筑分别命名为

"博爱楼""厚爱楼""立志楼""立人楼""立德楼"。蜗牛，虽然弱小，但它永不放弃的精神是我们学习的榜样，蜗牛被确定为我们的吉祥物。牵着蜗牛去散步，让我们用心感受特殊教育的美好。

2. 完善学校管理的制度文化

亨廷顿指出："所谓制度，是指稳定的、受到尊重的和不断重现的行为模式。"制度是文化的保障。无论领导体制、组织结构，还是管理制度，都要适应社会经济发展而变更、调整和完善。近几年，学校通过教代会讨论、表决，正式出台了《佛山市启聪学校学校章程》《佛山市启聪学校教职工表彰方案》《佛山市启聪学校教职工职称（职务）竞聘推荐工作方案》等规章制度。我们还重新梳理了学校各项管理制度，使之能够适应新形势下学校发展的需要。学校也成为佛山市依法治校示范学校。

管理就是激发，激发的目的在于对人的能力最大值的追求，对人的潜能的不断挖掘。在佛山市教育局组织的各项学术研讨、教育教学竞赛活动中，我们学校都能获得组织奖。《佛山市启聪学校教职工表彰方案》《为自己的成长增值》等教师评价方案，成为促进老师主动发展的制度保障。

3. 优化有品质的育人环境

育人环境是学校中一切人、事、物的总称。就环境类别而言，主要指校园内的物质环境设施和以人际活动关系为核心的人际环境。无论是物化环境还是人际环境，都渗透了学校的教育理念和价值取向，都是学校文化在学校环境中的体现和反映。

整体规划校园环境，分步实施改造。我们把学校环境当做一个系统加以考虑和构建，对物质环境整体规划有明确的指导思想，贯彻关爱不同人群生命的理念，充分考虑到师生的身心特征，考虑学校的办学理念和培养目标。学校将分三年设计实施，打造精品校园文化，提升学校文化品位，进一步彰显学校的个性魅力和办学特色。增强师生对学校特色的认同感和自豪感，形成凝聚力和向心力。

营造温暖人际环境，凝聚发展力量。在一个合作、宽松、和谐的人际环境里，学生学习的积极性、主动性和创造精神都将自然迸发出来，教师的工作热情、创造力和凝聚力都会被激发出来。教师是学生成长过程中的重要引路人，只有身心愉悦的老师，才能培养积极乐观的学生。

四、教师发展：做一个温暖而有力量的老师

教育的过程就是教师的生命影响学生的生命过程。一所学校的教师心态积极阳光，专业能力强，生命价值实现得好，他们的学生就能得到更好的发展。著名作家罗曼·罗兰说过："要散布阳光到别人心里，首先自己心里要有阳光。"教师要努力做一个阳光型教师，阳光型教师首先要热爱生活。一个爱生活的人，自身会散发出光芒，给身边的人带来温暖和能量。其次是终身学习。一个不断给自己充电的老师，才能与时俱进，增加自身的魅力。专业让人更有力量，才能更好地带领学生超越自我，践行"自胜者强"的学校精神。为此，我们做了以下努力。

（一）创建和谐氛围，提高教师成长意愿

马斯洛认为，尊重需要得到满足，能使人对自己充满信心，对工作满腔热情，体验到生命的用处和价值。如果学校的氛围能够让教师安心教育，潜心教学，那么教师的专业成长就会得到更快更好的发展。

1. 加强正面宣传

管理需要颂德于公堂，归错于密室。我们学校的宣传展板特别多，经常大张旗鼓地及时宣传教师们取得的成绩。"三八"节校领导为女教职工献上鲜花，平时及时探视生病的老师，对调离我校以及退休教师召开欢送会等。学校为即将离开我校的老师制作精美的水晶相架，写上在

学校服务的时间，组织相关科组老师制作好配乐 PPT 在欢送会上播放，展示该老师在学校期间的温暖瞬间，并为他们献上鲜花，感谢他们为学校发展做出的贡献。我们请这些老师发表感言，即将离开的老师面对此情此景，无不感慨万分，有的甚至激动得热泪盈眶，不能自已。歌德说："如果工作是快乐的，人间就是天堂。"

2. 营建集体记忆

多数人与人之间的关系是以共同事件的记忆形式停留在我们心目中的。集体记忆，对于组织来说，能够起到一个让组织成员心理上有归属感的作用。这个归属感可以是正面的，也可以是负面的。学校领导要努力开发活动，营建正面的集体记忆。集体活动所留下的记忆越深刻，这个组织的凝聚力就越强烈，组员之间的关系往往越紧密。记忆事件越多或者越重大，这个记忆就会越持久。如我校每年教师节期间都隆重举行表彰大会，播放老师制作的学年度 MTV、献花、献歌、获奖感言等，丰富多彩的活动让老师们产生深刻印象。学校积极支持教师成立社团，并提供经费支持，目前学校教师成立了读书协会、羽毛球协会、乒乓球协会、篮球协会、广场舞协会、自行车协会、瑜伽协会等。每年举办迎新年教职工文艺晚会，每学期公布教师参与学校开展活动的机会榜，每月征集改进学校工作的金点子活动，奖励那些为学校发展建言献策的好提议。每周两位值周老师，努力用相机和文字捕捉校园中发生在师生身上的美，并在升旗礼和宣传橱窗中展示给大家，让全校师生一起发现美，创造美。

（二）发挥评价导向，指引教师发展方向

评价教师是学校的日常工作，也是一项非常敏感的具有综合效应的活动。教师评价的公平、公正与合理与否很大程度上影响着教师的工作热情和工作态度，从而影响教师的专业成长。因此，要提高学校管理效能，必须解决教师的评价问题。

1. 改进个体评价

在学校管理中，我们坚持奖惩性评价和发展性评价相结合。结合绩效工资方案，我们将各种荣誉奖项、学术奖项、辅导竞赛奖项折算成积分制，每个学年的教师节拿出一笔钱进行隆重的教师表彰活动。每个学期末教师填写《为自己的成长增值》的成长档案表，内容包含公开课、教育教学获奖情况、课题研究、辅导学生、班级管理等内容。成长档案表作为教师年度考核、评优评先的重要参考依据。我们把评价的主人地位交还给教师本人。在我们的办公网上，老师既可以看到自己的成长档案，也可以看到别人的成长轨迹。评价真正做到以教师为主，总结、反思自我，就可以实现教师心态和学校氛围的融合，实现学校发展和教师发展的双赢。我欣喜地看到，有老师主动要求上公开课，主动邀请别人听自己的课，教师参与各种学习培训、课例比赛、论文比赛等学术活动的积极性高涨。与此同时，我们收获的是教师参加各种比赛获得的奖项无论从等级到人次，教师的素养都得到极大的提升。

2. 重视团队评价

我们也特别注重团队激励，并为之建立奖励制度。比如优秀科、级组评价，每学年获评的科级组成员都可以在教师节得到奖励。工会开展各种类型的竞赛活动，也都以团队积分形式进行。

（三）聚焦课堂管理，提升教师专业能力

课堂教学是学校教学工作的主阵地，也是体现教师专业水平的最重要环节。苏格拉底曾经说过："教育不是灌输，而是点燃火焰。"是啊，人的头脑不是一个要被填满的容器，而是一个需要点燃的火把。教师因其独特的社会身份需要扮演点火者的角色，而点火者是需要讲究一点技巧的，既需要把握好点火的时机，又要把握好点火的温度。我们要充满智慧地点火，以自己的智慧之火来点燃学生的智慧之火。

1. 开展行动研究

苏联教育家苏霍姆林斯基认为："如果你想使教育工作给教师带来欢乐，使每天的上课不致变成单调乏味的义务，那就请你把每个教师引上进行研究的幸福之路吧。"从2012年开始，我校以课例研修为载体，在教学行动中开展包括专业理论学习在内的教学研修活动。我们请专家向全体教师讲解如何进行课例研修、如何开展行动研究、如何进行微课创作，组织全校老师讨论我心中的理想特校课堂。每个科组根据本学科特点制定课堂观察量表，每个学期确定2~3位老师为主研对象开展研究。我们近几年都是围绕"以学生的学习为中心"进行主题研究。主研老师每个学期进行2~3轮的研修，每次研修进行"三反思两研讨"。学期末进行优秀课例研修报告评比，并组织分享活动。课例研修不同于常规教研活动的听课评课活动，而是有比较系统的研修活动过程。它不仅让主研老师快速成长，科组每个老师也从大量的观摩、上课、研讨、总结、反思中共同成长。

每个学年，我们组织学校行政、科级组长对学校的发展现状进行SWOT分析。我们以问题为导向，将问题的重要性和紧迫性进行排序，将重要问题设置为学校的工作目标，以课题或是项目的形式进行研究。目前，学校有国家级课题1个，省级课题2个，市级课题3个，还有十几个学校小课题。我们根据学校的发展目标，选定15门课程作为未来三年发展的重点课程，进行课程项目负责人招标，组建研发团队，设定阶段目标，学校进行跟踪管理。聚焦发展目标，日积月累，就沉淀为学校的特色，形成学校特有的文化。

2. 搭建展示平台

使人成熟的不是岁月，而是经历。每个教师的成长都必须经历对自己的教育观念和行为触动较大的事件，比如公开课、各种比赛等。单调、重复的工作，容易使人失去工作热情。我们学校特别注重创造

"关键事件"，增加教师的经历，努力挖掘"关键意义"，帮助老师逐步挖掘自己的潜力。学校每学年举行一次教师基本功大赛，一次高效课堂赛课，一次高级教师示范课，一次班主任能力大赛。为了让更多的教师得到锻炼，我们每学年都有一次活动是抽签产生参赛选手。这些经历，也许会给我们带来痛苦、失落和遗憾，但却使我们的教师不断品味着新的体验，积累着宝贵的成长财富。我们有理由相信：当这些普通的经历赋予了新的意义时，我们的教师将成为天底下最富有的人。

（四）加强培训引领，提高教师学习能力

教师的专业成长离不开持续的学习。如果教师团队经常共同研究，深度沟通，分享各种学习资源，交流彼此的情感、体验与经验，共同完成一定的学习任务，成员之间相互补充、相互促进，每个个体在获得归属感的同时又不断地发挥自己的优势与潜能，那么教师们的专业能力一定能够得到很大的提升。我校一直在努力构建具有以上特征的学习共同体。

1. 改进心智模式

学习共同体的特征之一是改进"心智模式"，建立一种多元的、立体的、交叉的教科研制度，以体现不同形式的合作与互动。我们校本研究以小课题行动研究和课例研修相结合，开展校际互换教师、同课异构，与英国姊妹学校定期互访，与高校合作培训骨干教师，创造条件让教师参加各种学术会议。学期末，每个教师在科组用 PPT 进行图文并茂的总结分享，展示一个学期的成长和体会，优秀的个人和团队负责人在全校教师大会上分享。校长在学期末，用 PPT 图文并茂地与全体教职工回顾一个学期的工作。随着教师视野的不断开阔，教师的心智模式也在逐步改变，带来了学校教研组织文化的变革和教师教育教学行为的巨大改变，使学校的校本教研活动焕发了勃勃生机，促进了教师的专业化发展。

2. 推动悦读工程

学习力就是竞争力。学习共同体的构建要营造一种支持性的学习氛围，激励教师成为终身学习者。学校通过各种形式的激励机制鼓励教师不断学习、终身学习。如鼓励教师参加各种业务进修与提高学历层次的专业学习；每个学期、假期给老师发放书籍，推荐阅读书目，为教师的理论学习提供便利；成立读书协会，建立读书博客，为教师交流读书心得，分享教育智慧搭建平台。每学期每个科组至少安排一次与教育教学相关的读书分享活动，定期评选优秀读书心得、校长读书奖。在我们学校，学习成为越来越多教师的一种职业需求和自觉行为。

五、课程建设：构建"1+3"潜能课程体系

佛山市启聪学校是一所招收三类残疾学生，从学前幼儿阶段至中职阶段 15 年一贯制的综合型特殊教育学校。从行政管理角度分析这所学校的课程体系，横着是平行的三种特殊教育类型课程，竖着也是平行的三个阶段的教育课程，从而交错构成了一个"九宫格"的课程格局体系。我校以学生发展为本，将培养"自信阳光、学有所长"的特殊学生作为课程蓝图，采用问题中心的课程设计模式，从个人与社会生存的问题出发，构建了重基础、多模块、有层次、综合性的课程体系，并以"生命质量、个别化、个性化、支持性"四个关键词为核心，诠释复杂的"九宫格"课程体系，并以"1+3"潜能课程为名，从学生不同层次的学习需求出发，深挖特殊学生的潜能，培养学生的综合运用能力，全面提升学生的核心素养。

（一）"1+3"潜能课程的理论基础

"1+3"潜能课程尊重学生的个性，其核心理念是以美国加德纳的"多元智能"理论为基础，强调"为多元智能而教"。它包括四个要素，

即教育的目标是实现学生的"理解";教育的重点是培养"理解"的表现,对于"理解"的评估主要在情境中进行;承认不同的受教育个体的强项存在差异;在对每个儿童的教育中,承担激发他们智能强项的责任。多元智能理论下的课程观是一种"内在课程观",课程应该适应学生的需要,而不是让学生去适应课程的需要。教师作为课程中的重要一环,必须全程参与到课程的开发、设计和评价中去。为此,我校围绕"以学生为中心"开展专题学习、课例研修、课堂评价表制定、"我的理想课堂"研讨等多种形式的主题教研活动,引领教师在课堂上关注学生的表现,在教研中分析学生、研究学生,从而保证教师能真正为学生的适应性成长提供机会,促进学生的多元化发展;保证"1+3"潜能课程支持每个孩子的生命成长,促进学校课程品质的整体提升,形成以学生为中心,关爱生命,激发潜能的课程文化,实现课程育人的最大价值。

(二)"1+3"潜能课程的目标

围绕"自信阳光,学有所长"的学生培养目标,我们给每一个学生开发相适应的课程。我们给每个年龄段的学生提供个性化的课程选择,给每个年龄段的学生提供个别化的学习指导,给每个年龄段的学生提供支持性的发展帮助。

(三)"1+3"潜能课程的内容

1. 顶层设计

(1)国家课程的校本化开发

根据国家课程要求开足开好必修课,包括语文、数学、英语、劳技、艺术、体育与健康、专题教育等。结合我校学生残障类别多(有视障、听障、智障三类特殊学生),年龄跨度大(从学前康复到职业教育)的特点,我们依照各学段的培养目标对国家课程进行校本化开发,以适合不同学段学生的学习。

幼儿康复阶段（2~6岁）

依据《0~6岁幼儿发展指南》，遵循特殊儿童身心发展规律，我们以游戏为基本活动，保教并重。在保证儿童身心全面、和谐发展的前提下重视学生的个体差异，开设个别化教育课程，科学地满足个体的发展需要，开发潜能，促进儿童的综合发展。

义务教育阶段（7~15岁）

采用体验式教学的模式，根据听障、视障、智障儿童的感知特点，我们积极创设不同种类的学习情境，通过合作学习、角色扮演、情境教学、感知体验等形式，组织学生带着原有的知识经验参与到学习活动中，获得新的知识体验，并内化。让学生在活动中学习，在体验中思考。

职业教育阶段（16~18岁）

基于工作过程导向，我们对基础文化课程、职业课程和德育进行知识整合，为不同学习需要的学生提供支持性学习辅助，提升学生的职业素养，发展学生的职业能力。

（2）选修课程的校本化建设

为激发学生的潜能，促其多元化发展，我校秉承"关爱生命，激发潜能"的宗旨，在义务教育阶段和职业教育阶段对选修课程进行了校本化的开发。义务教育阶段每周一、周二、周四的下午开设兴趣课程，学生根据自身的需要和特长从相应的课程群中选择两门进行修习；职业教育阶段，学生在必修的专业课程之外可根据自己的兴趣和特长选择一到两门专业选修课进行学习，以提高学生的综合素质，促进学生的个性化发展。

为给学生提供全面发展的课程资源支持，以及提供个性发展的选择机会，我校共开设了5大类49门校本选修课程。

艺术类：器乐（古筝）、器乐（钢琴）、器乐（架子鼓）、少儿剧场、综合音乐、启智最强音、美劳（线性画）、美劳（装饰画）、书法、粤曲曲艺。

手工类：艺术手工（穿珠）、艺术手工（编绳）、艺术手工（十字绣）

运动类：轮滑、脑瘫康复训练、精细训练、综合精细、武术、球类（羽毛球）、球类（乒乓球）、球类（篮球）、大运动、综合运动、游戏

拓展类：阅读、朗诵、演讲、普通话、儿歌绕口令、写字、作文、故事、珠算、心算、欣赏、社交礼仪。

职业类：中式烹调、中西式面点、烹饪雕刻、茶艺、陶艺、剪纸、计算机、烘焙、手工皂制作、室内植物养护、室外植物养护、居家饮食、校内物流、艺术手工、模拟工厂等

2. 课程结构

让每一个学生适性成长、多元化发展是"1+3"潜能课程体系建设的宗旨。生命教育课程作为"1+3"潜能课程体系的"1"，为课程的基石。因为 IEP、DIY、ISP 这三个课程的实施目的都是为了提高特殊学生的生命质量。生命教育不是一门专门的课程，要渗透到学校所有的教育教学活动中，充分发挥学科教学、专题教育、课外活动三大载体的作用。

下图是"1+3"潜能课程结构图（图1）。

国家课程的优化实施及校本化开发是"1+3"潜能课程体系的"基础性"课程，它是一切学习的基石。这部分课程我校立足于国家课标和教材，着重优化与整合，挖掘学科潜力，在优化实施的基础上，着重于校本化的开发。

"没有两个人——甚至同卵双胞胎都不会拥有一模一样的智能轮廓。"学生的个体差异，使得教育能够充分满足每个学生个性发展的需求成为教育者追求的理想。为此，我校依据毕业生的形象和核心素养体系，着重进行了"校本（选修）课程""康复课程""职业课程""生命课程"的本土化建设。结合佛山经济文化特点和学生需求开发了重

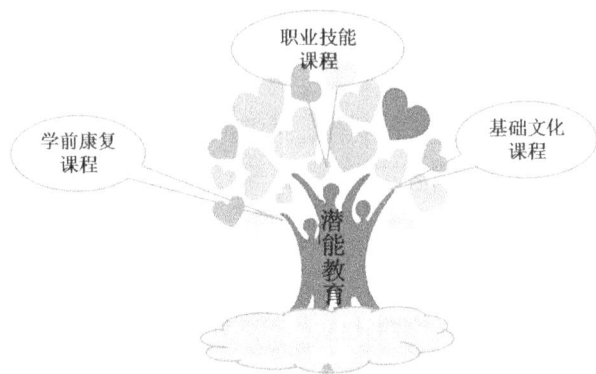

图1 "1+3"潜能课程图

基础、多模块、有层次、综合性的课程，丰富学生的生活，尽力满足每个学生成长的需要。

（四）"1+3"潜能课程的实施

通过"以学生为中心"的系列教研活动，我们意识到在现代教育中学习方式、学习过程发生了革命性的变革，教师要以新思维审视习以为常的常规，审视司空见惯的老问题。教育要从学生的需要出发，才能让教育效益最大化。因此，"1+3"潜能课程必须强调的是要为学生提供更丰富、真实的生活，给予支持性学习内容、学习辅助，以满足不同学生的学习需要，激发学生潜能，促进学生的适性成长及多元化发展（图2）。

在早期教育中，普通幼儿课程以集体区域性活动的形式开展教学，开展体验性学习活动以促进幼儿认知的发展。特殊教育的早期康复课程主要是以个别化教育为主，保证每天40分钟的学校个别化训练。同时注重个别化的家庭语言环境康复，培训家长，以达到课程在家庭环境中也继续得以实施。义务教育阶段主张"一人一张课程表"的个性化定制课程，学生依据自己的特长和兴趣，除国家必修课程按年级进行上课

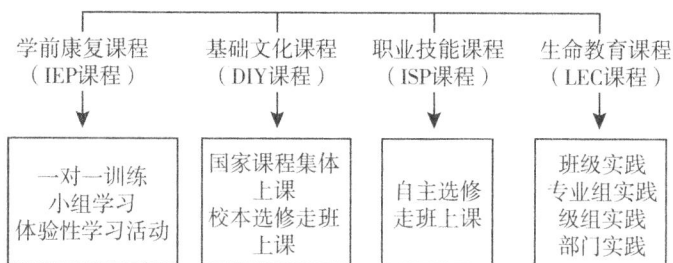

图2 "1+3"潜能课程体系的实施

外，每周有 4 节选修课程时间，以确保每位学生的潜能和特长得以发挥。而中职阶段，课程的实施分为自主选修和走班制上课，上课采取走班制授课和个别化授课相结合的形式。而生命教育课程则是以丰富多彩的活动形式来开展，每周 1 至 3 节课不等（图3）。

（五）"1+3"潜能课程的评价

课程评价是依据课程的实施可能性、有效性及其教育价值，做出价值判断的证据的收集与提供的过程，它包含两个方面，一是对教育过程的计划与组织的判断，二是对学生成绩（学生的学习成果）的判断。泰勒认为："评价过程实质上是一个确定课程与教学计划实际达到的教育目标的程度的过程。""1+3"潜能课程在以目标为导向的思考模式下，从课程方案、课程实施、学生三方面进行课程评价，并从学生的学习效果分析课程的有效性。

1. 对国家课程的评价

侧重于对课程实施的监控，并对学生的学生成绩进行判断、评估和分析。教务处通过巡课、推门课、常规检查等形式对教师的教学方式、教学内容、教学进度、教学效果等内容进行考核，并对学生的文化课程进行期末统一出卷、统一考试、统一改卷，成绩进入学生学习档案，以

德育课程
├─ 生命教育课程
│   ├─ 体验性课程
│   │   ├─ 达人秀
│   │   ├─ 春秋游
│   │   ├─ 美食节
│   │   ├─ 户外拓展
│   │   ├─ 主题游学
│   │   ├─ 体育节
│   │   ├─ 艺术节
│   │   └─ 义卖
│   ├─ 毕业课程
│   │   ├─ 感恩教育
│   │   ├─ 家校互动
│   │   └─ 特色班级展示
│   ├─ 主干课程
│   │   ├─ 一月：生命的希望——新年新希望
│   │   ├─ 二月：生命的精彩——春节趣事
│   │   ├─ 三月：生命的赞歌——文明有礼
│   │   ├─ 四月：生命的滋养——阅读伴我成长
│   │   ├─ 五月：生命的感悟——感恩惜福
│   │   ├─ 六月：生命的奇迹——自强不息
│   │   ├─ 七月：生命的呵护——安全心中记
│   │   ├─ 八月：生命的时钟——我的时间我做主
│   │   ├─ 九月：生命的翅膀——我有一个梦想
│   │   ├─ 十月：生命的家园——爱我中华
│   │   ├─ 十一月：生命的延伸——运动与健康
│   │   └─ 十二月：生命的灵动——心理与健康
│   ├─ 种植课程
│   │   ├─ 生命教育
│   │   ├─ 劳动教育
│   │   ├─ 综合教育
│   │   └─ 学科整合
│   └─ 入学教育课程
│   ├─ 文明礼貌教育
│   ├─ 生活自理能力教育
│   ├─ 社会交往能力教育
│   └─ 学习习惯培养

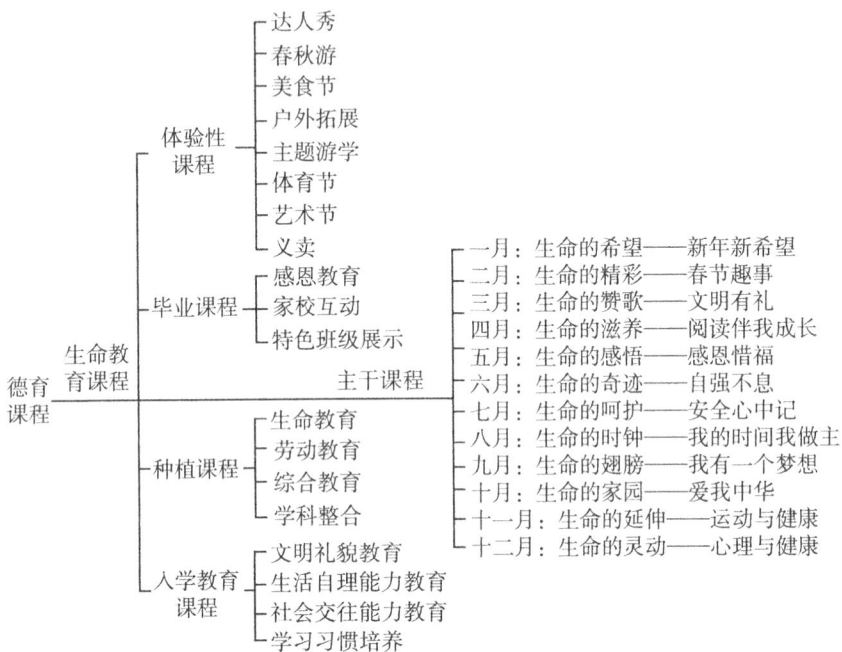

图 3　"1+3"潜能课程图内容（a、b）

及教师成长档案。

2. 对校本课程的评价

学校制定校本课程管理制度，对校本课程进行过程性评价。教务处通过巡课、推门课、课堂教学记录等形式，对教师进行考核，并通过学生的实践性活动，如参加艺术节、体育节、竞赛活动、期末技能展示活动等形式进行检验。

3. 对学生的评价

"1+3"潜能课程对学生采用过程性评价为主、其他评价为辅的多元化评价方式，对学生的学习过程和学习效果进行综合性评估（图4）。

```
┌──────────┬──────────┬──────────┬──────────┐
学前康复课程   基础文化课程   职业技能课程   生命教育课程
（IEP课程）   （DIY课程）   （ISP课程）   （LEC课程）
    │           │           │           │
    ▼           ▼           ▼           ▼
```

| 过程记录评价
回归主流学校
（幼儿园） | 成长档案袋
学业水平测
试/学习评
估记录 | 职业技能考证
就业率及稳定率
学习记录手册 | 学习守法守纪情况
学生生命意识表现
学生生活质量体现等 |

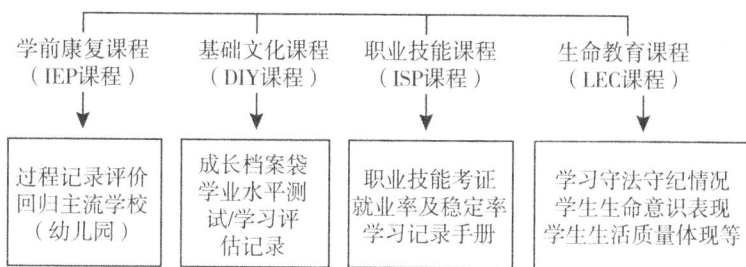

图 4　"1+3" 潜能课程评价

　　佛山市启聪学校经过多年的课程探索与实施，逐步形成了一套完善的课程体系，逐渐构建起"激发学生潜能，提升生命质量"的办学特色，正在迈向实现"一所受人尊敬的温暖学校"办学愿景的路上。

以人为本，为学生的终身发展奠基

——我的办学思想与办学实践

佛山市南海区罗村高级中学　李　强

校长的办学思想是指在一定的社会文化影响下，校长对学校办学方向、办学宗旨、办学原则、办学策略和办学途径的系统认识，反映的是校长对教育观念、教育规律、教育问题的认识和看法。苏霍姆林斯基认为，"校长对学校的领导，首先是教育思想的领导"，"一个好校长，就是一所好学校"。可见，校长的办学思想是学校发展的灵魂，是学校的核心发展力，引领着学校发展的方向，决定着学校办学的质量。作为学校管理者，校长应在办学实践中对"培养什么人，如何培养人？""办什么样的学校，如何办学校？"这些基本问题反复探索、深刻体验、系统思考，做出明确的回答，形成符合教育发展规律和客观实际的办学思想体系，推动学校办学质量持续发展。从自身的教育价值观和教育追求出发，我把办学思想凝练为"以人为本，为学生的终身发展奠基"。

一、本质内涵

"以人为本，为学生的终身发展奠基"，是教育发展的本质要求，它抓住教育的根本，着眼于学生的全面发展、个性发展和持续发展，使教育真正回归本真。全面准确地认识"以人为本，为学生的终身发展奠基"的本质内涵，是全面实施素质教育的基石。

　　"以人为本"是将管理的主体——人作为中心的管理思想。学校的文化建设、队伍建设、德育管理、课程与教学管理、特色建设等都要突出"人本"思想，以人为核心，从人的本质出发，肯定人的价值，尊重人的权利，充分调动人的积极性和能动性，激发人的自身潜能和创造精神，实现人的解放，促进人的发展。"以人为本"教育思想的内涵可从两个维度来理解，一方面，学校办学要坚持以教师的发展为本，依靠全体教师，助力教师专业成长、职业幸福与事业发展，满足教师的专业成长需要和职业成就追求，努力打造一支师德高尚、敬业爱岗、业务精湛、潜心育人的高素质教师队伍。让教师在教书育人的道路上快乐行走，让学校成为教师幸福工作的精神家园。另一方面，学校教育要坚持以学生的发展为本，着眼于学生的终身发展和追求幸福人生，全面实施素质教育，提高学生的思想道德素质、科学文化素质、身体素质和心理素质，让学生成人成才，让学校成为学生幸福成长的学习乐园。"以人为本"思想彰显了尊重人、关爱人、发展人、成就人的管理文化，是学校的生存之本、发展之源。

　　"为学生的终身发展奠基"，就是要以学生的终身发展为价值取向，遵循学生的身心成长规律，尊重学生的生命意识，寻求适合学生发展的教育方式，用积极乐观的眼光和态度欣赏和挖掘学生的生命价值，关爱学生、服务学生、塑造学生，激活学生的生命活力，提升学生的生命价值，引领学生全面发展、协调发展、个性发展，奠定未来和谐、持续发展的基础。具体而言，"为学生的终身发展奠基"，要求学校凸显学生的中心地位，面向全体学生，为学生成长创造有利条件，为学生终身发展提供充足的营养和动力；要求学校面向未来，为学生的终身发展负责，做到教育学生三年，为学生成长考虑一辈子；要求学校注重学生的品行、身心和智能发展，提供能满足学生成长需要的课程与教育教学活动，在有限的时间内夯实学生的综合素质，为学生奠定做人做事、求知创新及终身学习的基础。学校办学应以"为学生的终身发展奠基"为基本出发点，着眼于未来社会发展的需求，不断推进教育教学改革，不断提升办学质量，努力让每一个学生在学校学习生活的三年，成为他一段幸福成长的人生经历，成为他一段走向生命辉煌的坚实阶梯。

二、形成经过

首先，"以人为本，为学生的终身发展奠基"办学思想的形成，根植于我对教育的理解，彰显了我的教育价值取向和追求。

26 年的教师生涯使我深深感受到教育对生命成长的意义。人是教育的核心和精髓，教育的出发点和落脚点应该把人作为教育的中心，把一切教育教学活动落实到人的发展上，把满足人的需要、提高人的能力、提升人的品质、实现人的全面发展作为教育的终极目标。学校教育的使命应是不断唤起学生对生活的热爱，不断提升学生的综合素质，促进学生的持续发展，为培养健全完整的人服务，为成就学生的幸福人生奠定坚实的基础。可以说，学校教育就是"服务"，一切为学生服务，一切为学生的可持续发展服务。学校教育就是"唤醒"，最大限度地激活学生的内在潜能，唤醒学生心灵深处的生命意识和成长意识，实现自我生命意义的不断建构。正如德国著名教育家斯普朗格所说："教育绝非单纯的文化传递，教育之为教育，正因为它是一个人格心灵的'唤醒'，这才是教育的核心价值所在。"

自 2008 年担任校长以来，培养什么人？如何培养人？办什么样的学校，如何办学校？这些问题一直萦绕在我心中，促使我在实践中不断地去思考和回答。我心目中的理想学生是"高素养的现代人"，他们会做人，自立、自尊、自信、自强，有理想、有抱负，有积极进取的人生态度；负责任、敢担当，有强烈的责任心和使命感；知书达礼、文明守纪，宽容大度，乐于奉献；他们会学习，有明确的学习目标、良好的学习习惯、科学的学习方法，有良好的科学人文素养和专长，善于反思，善于改进；他们会生活，人格健全，身心健康，热爱生活；情趣高雅，懂得感恩，享受生活。我心目中的理想学校是一所师生有共同愿景和价值追求，绿色和谐，充满着人文情怀的学校；是一所改革创新，内涵发展，闪耀着智慧光芒的学校；是一所师生喜欢，家长满意，社会认同，洋溢着先进文化的学校。办好心目中的理想学校，培养心目中的理想学生，是我作为校长的永恒追求。

其次，"以人为本，为学生的终身发展奠基"办学思想的形成，根植于我对高中教育办学定位的认识。

高中教育是九年义务教育和高等教育的衔接阶段，在整个基础教育体系中处于承上启下的地位。高中是学生人生观、世界观形成的重要阶段，是学生个性发展最关键、最活跃的时期，是学生处在人生十字路口非常关键的一个阶段。因此，高中阶段的学习不能只是义务教育的自然延伸和课程内容的加深加难，高中教育更不能成为高等教育的附属阶段，不能仅仅只为升学作准备。高中教育的办学应定位在"义务教育基础上的面向大众，进一步提高国民素质的基础教育，高中教育应为学生的终身发展奠定基础"。高中教育的出发点和归宿应指向"如何为学生的终身发展奠基"，我们既要为高等院校输送人才，更要为学生的终身发展打好基础，培植学生自主发展的愿景和能力，保持学生持续发展的意趣，全方位夯实学生的发展基础。也即高中教育要为学生的终身发展奠基，为国家民族的未来负责。

我现在任职的罗村高中始建于1959年，是广东省一级学校、广东省教学水平优秀学校。学校坚持"以人为本，科学管理，为学生的终身发展奠基"的办学理念，坚守"励志、崇德、博学、笃行"的校训精神，形成了"文明、团结、勤奋、求实"的校风、"严格、扎实、求活、创新"的教风和"勤学、善思、诚实、进取"的学风。长期的传统积淀，培育了师生良好的价值取向、生活态度和行为方式，彰显了学校的文化内涵，"自强不息，团结拼搏、和谐共进"的文化精神成为师生员工砥砺人格的精神向导和不懈奋斗的人生航标。"以人为本，为学生的终身发展奠基"办学思想的形成，体现了我对罗村高中办学传统的文化传承，对学校办学现状的理性思考。

三、改革探索与实践

办学思想决定办学思路，办学思路决定学校出路。四年来，在"以人为本，为学生的终身发展奠基"办学思想引领下，我以学校文化建设为核心，教师队伍建设为基础，学校特色建设为抓手，学生成人成才为目标，不断深化教育教学改革，加快推进学校管理向优质化、特色化方向发展。

（一）加强学校文化建设，优化育人环境

我们坚持"办学就是办文化"的理念，把文化建设作为学校的灵魂和可持续发展的动力，以精神文化引领人，以制度文化激励人，以环境文化影响人，构建先进的校园文化体系，提升校园文化品位，实现物质文化和精神文化的高度统一。

完善学校环境文化。坚持"整体规划，分项实施，逐步完善"的原则，贯彻"品位高雅，主题鲜明"的建设理念，加大学校环境文化的建设力度，营造具有浓厚文化气息、丰富文化内涵的校园文化氛围，培育良好的育人环境。四年来，学校先后投入1300多万元，修缮了教学楼、办公楼、实验楼，完善了校园环境治理，更新了现代教育装备，努力改善师生的学习、工作、生活条件；将办学理念和特色元素融入校园环境建设中，加强围墙文化、廊道文化、橱窗文化、班级文化和校园绿化美化建设，培育特色校园文化，让校园的每一个角落都具有人文性，成为育人的理想场所；根据学生的身心发展规律，开展形式多样、主题鲜明的校园文化活动，以多彩的文化生活、高雅的艺术情趣、浓厚的学习氛围、科学的人文精神，促进学风校风建设，引导学生树立正确的世界观、人生观和价值观。

健全学校制度文化。"没有规矩，不成方圆。"我们将制度文化作为学校文化的内在机制和保障系统，进一步完善各项规章制度，依法治

教、依法治校，建立健全维系学校正常秩序的保障机制，确保学校各方面工作的顺利开展。同时，以人为本，落实"我们都是学校主人"的理念，完善管理体制，健全校务公开，大力推进民主管理，将制度管理与人文管理有机结合，克服制度的"非人性化"，在教育教学实践中充分尊重师生的人格和主人翁地位，加强与师生的情感沟通，关心师生的工作、学习和生活状态，通过多种途径引领师生有效参与学校管理，营造刚柔并济、张弛有度的民主和谐氛围，凝聚师生对学校的认同感和归属感。通过尊重人、理解人、关心人、鼓舞人、激励人的潜移默化效应，让制度与规范内化为师生的自觉行为，激励全体师生奋发向上，展现良好的行为文化。

培育学校精神文化。学校以学生的发展作为一切教育教学工作的出发点和落脚点，积极践行"以人为本，为学生的终身发展奠基"的办学思想，坚守校训精神，加强"三风"建设，张扬"我们都是学校主人"的文化认同，凝练优良传统，打造"自强不息，团结拼搏、和谐共进"的精神文化，增强师生的凝聚力和向心力，努力使罗村高中成为一所师生有共同愿景和价值追求，绿色和谐，充满人文情怀的学校；成为一所改革创新，内涵发展，闪耀着智慧光芒的学校；成为一所师生喜欢，家长满意，社会认同，洋溢着先进文化的学校。

（二）加强教师队伍建设，夯实育人基础

教师是促进学生发展的关键，教师队伍建设是学校发展的第一要务。我们把教师队伍建设作为基础工作，坚持师德与师能同建、专业与特长相结合、全面提高与突出重点相结合的原则，建立健全教师专业发展的长效机制，努力培养一支师德高尚、学识扎实、业务精湛、具有现代教育理念和发展性教学能力的高素质教师队伍。

加强师德教育，塑造师德之魂。教育是直面生命成长的事业，学校大力倡导"教育神圣"观念，引导教师对教育怀有崇尚与敬畏之心，做虔诚的教育人，努力引领学生健康快乐成长；同时，完善制度建设，

构建激励机制和竞争机制，重视对教师的人文关怀，及时为教师排忧解难。通过多种形式提高教师对师德的感悟和践行能力，培育教师的"有为"意识，使爱岗敬业、积极进取成为教师团队的主流价值追求，使学校成为教师幸福工作生活的精神家园。

加强内涵建设，促进教师专业发展。学校立足校本，搭建教师自主发展平台，优化教师校本研训平台，完善教师评价激励平台。通过集体备课、专题讲座、主题论坛、专业比武、课例研讨、课题研究、师徒结对、对外交流、网络教研等形式，探索教师专业发展的有效途径，努力创建科学高效的教师专业发展机制，提升教师队伍的专业素养。同时，加大研究生学历教师的引进力度和教师晋升高级职称的扶持力度，确保研究生学历教师和高级职称教师数量持续增长，同时优化教师队伍的年龄、学历和职称结构。

鼓励终身学习，推动教师持续发展。职业的特点要求教师要不断学习，不断自我成长。只有学而不厌，才能诲人不倦。学校鼓励教师通过"规划—读书—实践—反思—总结"的基本途径，向书本学习，向实践学习，向同伴学习，激励教师撰写教育教学论文，申报立项课题，不断提升专业知识和专业能力。同时，加大教师培训力度，做到有计划、有方案、有经费、有总结，依托教师会议、年级会议、科组及备课组教研活动，营造浓厚的学习氛围，促进教师不断更新教育观念，提高业务技能，使持续发展成为广大教师的内在追求。

（三）推进德育创新，为学生的品行和身心发展奠定基础

学校坚持"育人为本，德育为先"的原则，贯彻"生活德育"的理念，以"立德树人"为根本任务，强化队伍建设，健全德育机制，完善德育内涵，创新德育模式，以社会主义核心价值观引领学生端正"三观"，养成良好习惯，完善自我品行，奠定终身发展的基础。

强化德育队伍建设。坚持全员育人理念，落实全体教职工都是德育工作者的要求，强化教职工履行"教书育人"的岗位意识、责任意识

和效能意识；完善班主任常规管理制度、业务学习制度和评价激励制度，深入推进"青蓝工程"和"名师工程"建设，发挥区级、校级名班主任的示范引领作用，引导班主任不断更新教育观念，提升管理水平，锻造一支师德高尚、理念先进、业务精湛，能创造性地开展德育工作的班主任队伍；培养一支德才兼备的学生干部队伍，充分发挥学生干部在学校和班级管理中的作用，提升学生的自我教育、自我管理能力。

深化德育内涵建设。坚持"三贴近"原则，创新方法，拓展途径，将社会主义核心价值观和中华优秀传统文化有机融入学校教育教学全过程，切实增强社会主义核心价值体系教育的针对性和实效性；坚持"问题导向"原则，完善"检查—反馈—处理"机制，全力落实《中学生守则》《罗村高中德育管理条例》的要求，切实抓好学生日常行为规范的养成教育，促使学生形成重规范、讲文明、强执行的好习惯，提升知、情、意、行能力，推进班风学风建设；坚持"教育与防控相结合"原则，加强制度建设，完善场室建设，创新方式方法，切实加强心理健康教育和心理危机预防与干预，培养学生健全的人格和良好的心理品质；坚持"科学高效"原则，以创建广东省"依法治教"达标学校、广东省"预防毒品教育"示范学校为契机，立足校本、立足活动，不断深化学生法制纪律教育、禁毒教育和安全教育，打造平安校园；坚持"价值引领"原则，建立健全校园精神文明建设的常态化机制，充分调动广大师生的主动性和积极性，深入推进文明校园创建活动，提高师生的公民道德修养和民主法治观念，促使校园育人秩序、育人环境的进一步优化。

完善"激励教育"德育品牌建设。教育的核心是"人"的塑造，每一个学生都有发展的潜能，都有成才的愿望，都可以在原有基础上获得发展。学校坚持"以人为本、健康成长"的原则，在德育管理中全方位立体化地落实激励教育理念，构建激励教育体系，营造激励教育氛围，引领学生充分相信自我、积极展现自我，善于发展自我、努力完善自我，在激励教育中健康成长。具体包括优化富含激励元素的校园文化环境，营造激励教育的文化氛围，以环境激励感染人、塑造人；完善《罗村高中文明班标兵班评比实施方案及细则》《罗村高中学生奖励方案》，健全学生各类先进评选表彰制度，充分发挥榜样的激励作用，激活学生自信自强的内在动力；以"你追我赶，争创星班"活动为核心，积极开展班际和班内之间的学习竞赛活动，营造比、学、赶、超，班班争先、人人争先的良性竞争氛围；开展形式多样、丰富多彩的校园文化系列活动，创设平台，让学生在活动中增长见识，展示才华，发展个性特长。通过环境激励、榜样激励、活动激励、文化激励等各种形式，在校园里制造强大的"正能量场"，激活学生内驱力，增强学生自信心，培育积极进取、奋发向上的人生态度，锤炼意志坚强、认真刻苦的优良品德，提升学生的生命自觉，激励学生自我发展。

加强德育网络建设。整合德育资源，优化学校、社会、家庭"三位一体"立体式的德育网络，形成学校、社区、家庭相互联动及资源共享的合作教育机制，进一步优化学生的成长环境；加强班级、年级、学校三级家长委员会建设，充分发挥家委会在家校联系沟通方面的作用。利用家长学校、家长会、家访电访等多种形式提升家长的教子技能，提高家庭教育效率；充分利用社区资源，完善学生社区服务和社会实践制度，丰富学生的生活体验，培养学生的生活技能及适应社会的能力；成立学生发展指导中心，全面实施导师制，利用大数据智能管理平台，建立健全学生发展指导制度，为学生提供学业、生活、生涯规划的有效指导。

（四）推进学科建设和课程教学改革，为学生的智能发展奠定基础

加强学科建设。组织各学科编制《罗村高中××学科三年建设方案》，加强学科建设的系统性和科学性，分解落实学科建设学年目标和任务，加强督查和评价，确保学科发展水平逐年提高，进步明显；完善《罗村高中优秀学科组评选办法》，定期组织校级优秀科组评选活动，

探索部分优秀学科与高校、高中名校合作开展学科项目研究，借力校外优质资源，进一步提升学科实力，扩大学科建设成果在校内外的示范引领作用。

推进课程建设。开齐开足国家课程，结合实际强化国家课程的校本化实施，提升国家课程管理质量；优化美术、体育、音乐、传媒等特长生专业训练课程，开发提升学业水平的学科拓展性课程，完善社团活动和综合实践活动课程，健全校本课程体系，丰富校本课程内涵，提升校本课程质量，促进学生多元发展和个性成长；完善《我要做创客》《创客技能基础》校本必修课程，开发实施《3Done 三维建模轻松学》《进阶式 Arduino 项目制作》《APP Inventor 软件开发》校本选修课程，优化创客活动课程，加强"创客教育"特色课程体系建设，努力培养学生的创新意识和实践能力。

深化课堂教学改革。加强学习培训，树立"以学生为主体、以教师为主导、以核心素养为导向、以学生发展为主旨"的现代教学理念，坚持"以学定教、以教引学、以学评教"原则，提升高效课堂意识；深化"学案导学"改革，完善以学科核心素养为导向的学案编制与使用制度，建设优质课堂教学资源，充分发挥学案在优化学生学习方式上的导学作用；推进"小组合作学习"，完善学生合作学习小组的组建和运行机制，健全小组合作学习的评价制度，积极推进基于同伴互助的学习共同体建设；加强实践探索，稳步推进"基于学案导学和小组合作学习的'导思议展评检'六环节"课堂教学模式改革，变革教师教学方式和学生学习方式，引导学生自主学习、合作学习、探究学习，改变课堂生态，提高教学效率。

尊重学生个性，发展学生特长。学校全面推进品质教育，高度重视学生的个性成长。充分发挥书法社、摄影社、动漫社、武术社、魔术社、发明社等20多个学生社团的作用，让校园色彩缤纷，让青春热情律动；一年一度的"体育艺术节"让一大批体育、艺术特长生脱颖而出；一年一度的"创客文化节"让科学变得写实而深刻，让创新创造成为最酷最炫的校园旋律；一年一度的"爱心义卖""慈善捐款"让校园充满暖意，爱心洋溢；一年一度的"学生篮球赛""十大歌手比赛""社团文化节"让校园充满活力，让学生在多样的舞台上展现青春魅力。

（五）大力开展创客教育，努力培养创新人才

适应时代发展和教育改革潮流，学校对原有的科技创新教育进行全新提炼和内涵提升，提出"大力推进创客教育，努力培养创新人才"的办学策略，以"创客教育"作为学校特色品牌建设的重点。我们制定"创客教育"实施方案，坚持创客教育队伍建设、空间建设、课程建设的"三位一体"建设方略，以师资建设为引领，以空间建设为基础，以课程建设为核心，大力推进创客教育，构建创客教育实施体系，打造创客校园生态系统，提升校园创客文化，全员性、全面性、实践性地培养学生的创新意识、创新思维和创新能力，发展学生的创新人格，助推学生未来成长。

做求是教育的践行者

广东省揭阳市揭东区蓝田中学　李永亮

2017 年 12 月 7 日至 8 日，习近平总书记在出席全国高校思想政治工作会议上强调，高校思想政治工作关系高校培养什么样的人、如何培养人以及为谁培养人这个根本问题。2018 年 5 月 2 日，习近平总书记在北京大学师生座谈会上再次强调，大学关键是要形成更高水平的人才培养体系。人才培养体系必须立足于培养什么人、怎样培养人这个根本问题来建设。作为基础教育的高中阶段，是为大学输送人才的主渠道，直接与大学对接。学校要培养什么样的人？如何培养人？为谁培养人？这是我们作为基础教育工作者应时刻考虑的问题。我个人认为，一个人的教育理念、教育思想、教育情怀将决定你的育人价值取向，也将直接影响受到你教育的人，不管是学生还是同事。作为一名校长更是如此。校长是学校的灵魂，是促使教师转变教育观念的引领者，是学校教育改革的先驱者，是带领学校改革发展的决策者和实施者，是现代办学思想的倡导者。办学思想是一所学校发展的核心，是治校之本，校长的办学思想和理念决定着学校办学的方向和出路。

作为一名农村普通中学校长，我一直以此作为事业的奋斗目标，在实践的基础上，不断学习探索，逐步形成了自己的教育和办学思想，进一步明晰了自己的教育理想和教育追求，积极思考并推动学校教育的发展和变革。

一、我的教育追求："求是教育"

(一)"求是教育"思想的内涵

"求是"，英文为 to seek the truth。百度百科认为，"求"是追求、探究；"是"，真也。引申为真谛、规律、本质。"求是"在这里，即指探究自然、社会和人本身运动（活动）的奥秘、规律，更指追求真理的科学态度、科学精神。我们党一向倡导实事求是的思想方法。毛主席曾提出实事求是的科学含义："实事"就是客观存在着的事物，"是"就是客观事物的内部联系，即规律性，"求"就是我们去研究。对于每一个教育工作者来说，面对着我们的学生，如何针对每个人所处的学校的具体实际，所面对学生的实际，所处的学校周边的文化环境及自身的缺点等实际，去研究探寻一条符合我们学生发展的道路，符合我们自身发展的教育道路，是我们应该深入去思考、去践行的。因此，我们一定要做求是教育的践行者。

"求是"是追求教育本真。教育的本质，是人的培养问题。陶行知先生指出的"千教万教，教人求真；千学万学，学做真人"就是指培养出来的人，不做人上人，不做人下人，不做人外人，要做人中人。人中人的道理非常简单，崇尚真善美，反对假丑恶，实现生活本真，做人本真，回归人性，焕发童真；坚持以人为本，人与人之间是平等的、民主的、互相尊重的、相亲相爱的。因此，求是教育实质是一种人本教育，是"为学生的终身发展奠基"的教育。

"求是"也包含勤奋务实、追求真理的意思。中国现代著名气象学家、地理学家、教育家竺可桢曾担任浙江大学校长，他将浙江大学自求是书院以来一脉相承的传统学风概括为"勤""诚"两字。"勤"乃"求是"之径，"诚"乃"求是"之舟，此乃"求是"之本。竺可桢曾在《科学方法与精神》一文中对"求是精神"内涵作了进一步阐释：

"近代科学的目标是什么？就是探求真理。科学方法可以随时随地而改换，这科学目标，探求真理也就是科学的精神，是永远不改变的。"竺先生还在《壮哉求是精神》的讲话中勉励"求是"学子要勇于实践"求是精神"。只有致力于实践，仰望星空，脚踏实地，勤奋务实，真抓实干，一步一个脚印，才能走出一条办学成功之路。

1. "求是教育"是学校的文化传承

蓝田中学前身是蓝田书庄，于公元 1149 年由宋兵部侍郎郑国翰创办，为潮汕地区最早创办的书院，至今已有 870 年的历史。大儒朱熹曾在此传道、授业、解惑，并留下"落汉鸣泉"的题字。蓝田中学的先驱者们为学校确立的校训"尊师，守纪，勤奋，创新"体现了最朴素的真理，为学校办学、践行求是教育指明了方向。

尊师——尊敬师长是中华民族的传统美德，学校首先要教会学生尊敬师长，学生才能敬人伦，重友谊，培养良好的道德习惯。

守纪——"无规矩不成方圆"，遵规守纪是学生在学校求学最基本的要求，是学生养成自律的基础，也是他今后能够适应社会的根本，"守纪"是最朴实，也是最本真的道德要求。

勤奋——读书离不开勤奋，这是颠扑不灭的真理。这里面包含了蓝田中学先辈们对学子的谆谆教诲和殷切期望。学校教育首先要培养学生勤奋刻苦的精神，并养成优秀的习惯和品格，才能实现成功的人生。

创新——创新是学校可持续发展的重要保证，也是新时代的要求，是学校理所当然的要求和行动，是学校进步发展的动力之源，是不可或缺的办学要素。

2. "求是教育"是时代发展的要求

20 世纪 70 年代，联合国教科文组织就提出现代教育培养学生的四个支柱，即学会认知、学会做事、学会合作、学会生存，同时提出了"学习化社会"和"终身教育"两个概念。所谓终身教育，就是在社会生产不断变革的时候，教育要为每个人在他所需要的时候，提供学习的机会。终身教育开始与职业教育相联系。但具体到学习化社会，终身教育应该涉及每个人的每个阶段，所有的教育都应该纳入终身教育当中。20 世纪初，联合国教科文组织在《反思教育：向"全球共同利益"的理念转变》这篇报告中提出了反思教育——教育要培养什么样的人？培养恐怖主义的分子，还是培养热爱和平的人？教育的本质到底是什么？这个报告提出，教育应以人文主义为基础，要尊重生命，尊重人格，尊重人的权益，而且要为可持续发展承担责任。

3. "求是教育"是国家教育的要求

2010 年 7 月，中共中央、国务院印发了《国家中长期教育改革和发展规划纲要（2010—2020 年）》。《纲要》强调要把育人为本作为教育工作的根本要求。人力资源是我国经济社会发展的第一资源，教育是开发人力资源的主要途径。要以学生为主体，以教师为主导，充分发挥学生的主动性，把促进学生健康成长作为学校一切工作的出发点和落脚点。关心每个学生，促进每个学生主动地、生动活泼地发展，尊重教育规律和学生身心发展规律，为每个学生提供适合的教育。努力培养造就数以亿计的高素质劳动者、数以千万计的专门人才和一大批拔尖创新人才。要坚持以人为本、全面实施素质教育改革发展的战略主题，贯彻党的教育方针，其核心是解决好培养什么人、怎样培养人的重大问题，重点是面对全体学生、促进学生全面发展，着力提高学生服务国家及服务人民的社会责任感、勇于探索的创新精神和善于解决问题的实践能力。

4. "求是教育"是人自身发展的要求

2016 年 9 月，《中国学生发展核心素养》正式发布，明确学生应具备的适应终身发展和社会发展需要的必备品格和关键能力，突出强调个人修养、社会关爱、家国情怀，更加注重自主发展、合作参与、创新实践。围绕核心素养，新时期学校的培养目标应是培养适应未来发展的合格公民，培养具有健全人格、具有创新精神和实践能力、具有合作精神和包容胸怀、具有世界眼光和本土情怀、具有可持续发展能力的人。

二、以求是精神为追求的教育管理实践

作为一校之魂的校长，应该具有教育家的头脑，要懂得教育教学的基本规律，懂得青少年的心理特点和成长规律；应该具有思想家的眼光，要正确把握学校的办学方向，科学规划学校的办学目标，精心设计学校的美好愿景；应是具有正确教育思想和深邃教育理论的教育专家，更应该是具有教育情怀的教育家。

校长思考力的强与弱，关系到是否能够准确把握教育本质和时代特征。因为一个校长要领导一所学校，他首先要做价值判断，要做行为选择。而正确的判断，对学校来说是至关重要的。这其实也是在考量校长思考的深刻性。我认为，作为一名校长，要认真思考教育的问题，尤其要考虑清楚"想做什么？——为什么做？——怎样做？"这一系列问题。只有想得深，想得远，学校才能走得更远，走得更稳，才能有长足的发展。

担任校长之后，我实事求是地对蓝田中学进行了深入的 SWOT 分析，进而做了精准的定位。在办学的过程中，我力争遵循农村普通高中教育的内在规律，从学校现实发展水平出发，根据学校教育资源配置的状况和教育环境条件，踏准时代的鼓点，紧紧依靠"大政策"，适时引入"大资金"，逐步探索出一条适合于自身实际的发展之路。

（一）抓住历史契机，实现硬件环境配套

2005 年，我全面主持蓝田中学工作时，学校有教职工 95 人，学生 1637 人，当时学校占地面积约 16 亩，校舍主体是建于清朝末期的书院，破旧不堪，教学设备奇缺。我深知，教育现代化的基础是硬件环境的现代化，为了学校的长远发展大计，我思考着、筹划着、行动着。

2007 年，在社会各界的共同关心支持下，蓝田中学第四次易地新建。新校按照"一次性规划，分期建设，争取 50 年不落后"的理念，严格执行广东省一级学校标准规划建设，率先实行教学区、科研办公区、运动区、生活区四区分离。其中，在全市率先建设科研办公区，为学校构建"以高考备考为中心，以课题研究为突破，以微课为重要补充"的育人模式提供坚实的发展平台，在全市起到示范作用。

2012 年，新校区落成剪彩以来，蓝田中学乘广东教育"创强推现"的东风，积极争取政府政策和资金支持，截至目前，蓝田中学新校占地近 150 亩，累计投入资金 1 亿多元，教学配套设施齐全，办学环境优越，成为一所充满活力的现代化学校。目前，蓝田中学有教职工 200 多人，学生 3000 多人，是全市首个实现体育运动场地标准化建设的农村学校，多次成功承办市、区运动竞技比赛。学校各项办学硬件指标已全面达到广东省一级学校的要求，实现了"由小到大、由弱到强"的转变，创造了千年校史上新的辉煌。

（二）加强班子建设，实现民主管理和科学决策

领导班子是学校的决策中心和管理核心，政廉则风正，政勤则校兴。一个好的领导班子，才能管理好一所优秀的学校。近年来，我把加强领导班子建设作为一项重要的任务来抓，通过加强组织建设、思想建设和作风建设，打造一个目标一致、团结向上的强有力的领导集体。一是认真组织学习。通过党支部会议和行政班子学习会，学习贯彻党的教育方针和各级党政、教育主管部门的决策，学习先进教育教学和管理理论，不断提升班子成员的理论水平和工作能力。二是做好调整分工。我知人善任，把一些有水平、有能力、得民心、愿干事、能干事、干好事的教师吸收进行政班子，带来了活力，树立了正气。同时，结合办学的发展情况，对班子的分工进行重新调整，使管理层、执行层更加清晰，提高了班子的工作效率和执行力，做到事事有人管，件件能落实，实现了"民主管理、科学决策"的运作模式。三是开好行政会议。坚持每

周召开一次行政会议，进行政治理论学习，研究讨论学校重大决策，总结交流工作情况，布置下一阶段工作任务。四是增强五个意识。我特别强调每个班子成员要不断增强忧患意识、发展意识、本位意识、责任意识和服务意识，通过这五个意识的学习和教育，防微杜渐，警钟长鸣。新的学校领导班子坚强有力，来之能战，战之能胜，带领学校全体师生在事业发展上不断取得新的突破。

（三）把握时代脉搏，实现依法治校规范办学

作为"广东省依法治校示范校"，近年来，蓝田中学依法治校工作不断取得新的突破，具有区域性示范作用。我高度重视在管理决策中贯彻法治理念，在工作规划中融会依法治校、规范办学思想。2011年，《揭东蓝田中学五年事业发展规划（2011—2016）》出台，蓝田中学成为揭东第一个依法依规制定纲领性规划的学校；2013年，学校在全区教育系统中第一个聘请常年法律顾问；2015年，完成《揭阳市揭东区蓝田中学章程》制定工作，该章程被区教育局列为典范；2016年，蓝田中学再次全面健全各项规章制度，并编印《揭阳市揭东区蓝田中学制度汇编》，走上"制度管人"的现代化学校管理轨道。在此基础上，落实管理责任，将管理责任具体化、明确化，实现了学校管理的精细化。2017年12月，学校顺利通过"广东省依法治校示范校"验收，至此，蓝田中学在"依法治校、规范办学"方面领跑一方，备受社会好评。

（四）勇于创新突破，实现区域专业引领

我长期致力于农村普通高中教师专业发展研究，学校在打造教师专业发展共同体方面，走在整个粤东地区前列。

2010年，我提出的农村青年教师专业发展模式，为广大青年教师迅速成长为一名优秀的教师指明方向并提供了成长平台，并在揭东教育组长、中小学校长研修班上作经验介绍和推广应用。

2013年，我提出和韩山师范学院合作共建，打造全市首个教师专业发展学校，并设立韩山师范学院教育实习基地，引进高校的科研力量和先进的教育理念来培训青年教师，开创了揭阳市青年教师培训工作之先河，为全市青年教育人才培养起到示范引领作用。蓝田中学的成功经验迅速在揭东推广，为教师专业发展作出了突出贡献。

2017年，我以省级课题"粤东地区农村普通高中教师专业发展潜能激发的行动研究"为抓手，凝练校园核心文化，构建教师专业发展共同体，助推教师抱团发展、专业发展。在课题研究的过程中，不断发现学校在多年高速发展过程中存在的问题，并予以破解，以确保学校可持续发展；关心教师的身心健康和专业发展，尊重教师的个性发展，宽容教师的工作失误，激励教师的成长进步，让老师们在关爱和感恩中凝聚力量，感受到尊严和价值；采用长期跟踪分析的方式去发现人才，发现一个培养一个，培养一个任用一个，通过量才授职、放权压担的方式，让不同人才都能有用武之地；同时，构建了能上能下、能进能出的竞争机制，让队伍既有团结精神，又有竞争意识，永葆激情活力；首创"探究—激发式"教学资料检查模式，得到各级领导及专家的高度肯定，受到广大教师的热烈欢迎。

2018年，我审时度势，提出建设校级名教师、名班主任工作室的构想，为学校教师专业发展共同体提供新的发展极，搭建了促进中青年教师专业成长以及名教师、名班主任自我提升的发展平台，为打造一支在全区乃至全市学校教育领域中有成就、有影响的高层次教师团队奠定了组织基础。同时，提出建设学校教师发展中心和学生成长中心，两手抓，齐头并进，为学校的教师发展和学生成长搭建平台，推动学校的可持续发展。这一年，我们还首创农村高中开发VR资源用于教学等。

2019年，学校通过与北师大建立长期合作关系、与北京名校牛栏山中学建立帮扶关系、打造智慧校园、构建生涯规划平台、与"广东省林明名师工作室"合作等一系列具体措施，不断突破农村高中办学天花板。

同时，学校还想方设法搭建教师施展才华和公平竞争平台，比如定时印制校报校刊、推动教学循环、力推每位教师都能开小讲座、举办系列竞赛活动等，逐步实现从重视个体评价向团队评价转变，助推教师抱团发展、专业发展，成效显著。一是教师的工作态度明显改变。目前，全体教师形成了一个共识，即个人的专业发展与学校的事业发展是紧密结合在一起的，没有个人的专业发展就没有学校事业的发展。青年教师的工作态度明显改变，安教、乐教、善教，促进了良好教风的形成；校本教研为教师专业发展创建了良好的学术研究氛围，为教师提供必要的学习资源，老师们通过学习、培训、交流、研讨、听课、评课等一系列锻炼，初步学会了自我反思，同伴协作；教师在实践中学会了反思，在相互尊重中学会了交流，在合作中学会成长。二是教师的钻研精神得到激发。通过开展课题研究和微课制作，教师们在教学实践中积极发现问题、解决问题，在解决问题中提高自身的专业水平，达到开阔视野、激活思路、互相学习、共同提高的目的。我校先后承担国家级课题1个，省级课题6个，市级课题6个，区级课题13个，共有203人次参与各级课题研究，领跑一方。其中，部分课题已顺利结题并进行成果转化。三是微课成为课堂的重要补充。近年来，学校积极探索"互联网+教育"的有效模式，不断加快教育信息化步伐，通过编写教材、举办比赛等方式，全力打造微课特色。2015年，学校组建微课课程制作团队，该团队于2014年在全市率先参加国家级微课大赛，至目前共有50人次获市级以上（其中国家级9人次）比赛大奖，所取得的成绩在揭阳市处于遥遥领先的地位，为我市农村普通高中探索基于互联网的现代化教学手段起到示范引领作用。我们还围绕微课研究，申报各级课题，以课题研究引领微课特色学校建设。四是专业发展共同体已经成熟。身处变革时代的农村普通高中教师，必须抱团发展、经验共享、交流碰撞，才能更高效、更妥善地处理各类新问题，才能与时代同步，与改革同行。为此，学校通过给教师提供专业发展的平台，把大量年轻教师凝聚成专业发展共同体，带动学校教研活动朝纵深发展，以应对新一轮教育改革及揭东区域调整的影响,在"前有狼后有虎"的环境中保持已经取得的优势地位,并不断打造新的发展极。五是合力推动学校的整体发展。目前,学校在职教师216人,其中特级教师1人,中学高级教师44人,中学一级教师102人,专任教师本科学历达标率100%,其中研究生学历5人,在全市农村中学中,研究生占比居于前列。一支思想觉悟高、安教乐教善教的教师队伍正奋力战斗在蓝田中学教学岗位上,一种敬业、乐业的良好教学风气已经形成,特别是青年教师队伍的成长和壮大逐步走上了良性发展的轨道。教师专业发展的潜能被充分激发,教师的职业生命、学术生命焕发出了新的光彩。教师成功了,学校也获得了长足的发展——蓝田中学成为区域性农村普通中学典范,在揭阳市乃至整个粤东地区都具有较大影响力。

(五) 激发学生潜能,实现让学生在学习中快乐成长的目标

学生成长是学校成功的标志。学校一切工作的出发点和立足点都应该以学生发展为本,满足学生发展需要。高中阶段是学生思维与人格发展的基本定型期,志向逐渐形成,兴趣逐步聚焦,优势潜能逐步显现。高中教育需要抓住学生发展的这一阶段性特征,大力推进课程的选择性、现代性和学生学习的自主性、探究性,促进高中生的志、趣、能匹配。

从教育工作者的角度来说,一个人的教育理念、教育思想、教育情怀将决定你的育人价值取向,也将直接影响受到你教育的人,不管是学生还是同事。激发学生的潜能是所有教育努力的根本指向,如何将学生的求知欲、表现欲、成功欲、兴趣欲、生命欲、创造欲等正能量激发出来,并形成自主的个人良好习惯,这是每个教育工作者应该追求的、想要实现的育人成果,也是求是教育的价值取向。下面,我结合自己到美国访学的所见所闻谈一点心得。

1. 目标定位，激发学生的求知欲

对教育工作者来说，育什么人？这是我们应时刻考虑的问题。我认为，我们的教育应该让孩子学会动手、学会动脑和拥有一颗博爱的心。一是学会动手。美国教育非常重视实用性。美国中小学校开设的许多选修课程，都是现时生活或今后工作中用得着的知识和技能，和中国想方设法禁止学生在校园使用包括手机在内的科技产品不同，美国学校甚至向学生提供各式高科技用品，并且鼓励他们使用。比如佛罗里达州大西洋大学附中所有高中生每人配备一台平板电脑，高中课程所有内容都在电脑里面，上课都使用平板电脑，教师会鼓励学生去解决问题，帮助学生如何系统地思考问题。我国古代教育家孔子说过："学而时习之，不亦乐乎！""学"是"学习"，偏重于理论；而"习"是"操作"，偏重于实践。在学习的过程中，把学到的东西运用到实践之中，在实践中检验，只有动脑和动手结合起来，那才是快乐的事情。二是学会动脑。中国教育在引导孩子动脑方面，强调知识的传输、个人的思考，而美国教育则重视对学生批判性思维的训练和鼓励自由表达。对于数理化的课堂教学重在利用实验室进行理论加实践，边学习边实验；对于文科类的课堂教学更多的是鼓励学生之间的相互交流，特别是比较深层次的交流而不是纯赞美性的交流，形成一个鼓励性的，且互相挑战的氛围。不管任何学科，美式课堂都非常注重对知识的运用和再思考。学生被鼓励多问为什么，多刨根问底，不轻信已有的答案、解释。在思想的碰撞和交锋中，孩子们已经学会了动脑。三是拥有一颗博爱的心。世界教育发展史告诉我们，一个拥有博爱之心的人，才是一个健康的人、一个快乐的人、一个懂得创造和珍惜幸福的人、一个能够为社会的文明进步添砖加瓦的人。我们教育最大的一个失误，就是过多地关注孩子的智力，而忽视了孩子的情感。美国教师则非常重视培养学生的非智力素质。比如，他们关注学生的人格发展，注重培养学生的社会责任感、领导力和彼此的尊重、理解、合作的能力。国内的教育则对学生的智力发展倾注过多的关注，对学生的非智力素质的关注明显不够。

2. 合作分享，激发学生的表现欲

没有包容，就谈不上团队建设，也谈不上合作精神的培养。中国的80后、90后和00后，大多是独生子女，几代人"万千宠爱集于一身"，这些孩子常常以自我为中心，同学间合作、宽容和分享的精神十分缺乏。因为有了包容和分享，才能求同存异，才能发挥契约精神，真诚地共同合作，互利共赢。所以，学校教育要培养学生的合作分享精神。让学生在合作中探求自己独立的思想，在合作中虚心倾听、分析别人的想法，学会和别人进行交流、合作以及分享，这方面是很值得我们学习的。

引导学生合作，既要注重学生在课内的协作学习，还应强调学生在课外发挥团队的作用，进行视域更广的合作学习。例如，在课堂上教师常常把一班学生分成若干组，在充分讨论的基础上，在规定的时间里共同协作完成老师指定的任务。在课外，教师布置的许多作业也是由几个人分工合作才能完成。不管是课内还是课外，教师都鼓励和引导学生在独立思考的基础上，尊重其他同学的意见，并尝试吸收其他同学的好主意，学会对合作伙伴的努力和付出给予鼓励和赞赏。通过师生互动、生生互动，充分调动教学中的动态因素，从而极大地激发师生的潜能，最大程度地满足不同学生的需求。

3. 激励鼓励，激发学生的成功欲

每个人都很渴望成功，学生更是如此，激励鼓励，准确输入正能量，是一种行之有效的激励措施。

每个孩子都拥有平等的交流和竞争平台，他们非常希望能表达自己的思想和心得。只要家长和教师善于积极鼓励引导，学生就会有表现的欲望。现代教育强调，课堂开放民主，允许学生犯错，鼓励怀疑、批判和挑战，让学生有话想说，有话敢说。学生可随时打断老师的讲话，提出自己的疑问，表达自己的观点，师生常常由此引发激烈的讨论，乃至争论，在思想碰撞中感受成功的喜悦。

每一个人在心理上都有获得肯定与赞赏的需要，如果一个孩子感到自己是被别人赏识的，自己对别人来说是重要的、有意义的，那么他就会自然而然地产生愉悦的、自我肯定的感觉。孩子心智发育尚不成熟，常常根据别人对自己的评价，尤其是父母和老师的评价来给自己定位。如果他经常被表扬，他的心里就充满了自豪和自信，觉得自己很优秀很特别。相反，如果孩子平时听到的都是训斥、挑剔、责备甚至挖苦，一个小小的过错就被家长抓住不放没完没了地进行批评，他就会觉得自己很失败，什么都做不好，他就会否定自己的能力，产生自卑心理，进而失去对学习和生活的热情。因此，正确的鼓励，适时的激励，让孩子充满正能量，他的成功欲望也就高涨，迈向成功的起点也更高。

4. 提供平台，激发学生的创造欲

学校是师生学习的地方，更是师生成长的平台。因此，学校要提供有助于发展受教育者个性和创造性的教育方法，注重通过给学生提供平台促进学生个性化的培养。学校要结合自己学校的特色，开设各种各样的第二课堂活动，让孩子在第二课堂的学习中找到自己感兴趣的平台和自身的发展点，发挥自己的特长，创造自己辉煌人生。

5. 实行分层教学模式

蓝田中学作为一所农村普通高中，招生起点较低。揭阳市中考总分是864分，区重点中学的录取线是660以上，而蓝田中学的录取线是280分，从280到660以下是蓝田中学的招生范围，中间差距400分左右，学生素质差距过大，明显不利于课堂教学。基于此，学生在高一年级采取分层教学模式，学校把学生分为上、中、下三个层次进行编班，这样，同个层次、同等素质的学生集中在一起，既有利于教师的课堂教学，也有利于学生的消化与吸收。学生进入高二、高三之后，根据选科

方向，分为文科班和理科班，不再实行分层教学模式，均编为平行班，实行平行班教学。

（六）德育建设亮点突出，实现素质教育全面落实

学会做人，学会做事，学会学习，学会生存，是我校德育教育的重要内容。学生在校不仅仅学习知识，同时，也要学会尊重他人、悦纳他人、赏识自己，并具备承受困难与挫折的优良品质。为此，我们在严抓纪律的基础上，积极创造条件，多方面、多层次、多渠道地开展丰富多彩的文体活动，培养学生积极性和创造性，使学生在学习、生活、思想等诸方面得到全面发展。一是创新校园管理模式。探索出全方位全时段网格化的立体式无缝"四区管理"（即教学区、科研办公区、运动区、生活区）模式，每个区域都有一套管理制度、一套管理人马，责任落实到点、到人，并实现视频监控全覆盖。率先建立行政跟级、跟组、跟班"三跟"制度。"培养学生融入社会的能力，培养学生未来职业生涯规划的能力"成为学校常态的工作，在全市率先与北京师范大学心理学部合作，探索学生生涯规划体系建设。二是关注学生心理健康。学校一直高度关注学生的心理健康，7年来每年都邀请高校专家、学者到校为高三学生加油鼓劲。这不仅在心灵上震撼学生，也给学生们进行了思想道德洗礼，对激励学生努力奋斗、树立阳光心态、积极应对高考起到了很大的帮助。三是关注学生身体健康。为解决高中生学业繁重，大部分同学运动的时间比较少的问题，学校团委会通过多种渠道积极宣传倡导健康、向上、朝气的理念，宣传适量运动，快乐运动，并坚持举办"蓝田中学全民大健身"系列活动。学校标准运动场的建成，为学校贯彻落实"全民健身"国策提供了良好条件。四是关注传统美德教育。学校一直以来重视传统美德教育，引导和鼓励学生参与社区服务工作，坚持组织青年志愿者学生到新亨镇敬老院开展"给老人送温暖"活动，发扬和传播尊老、敬老、爱老精神。10年来，蓝田志愿者的身影活跃在新亨镇的大街小巷，成为一道亮丽的风景，受到社会的广泛好评。五

是关注学生特长培养。学校广泛开展各类社团活动，提升学生艺术修养，丰富学生的业余生活，激发学生的创新能力。六是关注学生纪律意识。我校历来严于对学生各方面纪律的管理，本年度一如既往地加强对学生的行为和纪律管理。严格按照中学生守则规范学生的日常行为，让学生明白"有所为，有所不为"，明白除了学习之外，还要不断提高个人的素质和修养，德智体美劳全面发展。为此，政教处注重对学生日常细节管理，从小事抓起，为学校营造教书育人的良好环境。

（七）凝练蓝田核心文化，实现价值超越成长

学校竞争的本质是文化的竞争，而文化竞争，主要是核心文化的竞争，因为一个学校的核心竞争力往往是其核心文化的体现。蓝田中学有着悠久厚重的历史，我带领蓝田中学师生在传承优秀历史文化的同时，与时俱进，勇于创新，用心打造校园核心文化，从物质文化、制度文化、行为文化、精神文化四个方面推进"平安蓝田""和谐蓝田""美丽蓝田""特色蓝田""魅力蓝田"建设，构建了系列核心文化。近几年，随着学校教育事业的蓬勃发展，办学理念和办学目标深入人心，"建和谐、文明、安全的校园""为蓝田事业而奋斗""蓝田的明天更美好"已成为蓝田人执着的追求和奋斗的目标，学校形成了和融共生、和谐共长的新局面。

三、以求是精神为追求的教育管理实绩

2005 年以来，学校高考成绩稳步上升，连续十多年列揭东同类学校第一名，为中山大学、华南理工大学、暨南大学、西安交通大学、华南师范大学等高校培养了近 2 万名学生。由于办学成绩突出，学校先后获得"全国首批青少年校园足球特色学校试点单位""广东省校务公开民主管理工作示范单位""广东省安全文明校园""广东省依法治校示范校""广东省示范性教师教育实践基地（第一批）"等荣誉。目前，

学校正紧锣密鼓筹备申报省一级学校工作。

短短十几年间，我和广大蓝田中学教职工打造出了区域教育品牌，办学规模的快速扩大、硬件环境的显著优化、软件建设的及时配套、办学成果的极大产出，吸引了大量外镇、外区（县）、外市的学生到蓝田中学就读，自 2017 年起，本镇生和外镇生的比率已经为 4∶6，成功完成了量变到质变的过程，为广大父老乡亲交上了一份满意答卷。

千年名校，传承千秋万代之儒家思想；万名学子，弘扬万紫千红之中华文化。求是教育之路没有终点。蓝田中学将继续传承千年书院的优良传统，作为蓝田人，我将更加务实求真地探索新时代学校的发展之路，努力书写千年书院的新篇章！

教育是生命在场的家园

广州市海珠区教育发展中心　林拱标

教育要"眼中有人",这是一个从古到今的话题,这"人"指的是具有独立人格和自由精神的人。人,是一个独特的生命体。从生命的本质去看待人,从哲学层面来理解人,对教育者来说,都是不可回避的命题。

一、生命在场的教育内涵

生命,是生物与生俱来的自然属性,属于生物学的术语,即能主动与外界进行物质、能量和信息交换的复杂有机体。生命体在生长过程中,不仅有着个体大小的变化,同时伴随着机体功能的协调变化,这些变化使生命适应了环境,保证了生命系统的稳定性。

从教育的角度看,卢梭提出培养自然的人,到马克思促进人全面发展的观点,都强调尊重生命主体之一的人的成长规律。杜威提出"教育即生长"的理念诠释了一种新的儿童发展观和教育观。杜威认为,当时的学校无视儿童天性,他提出"教育即生长"的根本目的在于将儿童从被动的、被压抑的状态下解放出来。因此,教育回归人本、回归真实、回归生活、回归常识,已经成为当今教育工作者的共识。伴随着人的生长过程,知识、能力、人格等的生长也蕴藏其中。人的真实的生长、生活经验中的健康生长、在生活常识和知识常识基础上的生长,并非独立于生理生长而存在，其内涵可以从以下四个方面来理解。

生长是生命现象，也是教育规律的直接体现。杜威认为儿童的生长，首要条件是"未成熟状态"，未成熟状态不是一种缺乏，"未成熟"有一种积极的意义，即生长有着无限可能和潜力。生长是万物的自然规律，天地人和是中华文化的精髓，人生长于天地之间，得天时地利以生存发展，可以说生长是人类所崇尚的完美理想，即实现自我。

生长蕴含着生命的潜能。生命的生长与发育，是自然发生的。从教育角度看，例如苏格拉底的"产婆术"，就是推动学生积极主动地思考问题，将其内部已有的潜能激发出来，自然"生产"出来。包括孔子主张"不愤不启，不悱不发"，也是让学生"自然生长"。教育者必须明白，孩子现在"没有"并不表示永远"没有"，"他的责任不是教给孩子们以行为的准绳，他的责任是促使他们去发现这些准绳"（卢梭）。教育的结果，是使人对当下自然生态和社会生态的适应，适应是一种惯性的存在，也是生长的结果。

生长是一个生命的程序。生物的生长由其基因组（内因）所调控，有着严密的程序性，表现出生命系统的有序性。人的生长也有其规律性，如杜威认为，"从做中学"的依据有三：一是儿童自然的发展的开始。在儿童本性的发展上，"自动的方面先于被动的方面"，所以，要尊重儿童本能的、主动的发展，即教育的有序性。二是儿童的天然欲望的表现。因为在儿童的天性中就有做事和工作的愿望。三是儿童的真正兴趣之所在。也就是说，学生生长的潜力与生俱来，是一个主动的过程。

生命生长需要适切的条件。拔苗助长的寓言告诉我们，外因影响内因起作用需要适当的条件。杜威提出"教育即生长"观点时，从语法的角度看，这仅仅是一个比喻，杜威所提出的"生长"，强调的是尊重人的成长与学习之间的自然联系。教育是一个外因作用于内因的过程，提供适合教育者"生长"的条件，学校需要运用恰当的方法为学生创造不断"生长的欲望"，正如农作物的生长需要合适的外部客观条件和合理的耕作管理。生长具有个体独特性，其有序性是不可逆的，正如"人间四月芳菲尽，山寺桃花始盛开"，只有外部环境为生长提供适切的条件，生长的有序性才能有正常表现。另外，"大器晚成"也说明了个体的差异客观存在。

生命具有从幼稚到成熟发展的潜力。"潜力"的词义为"潜在的能力"。在杜威看来，生长的首要条件是未成熟状态，这种未成熟状态就是潜力——向前生长的力量，"我们可以把潜力仅仅理解为蛰伏或休眠的状态——在外部影响下变成某种不同的东西的能力"。可见，杜威所指的"未成熟状态"，就是指有生长的可能性。他认为，儿童（学生）并不是指现在没有能力，到了后来才会有，学生现在就有一种确实存在的势力——发展的能力。因此，教育就是要激发学生生长的潜力。学生蕴藏着学习和成长的要求和能力，通过外界环境的"刺激"——这里主要指教育激发，学生在适应环境的同时，不断调整自己以实现更好的生长，即教育应提供激发学生"生长"的最适环境。

"生长是教育的本质。教育就是不断生长，在它自身之外没有目的。"这个理论最早由卢梭提出，后来杜威进一步深化。有人认为杜威提倡"教育即生长"有着教育无目的的倾向，表现了其社会和时代的局限。如果把"生长"看成教育过程，那么担当既是教育过程也是教育目的——促进人成长为一个符合个体又适合社会的人。因为每个人都不是一个孤立的个体，而是存在于家庭、社会中，并在不同的场合扮演着不同的角色。于学生而言，生长既是教育的人本目的，也是教育的社会目的，因为个体的生命存在包括了生物性和社会性两个属性。于学校和教师而言，生长即将传递价值作为己任，为学生的可持续发展奠基。

我认为，"生命在场"包括三个层次：生命的生长是所有个体的生长，即全体师生得到最适合的发展；生长也是一个连续的过程，有着否定之否定的辩证关系；生长也在于促进人的全面发展，这是基于社会统一性的要求而言的。

二、生命在场的教育理解

生命的成长是自然规律，教育的发展伴随在生命成长之中，不能割裂于生命成长过程而独立存在。因此，生命在场的教育，就是遵循生命的成长规律，并加以合适的条件，正如提供给农作物的阳光雨露一样。

（一）生命在场教育观的形成

2013—2016 年，我担任广州市第七十八中学校长。学校在生源方面有着"先天不足"，学生学习态度、学习能力、学业基础都存在缺陷，教师长期面对这种类型的学生，每天疲于应付学生中层出不穷的"事故"，能平安无事就很满足了，谈不上成功感。身为校长的我，当时重要的且必须做的事情，是在保证学校稳定过渡的同时，让师生重拾信心。因此，"激发生命在场"的想法逐渐形成，学校就是要让师生找到适合自己的生长方向，不断超越自己，每天进步一点点，这便是此时学校教育意义之所在，即自信、进步。

生命在场对于主体而言，是一个从认识评价自我、形成发展志向、选择发展兴趣、提升发展能力、实现自主发展的循序渐进过程。从培养学生的角度看，激发学生潜能的目标包括：①创设适合激发每位学生自主发展潜能的环境和机会，学生形成良好的自我意识、坚定的成功信念、浓厚的学习兴趣、坚韧的学习意志等心理品质；②重视学习过程中的个体差异，学生具备较强的自学能力、实践能力、评价能力、探究能力、创造能力等主动发展能力；③发展学生个性，发挥学生特长，使"原本不一样的学生变得更加不一样"，实现自觉、自信、自强、自主发展，做最好的自我。

（二）生命的成长

既然教育必须生命在场，那么如何缔造一个适合生命成长的教育环境，就是我们需要探索的核心。首先，我们需要清楚，什么是生命的自主成长。

1. 人的发展

加德纳的多元智能理论告诉我们，每个学生都蕴藏着自我发展的多元潜能；马斯洛的人本主义教育观告诉我们，每个学生都期待着自己的潜能得到激发；维果茨基的最近发展区理论告诉我们，每个学生的潜能都有被激发的可能。无论是学生还是教师，首先是一个生物学角度上的人，生长是生物的本质属性之一，人的成长过程伴随着生理上的成熟和心智上的发展，这两者都受到内因的调控，具有一定的规律。其次，人的生长受到外界的影响，这些外界因素包括教育在内，其对人的影响必须通过内因——人的生长本身起作用。即在人的生命的不同阶段，需要提供不同的教育资源；在人的生命的相同阶段，不同人有着不同的成长需求，具有多元化发展的特点。因此，生命的生长具有内驱性，成长则具有一定的外驱性。

2. 激发生命生长的潜力

生长是所有生物的根本特征，杜威提出"教育即生长"，其本意并不是要把教育与生长混为一谈，实质上揭示了一种新的儿童发展观和教育观。学生是发展的主体，而相对于主体之外的一切发展环境，是发展的客体。客体是外因，主体是内因，客体的作用必须通过主体获得情感体验、产生内部矛盾，引发动机、形成需要，才能促进行为，实现发展，做最好的自我。儿童的发展就是原始的本能生长的过程，不要无视自然的本能。卢梭则有更形象的比喻，"童年是理智的睡眠期"，那么教育要做的事情就是"唤醒"。教育不是强迫儿童去吸收外面的东西，而是要使人类与生俱来的能力得以生长。杜威提出的生长论要求尊重儿童，使一切教育和教学适合儿童的心理发展水平和兴趣、需要的要求，而不是将儿童当成一个装知识的容器。那么，教育激发生长的过程，就包括了预备、展开、官能训练、塑造、重演和追溯等，杜威称之为经验的改造。

"教育即生长"强调不应该在教育过程之外强加一个目的。其意义就是，一个人离开学校之后，教育不会停止。学校教育的目的在于通过组织保证继续生长的各种力量，以保证教育得以继续进行，从而使人们乐于从生活本身学习，并乐于将生活锻造成一种境界，使人人在生活过程中学习。

3. 多元发展的必然

知识不是通过教师传授得到的，而是学习者在一定情境，即社会文化背景下，借助于学习获取知识的过程和他人（包括教师和同伴）的帮助，利用必要的学习资料获得的。建构主义认为学习者并不是空着脑袋进入学习之中的，正如杜威所提到的儿童并非是一个可以装知识的空容器。多元智能理论认为，人存在个体差异，这种差异体现在不同智能上，如此而已。学习者的学习活动中，教师的角色是充当"支架"，根据学生的需要提供帮助，学生踏着教师提供的"支架"，主动学习和建构知识，当学生能力增长时，便可撤去"支架"的帮助。

教育回归人本、回归真实、回归生活，是历代教育家矢志不渝的追求，用通俗的表达就是目中有人，目中有完人。因此，生命在场，是教育的核心，体现了学校根本的价值追求。

（三）生命潜力之激发

"生命在场"体现了"以人为本"的教育理念。"生命"是人自我发展的客观存在，以人为本、以生命为本、以学生发展为本也是教育核心所在，"生命在场"的出发点是要让教育回到教育的元基点，回归教育的本质——追求人的完整的发展。教育当以"人的生命成长"为基本的价值预设，以师生的当下生活为出发点，强调用生命的温暖、呵护和滋润，尊重并关注生命发展的需要，使个体生命能够更加幸福美满，引导学生发现生活的意义，建构师生丰富的精神世界，形成积极乐观的人生态度。

亚里士多德认为，"人生最终价值在于觉醒和思考的能力，而不只在于生存"。而这种觉醒和思考有赖于教育。教育是使人类区别于其他动物的重要活动，教育追求世界上真善美的一切，促进了人的生命的发展。因此，教育是全面提升人的生命质量的过程，也是一个追求真善美的过程，"生命"彰显了教育的人本性，"在场"则强化学校的使命意识，激发人的生命潜能。

教育是以生命的发展为本的活动，它应促进个体生命的发展，遵循个体生命发展的规律，提升个体的生命境界。因此，我认为教育的生命在场，就是要通过引导人进行自我反思，通过对人的生命的教化与养育，促进人生命境界的提高。

（四）思路与策略

学校教育当如何提供适合学生生命成长的环境？当然必须从学校的核心工作方面做文章，通过课程建设与实施，落实到立德树人的目标上。

1. 构建生长的课堂教学环境

因为考试的原因，师生过多地将精力花在所谓"知识"的教与学上，学生被当成一个容器，教师则满堂灌，最后是师生尽疲惫，而教学效果并不如师生所愿。传统课程体系中，过于强调统一，忽略了学生具有不同的个性特点和生长基础。生长的课程和课堂，应尊重生命成长的差异性，重视课堂的生成性，学生可以学会的，激发其学习的自觉，让学生自己学；学生自己能做的事，通过体验式的方式，让学生自己做。

2. 营建生长的校园文化

既然提倡教育即生活，那么，教育生活是一种什么样的生活？教育就是一种文化的生活。课程改革倡导合作学习，那么，学校就是学生、教师和行政人员组成的一个共同体，共同学习、共同管理、共同过好一部分生活，共同过好当下的生活。学校是学习共同体、生活共同体、文化共同体、管理共同体，也就是说，以共同体的方式展开教学、以共同体的方式组织校园生活、以共同体的方式实施管理、以共同体的方式生长文化。

3. 搭建生长的课程系统

教育是培养人的活动，因此具有一定的价值取向，即培养什么样的人，传递价值的载体就是课程。另外，人的生命发展过程，从某种意义上来说就是人的潜能不断被开发，从多元智能的角度看，合适的课程更利于潜能的开发。

三、实施对策与路径

因材施教、有教无类、教学相长都是学校教育之选择，即教育要尊重生命生长的规律。"激发生命在场"的教育追求，其主要途径是在全面实施教育的过程中，通过不断完善学校以"人的发展为本"的教育理念，创设发展人的校园文化与精神文化，改善人的生存状态和精神状态，让师生和家长享受到人文的关怀，获得主动发展的内需，从而促进其健康主动和谐的发展，从中不断享受成功的体验和精神的富足，不断提升生命的质量。

现以第七十八中学的教育管理历程为例，简要追述这一理念的形成与实践。首先是梳理学校的理念系统（图1），明确目标指引，确立学校管理的主要突破口——课程建设，以课程建设为依托，构建促进

"生长"的课堂、校园文化，为师生的自我超越提供适切的平台。

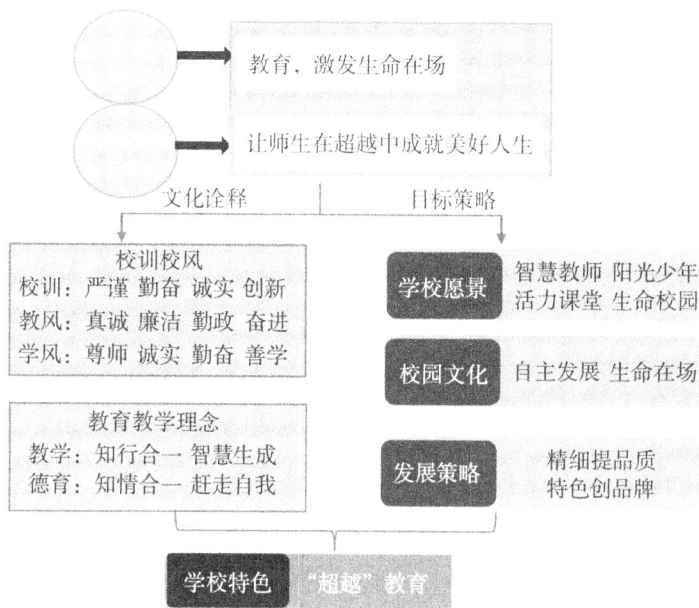

图1　七十八中学理念系统

（一）设计原则

1. 发展性原则

教育应创设生命生长的空间。人一方面受到现实关系的制约，又在努力摆脱和超越这种关系的束缚，实现生命的自主发展。教育作为一种人作用于人的活动，它应体现出参与主体的自主性。个体生命的独特性是个性自由存在的前提，教育中如果缺乏自主，教育就会按照一种统一的模式塑造儿童，压抑与忽视生命的个性。教育是触及人灵魂深处的活动，而不只是理性知识和认识的堆积。一方面在课堂教学及其他教育活动中，充分体现学生的主体作用，让学生积极主动参与到学校的教育活动中。另一方面，学校应提供多样化的课程让学生自主选择，使学生的个性特长的生长潜力得到充分的发挥。

2. 体验性原则

教育应帮助个体获得丰富的生命体验。生长是一个体验生命的过程，不仅是一种情感，或者是对自身身体变化的感觉，而是经历过生命的磨难、奋斗，在付出过自身的努力和主动争取后的一种体验。这是一种生命成长的感觉，是对孤独、挫折感的战胜，是对迷茫和困惑的超越。在本体论意义上，体验是生命存在的方式，不断的体验构成了人的永不停止的生命，它使人不断地追寻生命的意义和价值，不断实现对生命的超越和创造。生命的体验在于学生主体的参与，学校所设计的课程和活动，应符合学生生命生长规律，包括校园场景的体验、课程的体验和活动的体验。

3. 适切性原则

人的生物生长遵循一定的基因秩序，生物学上称为基因的程序性表达。同样，人的教育生长具有一定的规律，这种规律具有相应的顺序性和阶段性，在不同的年龄阶段，学生的认知能力呈现规律性变化，如初中阶段抽象思维能力逐渐增强。教育就要创设适合学生发展规律的环境，教育的任务就是在尊重学生成长规律和需求的前提下，通过最有效的方式和途径促进每个学生的全面发展。在青少年身心发展中，由于遗传、环境和教育影响的不同，由于个人努力和实践的不同，他们身心发展存在着个别差异。

（二）实施的途径及内容

1. 构建适合"生命生长"的课程体系

国家、地方和校本三级课程是学校课程的系统组成，课程的校本化最能体现学校特色。构建适合生命成长的校本课程体系，是创造适合师生成长环境的重要条件。课程系统涉及自然生命（有关身心健康、生存等珍惜生命方面）、精神生命（有关个体人格特征、道德品质等学会生存方面）和社会生命（有关个体的社会生活、人文关怀等提高生活质量方面），突出了"动静相宜、刚柔并济"的课程特点。

课程以个体生命发展为核心，学科知识是个体生命发展的原料，为个体生命发展提供给养。社会是个体生命发展的场所，社会化的过程也是个体生命成长的需要，个体生命的成长过程也就是要更好地适应和改造社会，创造更加美好的新生活。一句话，生命化课程以生命生长为核心，但不排斥知识和社会，相反，知识和社会是为个体发展服务的。

（1）立足学校发展现状。因教学发展需要，学校从完中调整为初中，导致出现"资源"不均衡的问题，如师资和课程，因为高中课程设置与初中存在差异，师资的学科结构也不同。一方面，高中的停招，部分师资过剩容易引起恐慌心理和产生消极情绪，调动教师的积极性非常重要；另一方面，学校课程系统重建迫在眉睫。完整的课程目标，如同我国基础教育课程改革所指出的那样，要实现"知识与技能、过程与方法、态度情感价值观的统一"（图2）。

（2）促进学生个性发展。教育作为培养人的活动就是要使每个人的个性得到充分而自由健康的发展，从而使每个人都具有高度的自主性、独立性和创造性。校本课程关注每一个学生的不同需求，给学生一个自由发展的空间。课程分类，为学生潜能的开发提供了一定的"工具"，课程的分层，则为学生潜能的发展提供"梯级"，具体体现在课程的多样性、选择性和丰富性上。

（3）课程形式的多元化。除了课程内容多样化，课程的形式及评价也呈现多样化。学生是学习的主体，学生的生命生长具有自主权，是自主的、能动的，学生的发展有着自主性。学校课程的选择和发展，并不限制于"课内"时间，如课时安排上，我们采用课内固定时间及课外自主时间相结合的形式，保障科技创新活动方面的时间投入。课程多

课程体系

求真教育课程		生活体验课程		人文教育课程	
学科拓展课程	科技创新课程	生活哲理课程	学生活动课程	大阅读课程	艺术拓展课程
生活中的物理	生物与环境	历史剧场	专题活动	语文阅读	微电影
生活中的化学	科技小制作	心理与健康	学生讲坛	广播站	十字绣
有趣的数独	电子期刊	乐享自然	广播站	文学社	编织
电影与英语口语	机器人	生命教育			书法

社团活动	社区服务	社会实践

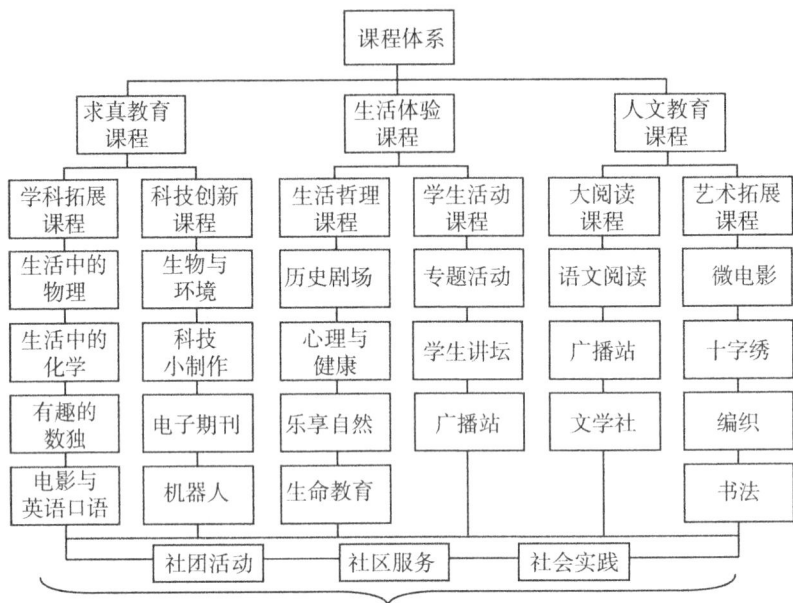

图 2　课程体系图

样化，使学生有更多的选择。

2. 构建促进生命"成长"的教学文化

课堂的活力在于生命所表现出来的张力。生命化课堂就是以充分释放生命的活力为手段，以促进生命成长为目的，提升每一个生命的价值，赋予课堂教学以生命的意义，学科教学关注科学精神与人文精神的有机结合。

（1）构建生命活力课堂。构建充满生命活力的课堂，是新一轮课程改革大力倡导的教学理念。生命课堂应该体现在教师生命活力的展现、学生生命活力的激发、师生生命活动有效的交流上。课堂是师生在学校的主要生活形态，是实施全面育人的主阵地，也是师生交往互动、共同发展、生命成长的主要场所（图 3）。老师应该是具有"发现美的眼睛"的人，在学生如璞玉的灵魂里，寻找生命的闪光点，并将之变成学生的精神源泉，显露生命的本真。构建充满生命活力的课堂，即应该为学生的学习提供一个精彩的生活背景，创设一个充满探索精神的学习情境，营造一个交流合作的和谐氛围，让学生可以在自由的思维空间里表现生命的本真。

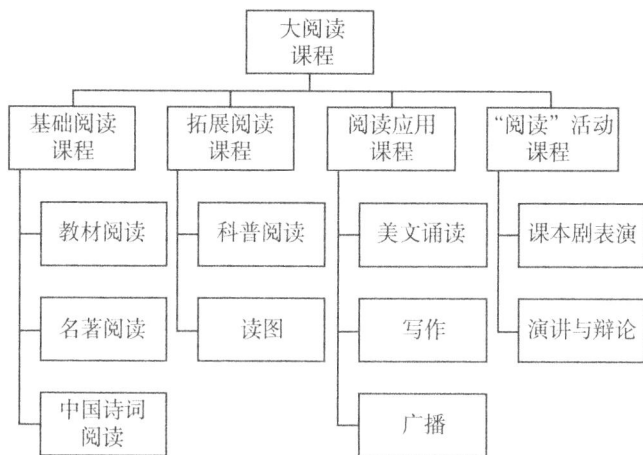

图3　活力课堂课程

（2）营建书香浸润的校园文化。将阅读作为学校常态活动，使阅读成为学校、师生基本生活形式；将戏剧蕴于生活，学科与戏剧（表演）结合，强化学生的参与、体验；以语文教学改革为突破口，每周至少开设一节阅读课，让学生在图书馆自由选取喜爱的著作、杂志、报纸，细赏经典语录，品味时尚文字，感悟生活，积淀思想。同时，将阅读推广到各学科，推广到课外，营造校园书香处处闻的环境，让师生在阅读中懂得热爱生命的伟大、敬畏生命的顽强、珍视生命的宝贵，懂得求真、扬善、尚美。

（3）营建促进成长的学习共同体。我们以"学习成长共同体"为载体，创新实施"探究性课堂教学模式"，例如文史综合课堂、双师制课堂，都是以共同体为基础的课堂教学活动。

3. 注重专业激发"生长"的动力

学校教育教学质量的提高与学校的科研密切相关，校长的办学追求必须依靠教师的发展。因此，学校高度重视教师队伍的专业发展，充分利用校本教研这一平台，提升教师专业素质。融"教—研—训"为一体，有效提高研究质量。

校本教研训，建立在学科组的基础上，积极倡导学科特色文化的引领，各学科组根据本学科实际情况，营造学科团队的积极文化。学校的教研氛围、人际关系是一种文化力量，也是教师专业发展的内驱力，它某种程度上规范着教师的研究行为。校本教研训实施的保障，需要文化的引领，也需要学校的规范，定时间、定主题、定主持、定目标，努力让教师在教研训中有所收获，有所感悟，有所创新。

成立工作室，着力打造教师复合型共同体，即教学共同体、教育共同体、科研共同体。通过复合型共同体的建设，使不同层次、不同背景、不同专长的每位教师都能得到长足的进步，最大限度地推动了教师的专业发展。

鼓励教师形成自己的教学风格和教学特色，并有其独特的亮点。学校及时帮助教师提炼其教学风格和亮点，成为稳定的、具有特色的教学法，促进教育教学质量的有效提高。教师的专业发展，其核心是个人的教育思想，但不少教师将专业发展限制于学科专业，对于学科专业之外的"专业"，关注很少或感到迷惑。课程多元化的设计，除了为学生个性发展提供一个平台，也能为教师专业发展指引新的方向。学校开设了基于教师专长的书法、女红（刺绣、编织、裁剪）等校本特色课程。

4. 突出人文彰显生长的潜力

学校的教育工作，要围绕"立德树人"这个主方向，其既是"生长"的出发点，也是我们的发展方向。我们通过主题教育的途径对学生进行"文化浸润"，使学生具有深厚的文学修养和坚实的文化底蕴，对学生的气质、风度和人格良好形成有着积极的意义。德育工作要有自己的文化活动特点，结合学校实际和时代发展的需要，积极开展符合学生特点的文化教育活动，增强学校的凝聚力。我国传统文化源远流长，作为中华民族的后世子孙理应担起传承传统文化的责任，为其弘道扬义，从中汲取丰厚的养料。总体上讲，与众多学校相似，学校根据德育常规工作的主要形式，从内容设计上注入了具有校本特色的项目，逐步形成学校的德育课程体系，并成为学校"生长"文化的重要组成部分。

师生共建高雅的校园文化，将生命教育渗透于学生整个生活之中，以此引发青少年良好的生命状态，展现其应有的生命活力。

（1）培养良好习惯。亚里士多德曾说，"优秀是一种习惯"。习惯并非与生俱来，而是源于积累，所以要培养学生关注自己日常生活的每一个细节习惯，从言谈举止到待人接物，每日三省吾身，不断完善自己。当然，学生优秀习惯的养成需要学校的引导、训练和强化，如学习习惯、就餐习惯、卫生习惯等等，可以通过制度建立、典型示范、学习宣传、主题班会、活动实践等，在学生心中树立起养成良好习惯的意识。

（2）培养责任意识。学校培养国家未来的接班人和建设者，学生是未来社会的主人，所以培养学生的爱国热情和社会责任感是学校教育的重要任务。"一屋不扫，何以扫天下"，培养学生的责任意识应该从学生的日常生活教育开始，如开展"我爱我班（家、校）""故乡趣事"等专题活动，让学生理解生命相依的道理。评选每周一星活动，利用传统节日加强亲情教育活动，激发学生志存高远，勤奋学习，磨练本领，提高素质，做一个有责任感的人，拓展自身生命宽度。在我看来，这三年中一项有特殊意义的改变，就是每周的升旗仪式，由指定的国旗队变为按行政班轮流负责，各班学生表现不一，但不失为一个让学生体验这庄严时刻的机会，责任意识的"生长"也就从这些细节一点一滴积累起来。

（3）重视心理沟通。戏剧引导是学校心理辅导的一大特色，让学生通过角色扮演，达到润物细无声的教育效果。另外学科教学是学校教育的中心环节，也是心理健康教育的主渠道之一，所有任课教师都负有心理健康教育的责任，努力树立新型教学效益观和师生观，狠抓教学关键环节中的渗透，重视课堂心理氛围的建设。环境对个体心理的发展起着潜移默化的作用，更重要的是心理环境。其中，人际关系是最为重要的一个方面，师生关系对学生的心理健康具有举足轻重的作用。

（4）发展社团文化。社团是发挥学生兴趣特长和自主性的重要组织，社团活动也是充实学生课余生活的主要方式，成立各类适合学生的社团，多元多向引发生命活力；开发每一项活动的育人价值，形成可以传承的组织、精神和文化。学校学生社团的建设，一直有着雄厚的基础，特别是随着课程改革的深入，学生社团活动更显其无限的生命力，也成为学生自主"生长"的原动力。学校的"微电影"创作社团，集编、导、演和制作为一体，既分工又合作。2014年广州市首届校园微电影创作大赛，全市1000多所大中小学的学生参与，高手云集，我校陈绮璇等同学创作的《成长的故事》成为十个一等奖之一，创作团队也因此引起广州大学新闻与传播学院教授的关注。

（5）体验实践活动。社会实践活动，旨在培养学生的意志品质，丰富学生的生命体验，提升学生的综合素质。学校统筹规划校内外的实践活动，突出主题，体现特色，将生命教育贯穿于学生整个活动时空，既让学生了解社会、服务社会，也有机会感受自然、亲近自然。学校设计了若干主题，如校内活动有主题体育节、主题科技节、主题艺术节、义卖捐物（款）等，校外有野外考察、志愿者服务、生存训练等，还组织学生到校外素质教育基地开展素质训练。其目的是引导学生从体验中学习，在实践中成长，形成正确的生命意识、生命态度和生命情感。

"源深行远"育全人

惠州市实验中学　聂育松①

教育是什么？教育要干什么？这是每一个教育工作者必须回答的问题，尤其是每一个校长必须回答的问题。

一、我的办学思想的凝练历程

我于1990年参加工作，1990—2008年，先后任教于湖北省通山县第一中学、韶关市曲江区曲江中学，这是一个了解和践行他人的教育教学思想的过程。这一过程，我从最普通的教师、班主任角色开始，过往经历让我深刻地了解到，普通高中的教育教学是比较典型的应试教育，也体会到了应试教育的弊端。

2008年7月至2012年7月，我先后任韶关市曲江区教育局副局长、曲江区政府办副主任，这是一个思考和形成自己的教育思想片花的过程。在这一过程中，我参加了一些培训，接触了各界的一些高端人士，让自己的世界观和人生观进一步发展，形成了"源深行远"的办学理念，进而凝练出"源深行远育全人"的办学思想。然而，我对"育全人"的文化制度建设、课程体系设置等方面，还有颇多疑惑。

2015年11月，广东省中小学新一轮"百千万人才培养工程"第二

---

① 作者为原惠州市东江高级中学校长。

批中学名校长培养对象赴浙江培训,其中,14—15 日,参加以北京十一学校为主的"'新学程'大讲坛"活动;16—18 日,参访了杭州二中等多所学校,学习了他们对新一轮高考改革的做法和课程体系设计的成功经验,收获很大。

2016 年 11 月,广东省中小学新一轮"百千万人才培养工程"第二批中学名校长培养对象赴美学习,通过聆听佛罗里达州大西洋大学教授们的讲座,参访多所中学,与教授及参访学校面对面交流,我较深刻地了解了美国中学的个性化教育,结合 2015 年 11 月在浙江培训时所了解到的新一轮高考改革的思想和做法,对个性化教育有了一些思考,形成培训作业《个性化教育的辩证思考》并作汇报发言,得到华南师范大学基础教育研究与培训学院领导的高度认可。这次培训,我最大的收获是认识到 2003 年开始的"新课程改革"、2018 年实行的"高考综合改革方案"与美国等西方发达国家的教育思想具有高度的关联性。

2017 年 11 月,广东省中小学新一轮"百千万人才培养工程"第二批中学名校长培养对象,以"台湾课程改革打造学校特色"为主题,赴台湾地区开展考察交流学习。在台湾地区学习期间,我主要学习考察台湾的"全人教育",并坚持写学习日志,写有《台湾师大附中:促进自主发展的全人教育》《台北南门小学:融合社区资源的全人教育》《台中青年高中:首创探索教育的全人教育》《高雄嘉义高中:品德教育为根的全人教育》《发展性教师评鉴与全人教育》《高雄女子高中:用爱谱写全人教育的华章》《宜兰特教学校:面向每个孩子的全纳教育》等日志,对台湾的"全人教育"有了一定的理解。

2019 年 5 月,广东省中小学新一轮"百千万人才培养工程"第二批中学名校长培养对象,以"教育领导力与学校改革创新"为主题,赴港开展考察交流学习。在港学习期间,我主要学习考察香港的"全人教育",并坚持写学习日志,主要有《香港"全人教育"浅探》《润物无声——圣保禄学校的"全人教育"》《尊重差异——培侨小学的"全人教育"》《六育并举——协和书院的"全人教育"》《五大支柱——拔萃女书院的"全人教育"》《美人之美——播道书院的"全人教育"》《笃信多能——圣士提反书院的"全人教育"》，并完成主题为《浅谈香港的"全人教育"》培训作业，进一步完善了我的办学思想。

二、我的办学思想的理论支撑

（一）"全人教育"的理论

1. "全人教育"的概念

全人，道家指道德纯备的人；善于契合天道而又应合人为的全德之人，即圣人，完人。

在 2018 年 9 月 10 日召开的全国教育大会上，习近平总书记指出：要培养德智体美劳全面发展的社会主义建设者和接班人。可见，全人是指"德智体美劳全面发展的人"。

全人教育的智慧来自古今中外的哲学家、教育家、政治家，他们的思想是全人教育的智慧之源。孔子、孟子、蔡元培、陶行知、柏拉图、亚里士多德、杜威、马克思、毛泽东的教育思想，以及胡锦涛同志所提出的建设和谐社会的思想、习近平总书记提出的"立德树人"的思想等等，蕴含着全人教育思想。

在中国古代，孔子所谓"志于道，据于德，依于仁，游于艺"，以今日之人文教育课程加以对比，也就是文学和历史并重，哲学和艺术兼具，待人接物的礼节和安身立命的素质兼顾。通过这样的课程学习，学生能认清自己进而关心他人，热爱家庭进而热爱国家，实质就是一种全人教育。

在西方，全人教育思想最早可以追溯到古希腊的和谐教育思想。柏拉图认为外来的教育不是真正的教育，真正的教育是将存在于学生身上的潜力激发出来的过程。亚里士多德认为："人的灵魂分为三部分：植物性、动物性和理性，与之相对应的是体育、德育与智育。"教育的主要目的是使这三方面和谐发展。

1921年，由日本学术协会主办，在东京高等师范学校大礼堂召开了"八大教育主张大会"，日本学者小原国芳第一次以《全人教育论》为题，发表了自己的教育主张，"教育内容必须包含人类文化的全部，因此，教育必须是绝对的'全人教育'。所说的全人教育，是指完全人格亦即和谐人格而言"，其具备人类文化的全部，"即学问、道德、艺术、宗教、身体、生活等。学问的理想是真，道德的理想是善，艺术的理想是美，宗教的理想是圣，身体的理想是健，生活的理想是富。教育的理想就是创造真、善、美、圣、健、富六种价值"，这对日本全国新教育运动的发展起到了很大作用。

作为美国人本主义心理学的主要代表，马斯洛认为，人的发展不仅包括知识和智力，而且包括情感、志向、态度、价值观、创造力、人际关系等，教育的目的在于人的整体发展；罗杰斯明确主张教育要培养"完整的人"（the wholeman）——"躯体、心智、情感、精神、心灵力量融会一体"的人。

20世纪60—70年代，人类认识到，地球的资源和空间有限，无法应付工业企业的无限制扩张、经济发展和狂热的消费主义。一个真正可持续发展的社会和经济系统需要人们持有新的价值观，需要不一样的职业技能，因而教育也不能以满足生产和消费为轴心继续以往的形态。这样，许多国家都兴起了全人教育的思潮。在日本，全人教育运动成了明治维新时期教育改革之后对日本影响最大的一场新教育运动，对日本民族素质的整体提高起到了重要作用。韩国在20世纪80年代的教育改革中，明确提出了全人教育的目标——面向21世纪进行全人教育，青少年学生要主动适应社会需要，做21世纪国家的主人。1990年6月，在米勒的倡导下，80位支持全人教育的学者在芝加哥签署了著名的"全人教育宣言"——《2000年的教育：全人教育的观点》。自此，全人教育思潮传遍世界各地，形成了一场世界性的全人教育改革运动，对各级各类教育产生了重要影响。在我国台湾、香港地区，全人教育的思想对基础教育和高等教育都产生了深刻的影响。

习近平总书记的教育思想是对中国特色社会主义教育理论体系的新发展，"立德树人"是习近平教育思想的核心理念。党的十八大以来，习近平总书记就教育要"培养什么人""如何培养人""为谁培养人"的问题，有很多阐述，在2018年的全国教育大会上，就系统、明确地指出，要在坚定理想信念、厚植爱国主义情怀、加强品德修养、增长知识见识、培养奋斗精神、增强综合素质等六个方面上下功夫，"努力构建德智体美劳全面培养的教育体系"，"培养社会主义建设者和接班人"。

就其理念而言，"全人教育"是一种整合以往"以社会为本"与"以人为本"的两种教育观点，形成既重视社会价值，又重视人的价值的教育新理念。

就其内涵而言，"全人教育"首先是人之为人的教育；其次是传授知识的教育；最后就是和谐发展心智，以形成健全人格的教育。从某种意义上讲，全人教育就是培养"全人"或"完人"的教育。

就其教育目的而言，"全人教育"将教育目标定位为：在健全人格的基础上，促进学生的全面发展，让个体生命的潜能得到自由、充分、全面、和谐、持续发展。简言之，全人教育的目的就是培养学生成为有道德、有知识、有能力、和谐发展的"全人"。

2. "全人教育"的校本界定

"全人教育"有三层基本含义，第一层，教育的出发点是把学生当人看，即生命教育，就是唤醒学生的生命意识，引导学生实现生命的价值。这是处于最底层的，是其他两层含义的基础。因为，没有了生命，其他的意义都无从实现，无论是个人还是集体。第二层，教育的落脚点是把学生当人看，就是引导学生个体尽可能全面发展，简单地说，就是让他成为他自己，不阻碍他任何发展的可能性。第三层，教育的整体目的是为了全体国民，往小处说，就是教育要使一个小组、一个班、一所学校的全体学生获得发展。往大处说，就是教育要使一个国家的人民全部获得发展。

(二)"源深行远"的内涵

"源深行远"语出当代著名辞赋家潘承祥的《河南理工大学赋·百年校庆赞》："谋猷靖志，源深流自远；勋华崇茂，行健天同功。"（宋·苏辙《西掖告词·蔡朦父挺赠开府仪同三司》："谋猷靖深，勋业崇茂。"）

这个理念的字面意思是，江水行海，只要源水能多方吸纳，形成汪洋丰沛之势，就能浩浩荡荡流向很远、很远的大海。这是一个众所周知的自然现象，与学校的育人过程高度吻合！

这个理念，传达出一种思想：源流如何能深？当然需要广阔的胸怀，包容、接纳四面八方的涓涓细流。东江高级中学的教师聘自五湖四海，学生来自惠州的东西南北，这时的相处、相知、相谐，不最需要相互的包容、认同吗？同时，这个理念又突出了日积月累的重要性。

我校是惠州市第四批录取学校，针对学生层次不太高的客观现实，在教育教学的各个环节，需要脚踏实地，从最基本的积累开始，通过实现每一天、每一周、每一月的目标，最终达成"行远"的大目标。这个理念与惠州"崇文厚德、敬业乐群、包容四海"的精神相融合，让全体教职员工产生思想认同，形成学校稳定、发展的坚实基础。

三、我的办学思想的实践探索

（一）理念系统

1. "源深行远"的办学理念

2. "坚韧进取，兼容创新"的学校精神

3. "诚意·正心"的德育理念

《四书·大学》云："欲修其身者，先正其心；欲正其心者，先诚其意。"意思是说修身源于心正，心正始由意诚。心是人的主脑，心如佛则行近佛，心似魔则行类魔。德育不是空口白话，正需要紧抓学生日常行为规范，促成说真话、做真事、成真人的心性与习惯，达成德育的终极目的。

这是"育全人"的品德指向。

4. "格物·致知"的教学理念

《四书·大学》云："物格而后知至。"关于格物致知的解读，历来说法颇多，比较权威的是朱熹的观点：所谓致知在格物者，言欲致吾之知，在即物而穷其理也。盖人心之灵，莫不有知，而天下之物，莫不有理。惟于理有未穷，故其知有未尽也。是以《大学》始教，必使学者即凡天下之物，莫不因其已知之理而益穷之，以求至乎其极。至于用力之久，而一旦豁然贯通，则众物之表里精粗无不到，吾心之全体大用无不明矣。此谓物格，此谓知之至也。所谓教是为了不教，何以能不教呢？当然是养成能探求、会思考以穷物

109

理的习惯。

这是"育全人"的教学方法。

5. 一训三风

校训：厚德·敏行。源出广东精神之"厚于德·诚于信·敏于行"。

校风：坚韧·求真。不好高不骛远，脚踏实地，稳扎稳打，持之以恒，坚忍不拔，求真务实。

教风：博纳·持守。教师需要在广泛吸纳中终身发展，需要以耐心细致持久的教育教学行为达成理想的效果。

学风：日就·月将。学生每天学习一点点，就向着自己的目标靠近一点，这样精进不止，最终就会达成远大的目标。这与"源深行远"的理念高度统一。

（二）目标定位

1. 聚焦东江流域的办学宗旨——弘扬东江文化，打造东江名校，培育东江英才

就学校而言，东江文化的精髓就是开放与包容，东江高级中学孕育孵化在这种特定的文化氛围之中。自然，一方面必须将优质文化在继承中发扬光大，同时又必须忠实地、不折不扣地服务惠州的建设与发展，成为惠州学子的成人、成才的理想摇篮，倾力打造惠州市乃至东江流域的信誉好、社会认可、知名度高的品牌学校。这是学校存在的核心价值与发展壮大的必然趋势。因此，这一办学宗旨，上接久远的文明，中承东江惠风，下融修身本质，是学校永远着力的方向标。

就师生而言，这一办学宗旨融合了东江文化"坚韧、包容、进取、厚德"的特点，以东江水明澈、力量、温顺、包容、纯洁为基点，构

建"修身"文化系统，培养师生成为像东江水一样海纳百川、水滴石穿、利万物而不争的人，让师生在和谐美好的学校文化氛围中健康快乐地工作、学习和成长。

具体来讲，就是两年打基础，三年见成效，四年上等级，五年树品牌，十年成名校。

（1）两年打基础（2012—2014年）。从2012年秋季开学至2014年上学期结束，按照《广东省国家级示范性普通高级中学督导验收方案》要求，进一步完善教育教学设施设备的配置，完善现代学校管理制度建设，理顺内外关系，建立正常教育教学秩序，走上正常运作轨道。

（2）三年见成效（2014—2015年）。以教育教学为学校的中心工作，以教育教学质量为学校工作的生命线，确保开办三年后的首届（2015年）高考能超额完成市教育局下达的指标。管理机制、团队建设、课程体系和校园文化等工程高效实施，为今后将我校发展成为在省内乃至全国享有一定知名度的研究型、开放式、高质量、信息化，与国际接轨的现代化示范中学打下厚实基础，并通过"市一级学校"的督导评估。

（3）四年上等级（2015—2016年）。全面贯彻党的教育方针，模范执行教育法律、法规和政策；深入开展教育教学改革和教育科研，并取得较突出成绩；设施设备使用效率高，学校教育资源的共享程度较高；形成较鲜明的办学特色；通过"省一级学校"的督导评估。

（4）五年树品牌（2016—2017年）。加强校园文化建设，坚持依法治校、依法治教，推行现代学校制度，以教育教学质量为学校工作的生命线，教育教学改革和教育科研成就显著；走内涵式发展之路，突出教学质量，彰显办学特色，通过"广东省教学水平评估"和"广东省国家级示范性普通高中"的督导验收。

（5）十年成名校（2017—2022 年）。学校办学成绩居全省前列，办学特色鲜明，国际化程度高，成为令人向往的东江流域品牌学校。

2. 聚焦核心素养的育人目标——品格坚韧、责任感强、涵养深厚、善于学习

根据"全人"的价值追求，结合学校实际，在办学伊始，我校就确定了学校的育人目标，就是培养"品格坚韧、责任感强、涵养深厚、善于学习"的合格公民。

经分析，这一育人目标，与中国学生发展核心素养有着良好的统一关系（表1）。

表1 中国学生发展核心素养

中国学生发展核心素养			学校育人目标
三个方面	六大素养	十八要点	
文化基础	人文底蕴	人文积淀	涵养深厚
		人文情怀	
		审美情趣	
	科学精神	理性思维	善于学习
		批判质疑	
		勇于探究	
自主发展	学会学习	乐学善学	
		勤于反思	
		信息意识	
	健康生活	珍爱生命	品格坚韧
		健全人格	
		自我管理	

续表

中国学生发展核心素养			学校育人目标
三个方面	六大素养	十八要点	
社会参与	责任担当	社会责任	责任感强
		国家认同	
		国际理解	
	实践创新	劳动意识	
		问题解决	
		技术运用	

（三）管理策略

1. 年年有"重点"的工作策略

新办的学校需要全面推进各项工作，又需要抓住工作的重点，从而分阶段、有步骤地开展学校管理工作。

第一学年度——"校风建设年"。从零开始的学校，一开始形成的校风对学校长远的影响是巨大的。因此，认真开展干部作风、教师教风、班级班风和学生学风建设是十分必要的。最终目的是在校内逐步形成"服务·创新"的干部作风，"博纳·持守"的教师教风，"团结·共进"的班级班风，"日就·月将"的学生学风，进而营造"包容·温厚"的水品文化环境，促进学生全面和谐发展，不断提高教育教学质量，办人民满意的教育。

第二学年度——"师德提升年"。一是师德自身建设的需要，二是新办学校新招的教师需要对新学校的文化、制度的理解、认同和内化。

第三学年度——"教育质量年"。经过三年的努力，学校培养的人如何？高考成绩如何？检测教育教学质量，提高教育教学质量。

第四学年度——"学校文化年"。四年的沉淀，学校已经形成了一定的文化氛围，此时需要将某些东西固化下来，并进一步产生对师生的深远影响。

第五学年度——"团结共进深化年"。"团结共进体"的梯级管理模式已成为我校的特色，但要变成品牌，还要在理论研究和行动实践中进一步深入拓展。

2. "团结共进体"的班级管理模式

我校在学生中实施的"团结共进体"管理模式，是一种以学生参与为主体的管理模式，其实质是"合作学习小组"从课堂向课外、从学习到生活的全面延伸。

一是科学分组。依照"组间同质，组内异质"的分组原则，将每班学生按每6人为一组，分成9个优化的合作小组（即"团结共进体"）；按照"双向选择"的原则，给每个"团结共进体"配备一名教师作为"导师"，对学生的学习、生活、思想、家庭等方面给予全方位的指导。"导师"的工作方针是做到两个"回归"，即教学回归教育，教师回归导师。

二是合理分工。根据"团结共进体"成员的比较优势，确定学习组长、纪律组长、生活组长、各科小组长等；在教室里，"团结共进体"成员按照各自的特征相对围坐。

三是强化管理。要求每个"团结共进体"共同创建本组组名、组训和口号等团队文化；在课堂教学中，以"团结共进体"为平台，大胆进行改革，放手让学生自主学习、大胆展示、互相点评，帮助学生构建知识，实现教学过程最优化，教学效果最大化；在日常管理中，我们让学生全员参与校园管理，促进了学生的全面发展。按照"一人进步，全组受奖；一人落后，全组帮助"的评价原则，在课堂学习、品德修养、智力提升、体魄强健、情商提高、劳动锻炼等层面给予全面的捆绑式评价，促进每一个人的全面发展。

四是激励先进。采取日清、周评、月结的方式，每月评选出优秀的

"团结共进体"，并隆重颁奖，以此加强小组组间竞争，增强小组合作动力，提升集体荣誉感。

我校将班级学生"团结共进体"的管理模式进一步延伸到教师、家长以及学校各部门，构建了纵向到底、横向到边的各级各类"团结共进体"。

比如，采取行政挂钩班级的形式，把每个班的科任教师组成班级教师"团结共进体"，对挂钩行政和班级教师实行"捆绑式"评价，极大地促进了班级教师之间的团结协作，最大限度地提高了教育教学质量。

采取相同的方式，我们构建了备课组教师"团结共进体"、楼层班主任"团结共进体"、学生家长"团结共进体"、处室职员"团结共进体"以及领导班子"团结共进体"，以同心圆的形式全面开展学校工作，实现个体和全体的发展。

（四）文化建设

我校立足"源深行远"的办学理念，以"上善若水"的传统文化为内容，以"源""深""行""远"四个篇章为框架，构建校园"水品"文化体系，走内涵发展道路。

源篇——源头活水。这是学校文化的源头，主要包括地域性的东江文化、学校"源深行远"的办学理念等。

深篇——深积厚累。这是我们在办学过程中，逐渐深化积累的部分，主要包括以"抓住机遇""团结一心""艰苦奋斗""锐意创新"为内容的人人尽做主人翁的"精神文化"，统一师生的价值观念；格高志远严修身的"行为文化"，规范师生的行为举止；"点线面"三位一体的"视觉文化"，营造丰富多彩的"水品"文化环境。

行篇——知行合一。这是我们在办学过程中的具体做法，主要包括实行"团结共进体"管理、践行"十德"规范、"优秀传统文化进校园"活动、"慈善教育进课堂"活动和设计学校 LOGO（校徽、校歌、校服、优秀"团结共进体"徽章）等。

远篇——志存高远。这是我们确立的学校、教师和学生的发展目标。

文化的力量是无穷的。我心目中的文化学校是：创新学校历史供师生翻阅，营造优秀文化导师生感受，分配充裕时间让师生安排，提供广阔舞台给师生表演，创造大好机会引师生腾飞，描绘美好前程激师生拼搏，倾力打造学校文化品牌，推进德育内涵发展。

（五）队伍建设

在全人教育看来，教育不仅仅是为企业培养雇员、为国家培养人才，教育还应充分发掘人的潜能，培养人的完整发展，使人在身体、知识、技能、道德、智力、精神、灵魂、创造性等方面都得到充分发展。基于此，必须转变现有的观念。

1. 教师观：培养"全人教育"的师资队伍

（1）转变教师的思想观念

"全人教育"要求教师不再只是"经师""能师"，更应该是"人师"。因此，就需要将教师的思想观念统一到"全人教育"上来，将教师培养成"全人教师"。我们着重培养教师八个方面的素养和能力，即以哲学为基础的智慧，以爱心为基础的宽容，以责任为基础的勤奋，以知识为基础的理想，以能力为基础的课堂，以严谨为基础的修养，以反思为基础的学习，以规律为基础的艺术。

（2）提升教师的师德水平

"全人教育"要求教师不仅要遵守国家规定的职业道德规范，更要有现代教师的职业精神，如团队合作能力。为此，我校在每学期开学之初，均要组织教师进行师德讲座，开展团队拓展训练活动。

（3）增强教师的专业能力

这里的专业能力包括作为教师的授课能力、作为"团结共进体"导师的指导能力、作为班主任的管理能力。为此，一方面，我校每年都定期举办相关的专业能力大赛，如班主任专业能力大赛、高效课堂教学比赛；另一方面，通过"走出去""突点"的方式，进行参观学习，如为了编写导学案，前往广州第80中学进行学习；此外，通过"请进来""带面"的方式，进行全面提高，如邀请了北京四中的连中国老师举办"做幸福的教师"专题讲座。

2. 教学观：打造"三环七步"的高效教学模式

实行以"导学案"为载体、以"团结共进体"为平台、以"三环七步"为操作程式的高效课堂教学改革模式，力推课堂教学改革，让学生学会学习、自主学习。

（六）课程体系

全人教育就是把人的平等发展、完整发展、和谐发展、终身发展视为教育的终极目标的一种系统教育的思想，而课程是学生全人发展的重要支撑。

随着知识经济与信息社会时代的到来，学科课程的学习已经不能满足"全人"发展的需要。因此，促进学生全面发展的校本课程就不可或缺了。应该说，国家的课程设置，已为学生核心素养的培养打下了厚实的基础。不过，有些核心素养的培养需要在教育过程中去体现，有些还需要学校设置一些校本课程来培养。我校根据"全人"教育发展的需要，采取双向选择的方式，陆续开设了一系列课程，编写的教材有《散文的阅读和欣赏》《经典文学的欣赏与改编》《三国演义导读》《文化大师与高中语文》《迟子建作品导读》《初高中数学衔接和高中数学学习方法讲座》《TI手持技术讲座》《赏析广东传统建筑之美》《惠州历史漫谈》《岭南韵味》《生活化学》《学校绿化植物种类及数量调查》《爱情心理学》《人际交往心理学》以及《学唱英语歌曲》等。

在多年的课程探索中，我校根据学生的兴趣逐渐形成了"五大类别"的课程结构，分别是人文类课程，语言类课程，数学类课程，自然科学类课程，艺术类课程。

基于学生的学业差异，为学生创造个性化的适宜的学习途径，切实提高课堂教学效率，这就要始终围绕学生的个性发展需要，不断培养和提升学生自主学习的能力。为了更好地满足学生的个性化需求，我校部分学科实施分层教学。如数学分 A、B、C 层教学，实施全年级走班。对 A 层侧重学科学习方法的指导和学习兴趣的激发，从最基础的知识点抓起，同时注重学生学习自觉性的培养。B 层教学受众最多，所以既兼顾基础知识，又会有思路上的拔高。C 层面向程度较好的同学，注重学习思路的引导、知识的应用以及课外的拓展，侧重自主学习和合作学习指导。

创造"适合教育" 促进学生全面发展

江门市怡福中学 彭 宏

创造适合的教育，培养最好的学生是我办学的梦想和追求。2010年发布的《国家中长期教育改革和发展规划纲要（2010—2020年）》明确提出："关心每个学生，促进每个学生主动地、生动活泼地发展，尊重教育规律和学生身心发展规律，为每个学生提供适合的教育。"十九大报告也指出"努力让每个孩子都能享有公平而有质量的教育"。从国家和时代要求看，创设适应多主体全面发展的适合教育是实现"公平而有质量"教育的实践路径。江门市怡福中学从教育规律和学生发展规律出发，立足学校发展实际、教育发展实际和学生发展实际，坚持更新教育理念，打造文化育人体系，为适合教育创设实践平台；坚持课程改革、自主课堂，为适合教育创设立体学习空间；坚持家校合作、特长培养，为适合教育拓展多维全面的发展路径，这些为适合教育深入探索提供了实践经验。

一、以学校发展为基点创设适合教育实践平台

创造一种适合学生的教育就要关注学生的差异，尊重学生的情感，释放学生的潜能，促进学生个性的发展和人格的完善。适合教育是一个动态的过程，其一，从教育内容、教育方法和模式、教育机制等各个方面都要注重合适性；其二，惠及全体，一视同仁，让每个学生都得到最

适宜和最充分的发展。由此，学校必须全面渗透适合教育理念，为适合教育的实施和实践提供基础平台。

一是全面渗透适合教育的办学理念。教育理念是教育实践的出发点，用适合教育的理念来指引教育实践也应当从学校实际出发，结合学校的优良传统，形成特色的学校办学理念。江门市怡福中学在学校发展的顶层设计中，坚持教育理念的更新，坚持以适合教育的理念引领学校的各项工作，提高和催化学校的工作效益，实现从理念到实践的突破。

二是构建适合教育理念引领下的文化育人体系。文化是凸显教育理念的基础。文化作为学校间区别的内在标志，直接体现着一所学校的核心理念。从适合教育的目的来看，其最终是促进学生的发展和完善，为学生的人生幸福奠基。由此，学校从适合教育的理念出发，结合师生的共同愿望，形成了本校的特色文化。即以幸福为导向，致力于提升学生和教师的幸福指数，把学校建设成一个学生、教师和学校都得到充分发展的幸福校园，可以说适合教育就是一条奔向幸福教育的道路。

三是全力推进师生对适合教育理念的认同。让学生主体和教师主体认同学校办学理念并积极主动参与，是适合教育成功与否的关键。创造适合学生的教育，教师就必须正视传统教育的各种问题，必须用创新来打破各种困境，以创新来实现教育的突破。在日常教学中，以培养学生的创新意识和实践能力为目标，从教学思想到教学方式上大胆突破，确立创新性教学理念。全体教师应当在实践教学中充分鼓励学生发现问题、提出问题，通过讨论问题、解决问题，让学生具备创新思维、创新能力。在教学上必须要改革创新，让学生主动认识和接受教学内容，主动挖掘自己的学习潜能，造就创新精神。

二、以教学质量为关键创设适合教育立体学习空间

适合教育是以生命感召生命的过程，教育活动是师生共同参与的互动过程，教师和学生只有在教育活动中共同体验、共同创造，才能共同

享受教育的幸福，才能共同受益于幸福的教育。但适合教育一定是高质量的教育，也必须以高质量为指向。

一是构建适合教育课程体系。每个学生的知识背景有差异，要使每一位学生都能顺利地、卓有成效地进行学习，构建适合教育课程体系是打造多主体学习空间的基础。在克服教学中以"考试"为中心偏向的基础上，江门市怡福中学经过几年的实践和摸索，对初中各学科教材进行了大胆的整合，构建了可供学生选择的适合教育课程体系。有针对性地解决课本中的重点难点，各个备课组都组建了自己的"精品题库"，这种做法不但使知识更系统，而且更适合不同层次学生的学习，收效显著。同时，还自编了"基础巩固、能力提升、知识拓展"的分层"阶梯式作业"，给学生充分的自主学习空间。

二是构建适合教育课堂学习模式。"自主探究、分层合作"就是学校适合教育实践中提升课堂高效的基本途径。自主探究，就是要充分尊重学生的主体性，把课堂还给学生。只有学生积极参与教学过程，化被动学习为主动学习，才能享受学习的乐趣，才能从根本上克服课堂上的无效或低效现象，减轻教师与学生的负担，实现课堂高效。分层合作，就是根据学生基础的差异，在教学中按一定的比例给学生分班、分层、分组。分层合作中，采取互助学习的方法，注重生生合作、师生合作等，倡导学生间的"帮带"作用，在分层作业的基础上，实行分层辅导、分层抽测。尤其是对后10%的学生，除了采取在课堂上优先照顾外，更多的是根据学生的知识缺陷自主选择要辅导的科目和内容。在"自主探究、分层合作"课堂学习模式中，每个学生都得到了足够的重视与关爱，学生的学习欲望与潜能得到激发，极大地提高了教学质量。

三是深入推进多元化的教学方式。课堂中，无论是自主探究还是分层合作，都必须牢牢把握效率观念，克服长时低效的倾向。美国缅因州的国家训练实验室的专家爱德加·戴尔1946年发布实验报告称，阅读能够记住学习内容的10%；聆听能够记住学习内容的20%；看图能够记住30%；看影像，看展览，看演示，现场观摩能够记住50%；参与讨论，发言能够记住 70%；做报告，给别人讲，亲身体验，动手做能够记住 90%。在课堂中，学校以学习金字塔为模型，采取多样化教学方式，牢牢将自主探究和分层合作紧密结合起来，让老师走出传授的思维定式，让课堂在自主开放中洋溢求知的快乐。

三、以学生全面发展为原点创设适合教育的实践路径

一个人的个性发展主要靠后天的教育与培养，而我们过去教学的结果是使学生"知识越来越富裕，个性越来越泯灭"。这样的教育理念完全没有顾及学生的需求，甚至完全扼杀了学生的创造性。在适合教育实施中，学生个性的培养，必须根据学生身心发展规律和思想品德形成规律，不断提升德育效能，以学生全面发展为基点创设适合教育实践路径。

一是创设学生心灵成长的实践路径。在学生全面发展中，学生的思想道德品质、心理品质和思想观念，尤其是正确的人生观、价值观和世界观的形成在青少年时期至关重要。在学生全面发展中，学校坚持人格培育。人格完善是指一个人不断认识自我、提升自我、完善实现的结果。中学生绝大多数处于 12~18 岁年龄段，正处于青少年时期，自我意识逐渐增强，情感日益丰富，渴望独立，希望得到成人的理解和尊重。但生理和心理还没有成熟，不完全具备独立能力。他们绝大多数为独生子女，有自尊、自信、活泼开朗、思维活跃、智力较高、求知欲强的优点，也有任性、不懂礼貌、不爱惜财物、缺乏恒心、经不起困难和挫折、依赖性较强及独立性差等缺点。如果缺乏正确有效的引导，则容易出问题，形成不良的人格。在人格完善中，学校注重自我意识的引导，从学生的情感体验出发，引导学生用自己的心灵去体验人、事、物、境中所含的各种因素，再通过情感催化达到提高道德认识、激发道德情感、实施行为教育的目的。同时抓住学生思想认识中的焦点问题，

有主题、有目的、有计划地引导学生形成正确价值观，正确认识自我，树立人生自信，积极面对生活，积极参加集体和社会实践活动。

二是创设学生能力素质发展的实践路径。特长指个体特别擅长的技能和特有的工作经验。在适合教育实践中，学校始终将学生成人成才作为培养目标，注重学生的兴趣和特长培养。学校蓬勃开展独树一帜的艺体教育，提高学生能力和提升学校品位。在巩固传统的舞蹈、合唱、围棋特色课程的基础上，逐步开设小提琴、书法、写作、乒乓球等特色课程，使学生得到多方面兴趣和特长培养，全面推进素质教育。按新课程的要求，结合学生兴趣，全面开发校本课程，到目前为止，我校共开设有 30 多门校本课程，学生能从自己的兴趣出发，实现自主选择。同时，我们根据学生实际需要，组建了演讲社、书画社等多个学生社团和兴趣活动小组，学生根据自己的爱好、特长，自主选择，有序地开展活动，在发展学生特长的同时，极大地提高了学生的综合素养。学校还精心设计组织丰富多彩的学生活动，为学生个性发展提供平台。如定期举办体育运动会、艺术节、科技节等活动，让学生展示自己的才艺，品尝成功的喜悦，调动学生学科学、学知识、学技能的热情，提高学生的求知欲望。如通过快乐阅读、书画比赛等丰富多彩的活动来开阔学生视野，培养学生的创新精神和实践能力。

三是创设学生终身发展的实践路径。适合教育从时间范围来看，也必定着眼于学生的终身发展。为此，学校积极推行德育的联动模式，实现家庭、社区和学校的教育合力，以班级文化为核心帮助学生建立较为稳固的社群人际联系，通过群体正向效应为学生终身发展提供可持续的动力。在班级文化建设主题活动中，我校不断开拓班级活动形式，将文明养成、教师德育、团队工作、社会实践、家校活动等方面面融入班级活动中来，有目的、有计划地启迪学生思想，升华学生人格，陶冶学生情操，弘扬学生道德。我校以班级文化为平台，将教育科研与教育实践、生活实践结合在一起，很好地顺应了适合教育的发展理念，不仅受到了家长的肯定和支持，更收到了良好的教育效果和社会效益。

正如顾明远教授所说："最适合的教育才是最好的教育。"几年来，江门市怡福中学本着对学生的尊重、对教育规律的尊重，把主动权还给学生，真正让学生参与到学习中来，始终把促进学生幸福发展作为学校工作的出发点、落脚点，一起创造了属于教育者与被教育者的幸福生活。

我的"和进"教育

茂名市祥和中学　彭志洪

我 1995 年毕业于华南师范大学，从教 20 多年，担任校长 11 年，创办了茂名市龙岭学校以及茂名市祥和中学，培养了一大批优秀的骨干教师。一直以来，我都在坚守和创新"和进"的教育思想和实践模式，致力于实现学校内涵式发展、教师专业化发展、学生幸福快乐成长以及社会、学校、家庭和谐共进的教育梦想。

一、"和进"教育提出的背景及其内涵

2013 年，祥和中学刚创立的时候，还是茂名市第一中学附属学校。建校之初，学校办学条件困难，师资来源复杂，教师能力参差不齐。我深知，一所新学校要在短期内取得优质发展，必须凝结全体师生的力量，群策群力，团结一致。因此，我提出了"和谐共进，共筑未来"的办学口号，"和"是和而不同，统筹协调；"进"是蓬勃发展，更上一层楼。"和进"教育即祥和群心，和心共进。这是一种团结合作、催人奋进、互动共进发展学校，成就自我的思想。我希望通过这种思想，凝聚师生力量，打造有温度的有团结力量的大家庭。

2017 年，学校根据教育行政部门的要求，将原来的附属学校的名称按小区花园名称更名为"祥和中学"。"祥和"即吉祥、和谐、顺利、幸福、美好，新名字传统味道与现代气息相融，也与我一直倡导的

"和谐共进"的办学思想不谋而合，这就更加坚定了我实现办学理想的信念，坚信自己在教育管理方面一定能创造出一番新的天地。

二、"和进"教育的导向

学校的发展离不开校园精神的指引，因此，基于"和进"的办学思想，我根据学校内涵式发展要求、教师自身成长需求以及学生成长成才的核心要义，制定了以下文化导向：明确"文化引领，科学发展，规范与个性共存"的办学理念，坚持"面向全体，夯实基础，张扬个性"的教学理念，大力加强"三风"建设，形成"明德、敏行、创新、图强"的良好校风，"勤学、善创、进取、感恩"的良好学风，以及"博学、垂范、包容、爱生"的良好教风。

与此同时，我对学校的学生和教师提出了不同的成长目标，要求学生全方面发展，做到志向高远、道德高尚、学业优秀、个性张扬。希望每一位学生都要努力具备"六个一"，即有一颗公正善良的心，能讲一口标准的普通话和能用英语交流，能写一手工整的硬笔字和毛笔字，掌握一种乐器表演，爱好一项体育运动，有一门最喜爱的学科并学有所长。

在这个基础上，我还带领全校教师践行十项承诺：一是帮每位学生制定系统科学的学习方案；二是让每位学生都参与班级管理；三是让每位学生每学期主持一次班会课；四是教师一学期和每位家长有两次互动；五是教师每周与每位学生都有一次交流；六是教师面批每位学生的作业一月一次；七是教师要让学生每学期发言不少于三次；八是让学生每月都有一次展示自我的机会；九是每位学生每天都能得到教师、学生的表扬；十是让每位学生每周都能参加一项体育运动和社团活动。

在这种思想的指导下，全校师生的凝聚力不断增强，"和进"文化深入人心，教育成果也初显成效。

三、"和进"教育的系列主题

为了进一步贯彻"和进"思想，完善"和谐共进"的办学理念，我在学校管理上，加强了"和进"文化、"和进"教研、"和进"德育、"和进"安全教育以及"和进"家校合作等五个板块的建设，以求在学校建设的方方面面达到和而不同、共同进取的目的，实现"同进、互赢、圆梦"的办学愿景。

（一）"和进"文化

"和进"校园。校园文化作为一种环境教育力量，对学生的健康成长有着巨大的影响力。因此，为了创设良好的学习环境和育人环境，我精心进行校园文化建设。如对教学楼进行重新命名，创建桃李园、图强广场和圆梦广场等广场文化；打造仁、义、礼、智、信和忠、孝、耻、勇、廉的楼梯文化；建立国学厅、孔子学堂、棋艺长廊等校园主题场所，营造清新雅致的学习环境，使学生在感受传统文化熏陶的同时，立志成人、成才，形成团结、上进的优良校风。

"和"乐课堂。育人如同育树，"能顺木之天，以至其性焉尔"。教育应尊重学生的天性，让孩子自由发展。因此，在课堂教学中，我主张教师要多鼓励、多发现学生优点，使学生个性张扬，多方创设展示学生才华的舞台，最大限度地让学生受到老师、同学和学校的赞许。培养学生学习兴趣，让学生在课堂中寻找到乐趣，让学生在轻松、欢快的环境当中能集体进步，个性得到发展。

"和"雅教师。为了进一步促进教师的自我发展，增强教师的归属感，我组织教师开展各类活动，如教学大比武、说课比赛、微课制作竞赛、动手实验科技竞赛以及"最美教师""最美科组""最美团队"评比等，大胆砍掉老师的羁绊——常规检查，让老师们找到自身价值，得到学生的尊重，形成自己的教学风格，做真真正正的"和"雅教师。

和"煦班级。参照其他学校的做法，在原来仅有的周一主题班会的基础上，我逐步带领教师完善班级建设课程，设计了周一班会活动、周三班级文化主题日活动、班级文化标识设计活动、班级愿景设计活动、班级小组文化活动、开学日活动、祥和学子印象活动、毕业生离校日活动等，许多班主任老师也根据自身班级情况，研发了大量个性而独特的微课程，从而为学生学科或课程学习创造了良好的微观生态。

（二）"和进"教研

教学是学校工作的中心，也是学校发展的生命线。我以校长室——教研室——科组——教师的自上而下的教研主线，并以"和进"贯彻其中的每一部分、每一环节，做到集体备课"和"、教学"和"、集体教研"进"以及个人成长"进"，积极探索高效课堂，创新教学模式，努力提升教学"软实力"。

1. 创新教学模式，践行"三个三分之一"

新课程明确指出，在教学中必须尊重学生，突出学生的主体地位，发挥教师的主导作用。这就要求我们必须重新审视自己的课堂教学行为，再用老一套的教学方法必定走不通，必会到处碰壁。因此，我倡导课堂"三个三分之一"模式，即三分之一时间教师精讲，三分之一时间学生讲、议、练和评，三分之一时间师生互动，引导教师构建互动性、激励性、探究性、点拨性、情景性的课堂教学模式，做到把课堂还给学生，让学生自主探究、合作学习。这样，"和"了教学之间的矛盾，"和"了教材与学生之间的对话，"和"了师生的互动，"进"了学生学习的兴趣，"进"了课堂氛围的改善，"进"了课堂教学成效，极大地促进了素质教育的进行和学生核心素养的发展。

2. 坚持集体备课，共享智慧结晶

在集体备课、资源共享方面，我提倡"三次备课两次反思"的集

体备课模式，即备课组通过"个人备—集体备—课后备"三次备课和"课前反思—课后反思"的流程，完成"个人教案—集体教案—完善教案"的演变。此外，教师统一教学计划和进度，备课组每周集体备课至少一次；每一课内容通过集体备课后才进入课堂；每个教师一个学期至少上一节示范课或公开课；每位任课教师每学期听课不少于20节。"三次备课两次反思"的集体备课，让教师们和而不同，各有长进，极大地提高了全体教师的教学业务水平。

3. 抓好辅导工作，大面积提高教学质量

我积极贯彻省、市教育工作会议精神，认真抓好教学工作。第一，做好辅导工作。由过去主要辅导尖子生，转为与学困生结对帮护，每个教师和五个学生结对，从生活、学习、思想上关心和帮助他们，确保学生"进得来、留得住、学得好"。第二，教学面向全体。学校坚持抓中间促两头的策略，倡导激发式教学、互动教学、激励教学等，通过采取学法指导、面批作业等措施，大面积提高教学质量。第三，落实"控辍保学"工作责任。学校把"控辍保学"指标完成情况作为教师评先选优的重要依据。加强对孤儿、单亲家庭子女、留守儿童和学困生等极易辍学群体的关爱和教育，及时了解他们的思想动态，从思想源头上严防辍学的发生。经过努力，我校辍学率控制在1%以内。

4. 多管齐下，提高教师队伍整体水平

（1）组织校本培训，让教师站稳讲台

为了让教师能更深入了解和熟悉教学实际、教学方向和教学动态，我组织教师开展《教学案编写》《理化生实验课设计》《初二学生心理特征》《新网络词汇》《新理念下的课堂教学》《"三个三分之一"的教学模式》等校本教材培训，通过培训学习，锤炼教师的基本功和教学能力，促进教师专业发展，提高了广大教师的教学业务水平和课堂教学艺术，使互动教学，激励教学，讲、议、练、评教学在我校普遍开展，大大提高课堂效率，深受学生的欢迎。此外，学校每个学期组织全体老师参加课件制作和教学平台使用的培训，进一步推广了现代化的教学手段，加快了信息化教育的进程。

（2）坚持"走出去"和"引进来"

每一次外出学习对我来说都是一种进步和提升，教师的发展离不开博采众长，因此，我坚持带领教师实施"走出去，引进来"的提升策略，每年组织教学骨干外出学习多达 120 人次，分别到江苏泰州姜堰区励才实验学校、扬州市邗江外国语学校、佛山华英中学、番禺石基四中、惠州一中、江门新会葵城中学、江门市实验学校等学校交流学习，还多次派教师参加省、市名师工作室学习及中考研讨会，不断提高教师的业务素养和理论水平。此外，还坚持"引进来"策略，每学期定期举办两次大型教研活动，邀请名校长、名教师和市教育局教研室全体教研员到校进行全面的教学指导，为我校教师传经送宝。

（3）结对子，传带帮扶

为了进一步实现"以和促进"的教学理念，提高教师教研能力和水平，我开展了"结对子，传带帮扶"活动，夯实"集体备课"，发扬团队精神，发挥集体智慧，由各科组经验丰富的教师与一名年轻教师结对子，通过集体备课，传授教育教学经验，让年轻教师特别是新教师快速成长，形成学科合力，提高教学质量。在老教师们的帮助下，我校涌现了一批新的教学能手，如语文科组的林海宇、地理科组的陈德炯、历史科组的邱健等。

5. 构筑"教师联盟"，倡导"集体创优"

由于我校教师素质参差不齐，个性差异很大，我积极组建了"教师联盟"，其中包括班主任联盟、班级楼层联盟、科任教师办公室联盟等，教师在联盟中相互学习，共同进步，共同成长，有利于发挥集体智慧，发扬团队精神，促进学校和谐发展，也使教师在集体的大熔炉中幸福成长，并在幸福之中屡创佳绩。

（三）"和进"德育

在学生的教育上，我始终坚持"德育为重，德育优先发展"的理念，将国学精华"和"文化注入德育理念中，推"进"初一养成教育、初二担当教育、初三励志教育主线，以活动为载体，严抓落实，不留盲区，为塑造学生健全的人格、学会做人处世奠定良好的基础。

坚持不懈开展常规的国旗下讲话和主题班会。班会确定形式多样的主题，如"我自信、我快乐""雷锋精神在我身边""我爱我师"等，让学生在活动中受到"和"文化的熏陶，进而感悟爱国、感谢恩师、感恩生活，体验进步和成功的快乐。

精心设计校本德育项目。首先是"每周之星"的评比，包括学习之星、进步之星、劳动之星、心灵之星、爱国之星；其次是表彰月考成绩优秀学生，以树典范；最后是每周评比卫生先进班、每两周评比文明班，促进班风班貌建设，形成勤奋、善思、进取、感恩的良好校风。

实行德育导师制。要求教师注重做好后进生的转化工作，每个科任老师担任四名"后进生"的德育导师，德育导师要制定工作方案，从生活、学习、思想上关心和帮助他们，定期向家长和政教部门汇报工作对象情况，撰写教育案例，每月在年级进行小结，每个学期学校组织总结。

创建丰富多彩的社团。目前我校有文学社、读书社、演讲协会、舞蹈队、英语协会、书画协会等社团，社团经常开展丰富多彩的活动，包括经典诗歌朗诵比赛、演讲比赛、现场听写大赛、现场书法大赛、现场作文大赛、英语 SHOW、绘画比赛等，为学生提供施展才华展示自我的大舞台，也给学生筑建了一座建立友谊、增强集体凝聚力和团结精神的桥梁。这些丰富多彩的社团活动，既锻炼了学生的交际能力，又提高了学生的认知水平，为我校的素质教育添砖加瓦。

(四)"和进"安全教育

安全重于泰山,安全教育是学校教育的重要组成部分。因此,为了将安全教育落到实处,我将"和进"教育理念也融入到校园安全防卫方面,具体表现在物防、人防以及联防方面统筹协调,及时跟进,多管齐下,共同打造文明校园。

建立健全各种安全管理制度。学校制定了《茂名市祥和中学安全工作管理制度》《茂名市祥和中学各种突发事故应急预案》等10多项安全管理制度,使安全工作有章可循,有规可依,执行必严,违规必究,不留盲点,不出漏洞,强化安全工作管理,让校园安全工作走上制度化、科学化的轨道,达到了规范师生行为,增强师生安全意识的目的。

落实"一岗双责"责任制。按照安全目标责任制,明确分工和职责,齐抓共管,形成合力。同时,各处室与具体负责岗位的工作人员签订安全责任书,强化安全责任意识,尤其对门岗值班、宿舍管理、楼层值班、放假期间等易出问题的地方和环节,加强督导,落实检查,做到责任到人、群防群治。

重视校园安全教育。将安全教育纳入教育教学计划,重点开展"六防"(防溺水、防交通事故、防火、防震防灾、防食物中毒、防传染性疾病传播)教育。认真落实教育局关于安全工作"1234"的教育规定,注重安全教育常态化,引导学生养成良好的安全行为习惯。通过科任教师每天上、下午最后一节课的1分钟安全温馨提醒,每周放学班主任对学生进行至少2分钟的安全教育,每次寒暑假和节假日放假之前进行不少于30分钟的安全教育,以及每周星期五班主任组织不少于40分钟的专题安全教育课等形式,让学生把安全准则内化于心,外化于行。此外,还利用校讯通、QQ群、LED屏幕等信息平台,在节假日、汛期、高温、秋冬干燥季节发布安全温馨提示,使学生养成良好的安全行为习惯。

以活动强化安全育人实践。通过演讲比赛、图片展览、主题班会、观看视频等活动进行毒品预防教育和交通安全教育；通过知识竞赛、手抄报、黑板报比赛、征文比赛等活动进行防溺水、防食物中毒、防自然灾害和安全用电、安全用火等教育；同时，邀请有关专家到学校进行安全法制教育。通过以上一系列活动，增强师生安全防范意识，提高师生避险自救能力，真正做到安全警钟长鸣。

配备专业安保人员和加大安全经费投入。除足额配备 10 名校警协助开展“黄埔军校式”安全管理外，我校在本学期还加大了安全工作专项经费投入，用于安全专题活动开展、安全器械采购、安全培训等方面的工作支出。

（五）“和进”家校合作

“和进”不仅体现在师生之间、教学之间，也体现在家校合作里面。为了形成强大的教育力量，我结合“和进”理念创新并完善了家校合作模式，使有效教育落到实处，增进了家校间互信合作，助推了孩子的健康成长。一是成立“家校和谐委员会”，让家长参与学校管理，共同探讨教育学生的方法和内容。二是定期组织家长会，反馈学生在学校和家里的情况，增进理解，形成合力，促进学生向良性方向发展。三是通过亲子活动、妈妈故事团、班级家长 QQ 群等方式，加强与家长的沟通与互动。四是举行家长开放日活动，增强了学校办学的透明度，使得家长更支持和拥护学校的教育教学行为。五是组织定期家访。让教师们深入学生家庭，了解孩子在家的表现情况，在交流中帮助孩子成长。

在这样的家校合作模式中，学校与家长的沟通越发紧密，更有利于促进孩子的健康成长。

四、“和进”教育的成效

在任职校长期间，我一直贯彻“和进”教育理念，并在不断的研修和培训中，博采众长，对"和进"教育的实践模式进行修改和完善，并取得丰硕的办学成果，学校被认定为"广东省交通安全文明示范学校""广东省依法治校示范校"。

在"和进"理念的影响下，整个校园处处充满着艺术氛围和人文关怀，师生团结奋斗、互动共进，成为广大学子向往的学习殿堂。未来，我将继续坚持"和进"教育理念，探讨"和进"教育的新模式，不断探索，踏实前行，努力打造有颜值有实力有思想有温度的优质校园。

让每个孩子阳光自信

——中学生"信心教育"的思考与实践

肇庆市高要一中　彭司先①

从教近 30 年以来，我与高要二中结下了深厚的缘分，高要二中的成长与发展的每一步，我都是参与者、建设者。高要二中的发展进程，融入了我个人成长的历程，从一线教师到班级组长再到校长，我对高要二中这所学校的理解和热爱，随着时间的推移变得更加深刻。实践是真理的来源，同样也是检验真理的唯一标准。在多年的教学和管理实践中，我对学校的办学理念和管理思想有了更加深入的体会和理解。"让每个孩子阳光自信"，是我多年教育教学及管理过程中收获的最深刻的教育理念，是我的教育"初心"，同时我也将这份教学理念以"信心教育"为突破口，不断贯彻到我的教育管理之中。

一、开展"信心教育"原因之分析

（一）学校快速发展中的巨大挑战

高要二中创建于 1998 年，我 2006 年 1 月担任高要二中校长。2006 年对于高要二中和我来说都是具有重大意义的一年，随着扩招的不断推

---

① 作者为原肇庆市高要二中校长。

进，在这一年，学校规模空前扩大，共有 131 个班，在校生人数 7700 多人，教职员工 620 多人；在这一年，高要二中开始实施初高中分离，实行一校两区管理，这对二中的发展和管理具有巨大的意义，同样也面临着巨大的挑战。2006 年 9 月 1 日对高要二中高一年级的全体师生来说注定是会铭记于心的日子，期待中的新生入学并没有如期而至。由于新建的宿舍迟迟不能交付使用，我们不得不再三推迟开学的时间。那是一段艰难的等待，来校而不得入的家长和学生充满了失望和怀疑；不能站上讲台，只能一次又一次给学生打电话的老师充满了担忧。而作为学校管理者的我们要忧心的事更多，缩水的教学时间，残酷的教学环境，基础薄弱的学生，年轻缺乏经验的教师队伍……那是一段满是彷徨的等待，开局的不顺，似乎也暗示后来的艰辛。

（二）学生无目标，来而不学

开学以后，许多新问题果然扑面而来。由于开学比较晚，学生本来就带有一定的情绪。同时，比较简陋的校园环境也让学生们对于高中学习的期望值降低了许多。

一方面，学生不适应新的环境，产生了躁动情绪。九月的肇庆天气还非常炎热，而学校的宿舍配备不足，尤其男生所住宿舍设备陈旧，不仅没有制冷设备，而且自来水供应也不足，住在高楼层的同学基本上是晚上自修放学后才能洗澡。很多学生晚上 12 点还热得难以入睡，由于休息不足，学生躁动异常。

另一方面，学生基础薄弱。对于高中的学习或者说未来的生活，他们没有规划，没有目标，不知道为什么而学，学了以后有什么用，始终处于一个比较迷茫的状态。因此，无论是在学习上还是生活上都是被动地去接受安排，甚至对学习有厌烦和反感的情绪。加之高中的课程相较之前的课程难度高了许多，造成有些学生难以接受和适应高中的教学，个别学生入校没多久就提出退学。

另外，教师班级管理经验欠缺，无法良好地引导学生抒发情绪，引发学生用不恰当的方式发泄情绪。由于学校扩建，学校引进了许多新老师，80％的班主任是新毕业的教师。因此，在班级组织管理和学生的情绪疏导上都缺乏经验。高一级新生在新的环境中，因缺乏良好的管理和及时的情绪疏导，无法快速地融入新的集体，难以适应高中的学习和生活，高一年级打架等违纪现象不断发生。

所有的一切，正朝我们担忧的方向发展。由此引发了一系列的连锁反应，学校的校风、学风极速下滑。有相当一部分学生毫无目的地待在校园里，他们受特殊环境的影响，思想素质偏低、行为习惯差、人际关系复杂、学习风气差。师生之间的关系也比较紧张，学生经常投诉老师，师生之间矛盾突出。老师对学生的教育和管理遇到了极大的阻碍，学生的心理非常脆弱、敏感、不自信。老师对学生稍加批评，学生就可能会出现割腕自杀的极端行为。

(三) 教师产生职业困惑，信心低迷

面对这样的校园环境和学生素质，学校的整体精气神不得不说是比较低迷的，不少老师尤其是年轻老师对自己的工作感到了困惑。他们如是说：我很困惑，我只是个老师，怎么成了保姆？我很困惑，我只是个老师，怎么成了警察？我很困惑，我只是个老师，怎么成了法官？我很困惑，我只是个老师，怎么成了心理医生？

当一个人对自己的工作抱有质疑的时候，一定会丧失对工作的激情以及做好这份工作的信心。一旦学校的整体环境失去了激情与活力，那对于一个学校的长期发展来说是致命的。

基于以上种种现状，我和我的团队对学校的教育目标进行了深入的思考。

第一，学生每天教室—饭堂—宿舍三点一线，除了学习就是学习，很难形成良好的价值观，还透支了学生的健康。值不值？

第二，教师除了教学，还要当保姆、警察、法官、医生、演员、消防员，事太多人太累，如何专心从事教学教研？有没有办法给教师

减负？

第三，什么样的人才能实现可持续发展？

第四，什么才是学校育人成才的核心？

经过对学校现状的分析，以及多方研究与思考，我们认为"信心"是影响一个人发展的核心要素，同样也是影响学校教育的最主要因素。我们以"社会放心、家长倾心、学生安心、教师舒心"为办学目标，以"二中没有差生，二中潜力无穷"为信心教育理念，同时赋予学校教育更加清晰的责任和使命，即让每个孩子阳光自信。激发学生对生活的热情，让每个孩子都对学习有所规划，对生活有所目标，对未来有所期待，培养有理想信念的社会主义建设者和接班人，让社会各界及广大家长看到教育的希望。

二、开展"信心教育"理论之探究

理论是实践的先导，要落实"信心教育"，就必须对信心教育理论本身进行学习和探究。因此，作为学校的管理者，我们对信心教育的理论内涵以及信心教育与中学教育之间的关系作了较深入的探究。

（一）信心教育的内涵

信心，是指相信自己的愿望或预料通过自己的努力将能够实现的心理。所谓信心教育，是指学校对受教育者有目的、有计划、有组织地施加心理影响活动，使受教育者产生积极的心里反应，产生能够实现预期目标的自我认识，达到增强信心的目的。

信心教育的心理学依据在于受教育者的自我意识是可以改变的，信心的核心是自我意识，信心表现在认识上是一种自我认识和自我评价；信心表现在情感上是一种自尊、自豪、自信的情感；信心表现在意志上是一种自我调节、自我控制的意志力。因此，信心是一种完整的心理结构，在一定的条件下，信心可以发展和升华。作为认识结构的信心，可以升华为自我功效感和自我确信感；作为情感结构的信心，可以升华为责任感和义务感；作为意志结构的信心，可以升华为孜孜不倦的追求及攀登的勇气和恒心；作为一个完整的心理结构的信心，可以发展升华为理想和信念。①

（二）信心教育与中学教育

信心教育作为一种对人的自我意识意义上的教育，中学教育在对人的自我意识形成的过程中起着关键的作用。

首先，从影响"信心"形成的因素作用来看，学校教育起着关键的作用。我国学者陈旭光认为信心是由信心元（Confident Unit）构成的，个体信心元的产生是一个复杂的过程，是社会各种条件相互作用的结果，人在不断调整自己与世界的关系中不断完善自我意识，形成信心元。他认为影响信心元的因素是多方面的，包括了社会因素、学校因素、家庭因素，自身因素，其中社会因素是形成信心元的基础因素，学校因素是形成信心元的关键，自身因素是形成自信元的载体。这几个因素相互作用相互影响，综合作用下产生个体的意识，这种个体意识包括个体的政治观、道德观、价值观以及个体的自我意识，其中也包含着个体的信心元。

其次，从自我意识发展的阶段来看，中学教育是影响自我意识发展也就是影响信心形成的最关键阶段。学校教育作为中学教育最基本的空间载体，对个体自我意识的形成，以及信心元的形成具有最关键的作用。奥尔波特（Allport）等学者把自我意识的发展过程分为生理的自我、社会的自我和心理的自我三个阶段，他指出，自我意识中的生理自我，从出生以后第八个月开始，到三岁左右基本成熟；从 3 岁到 13～14 岁是个体接受社会文化影响最深的时期，也叫"客观化时期"；从青

---

① 陈旭光．信心教育初探［J］．江苏教育学院学报（社会科学版），1996，（1）：33.

春期到成年这个时期自我意识的发展已接近成熟，是心理自我发展的时期。国内学者韩进之认为，自我意识的发展可以分为 3 个上升期和 2 个平稳期：小学 1~3 年级、5~7 年级、初三到高二是 3 个上升期；小学 3~5 年级，初中 7~9 年级为 2 个平稳期。周国韬等发现 11~15 岁中小学生自我意识发展大致呈 U 字形，最低点是在 13 岁。综合国内外学者的研究，可以发现青春期是个体自我意识发展的关键时期，并且自我意识是不断变化的。中学的学校教育作为青少年自我意识成长阶段最关键的时期以及最重要的空间载体，毋庸置疑，对个体自我意识的形成，培育信心元的形成具有最关键的作用。

（三）基于中学教育，对信心教育的理解

在研究信心教育的理论内涵，以及信心教育与中学教育之间的关系的基础上，联系高要二中的具体实际情况，以及多年的教学理念和教学经验，我们对信心教育有着自己的理解。

1. 信心教育在中学教育中的主要体现

在中学教育中，信心教育要通过学校具体实践活动对学生多激励、多鼓励，从而激发学生的自信心。激励教学理论认为，激励和鼓励是教育的本质。激励和鼓励的神秘成分是"希望"，有"希望"才会有成功，有成功才会产生"成功感""成就感"，有了"成功感""成就感"，才能使学生产生"自尊"和"自信"这两种品质，"自尊"和"自信"可以促使学生产生最积极的学习心态。

当学生拥有了"自尊"和"自信"这两种品质之后，对于学习和生活就会有具体的目标及具体的行动。它会激发学生适应新的生活和学习环境，主动去规划自己的未来。在中学期间，这种自我意识的觉醒，对青少年的长期发展至关重要。

2. 中学信心教育的主体

中学教育的信心教育主体我们认为有两个，一是学生，二是老师。学生是作为受教的主体，而老师是作为授教的主体，两者都在信心教育中起着非常重要的作用。

首先，学生是信心教育受教的主体，培育学生的信心也是信心教育的最终目的。因此，在中学教育中的信心教育的主要措施和活动，都是针对学生而制定和实施的。我们发现学生在某种意义上被社会大众进行了分层，如"优等生""差生""后进生"等。

我们认为对学生进行这样的分层界定，是一种对学生阶段性发展现状的结果性评价，但如果以一种阶段性的现状来对学生下决定性的评判，从人的整体发展角度来看是不够科学的。因为，这种分层界定没有考虑到人的成长具有阶段性、变化性这一现实情况。而且好差、高矮、长短都是相对的，我们应该用发展性评价的方式评价学生。

其次，教师作为教育的实施者，是信心教育授教的主体，是信心教育得以施行的重要"媒介"。教师在教育活动中的重要地位是不言而喻的，因此，要想做好中学学校的信心教育，最重要的是要有一批专业素养高、教育理念优、师德高尚的教师来落实信心教育的各种举措。如果说学生是种在校园里的一株幼苗，那教师就是浇水施肥、播洒阳光的"农耕者"，教育的"耕种"不能"听天由命"，而要"事在人为"。

3. 信心教育的目标

我们信心教育的目标是：一个学生也不放弃！我们坚信，"二中没有差生，二中潜力无穷"，学生来校学习的目的都是为了更好、更快的成长，我们在教育中善待每一个学生，相信每一个学生，做到一个学生也不放弃。全面实施素质教育，就是要不放弃任何一个学生，关注每一个学生的进步与成长。我们追求每一位学生都能在二中学习有目标，生活有规划，未来有希望。可能在短时间里，信心教育不能做到让每位学生都成为阳光、自信的人，但我们努力去追求这个目标，努力让每个学生都能够找到自己的人生目标，最后获得属于自己的幸福人生。我们都坚信，只要坚持信心教育不动摇，"一个学生都不放弃"的目标一定能实现。

4. 信心教育的原则

（1）发现的原则

"发现潜能，造就人才！"学生不优秀，没有闪现出天才的火花，是因为我们还没有进入他们的内心，没有发现他们的潜能。人无完人，但更不会一无是处，当我们没有发现学生的闪光点时，我们要以充满爱的诚挚的目光看待我们的学生，像看未来的伟人一样看学生。在教育过程中，只有细心去发现学生的闪光点，才能让教师去赏识学生，才会对学生不离不弃。

（2）赏识的原则

赏识导致成功，抱怨导致失败。人性中最本质的需求之一是渴望得到赏识。心理学表明，人的年龄越小，越渴望得到赏识。学生是最希望得到赏识的一个群体。赏识的根本是爱，学会赏识，就是学会爱。只有爱，才会有长期和真正的赏识，才能把学生无穷的潜力激发出来。同样，赏识是一种宽容，不因为学生暂时的不优秀而抱怨。

（3）激励的原则

潜力的激发关键在于激励。詹姆士通过多次实验发现，在缺乏激励的环境中，人的潜力只发挥出 20%～30%，甚至可能引起相反的效果；但在适宜的激励环境中，同样的人却能发挥出其潜力的 80%～90%。应遵循"好学生是表扬出来的，优秀是激励出来的"工作方法，通过激励激发学生的主动性、积极性和创造性，最大限度地发挥潜力。特别是对犯错误的同学，不能因为出错而责备他们，而是从情感上理解他们出错有因，从理性上帮助他们分析错误原因，帮助他们找到方法，激励他们积极地克服困难。

三、开展"信心教育"措施之执行

根据高要二中特殊的校园环境和我们对信心教育理论的深究，为激发全体教职工昂扬向上的工作热情，发掘学生的智慧和潜能，使师生在教风严谨、学风浓厚的环境中和谐健康地发展，全面落实学校"社会放心、家长倾心、学生安心、教师舒心"的办学初心，践行"让每个孩子阳光自信"的办学理念，坚持"二中没有差生，二中潜力无穷"为信心教育理念，学校于 2006 年 10 月在高要二中高一级实施"信心教育"相关方案。

信心教育的具体实施主要包括这几个方面，一是教师教育教学的培育；二是校园文化环境教育；三是校园活动教育；四是专业队伍培育。在这四个方面的教育教学实践活动中，全面启动学生的心理自信系统，全方位实施信心德育、信心智育、自信体育、自信美育等方面的教育。

（一）在教育教学中培养学生信心

任何一所优秀的学校都以教学水平为基础，学校的教育只有落实到教育教学中，才能真正地保持持久的生命力。因此，课堂教学和课后教育都是不可忽视的。

1. 课堂教学，培养学生的信心

因高要二中新教师数量较多，在课堂教学这一块我们通过课堂结构重建、课堂氛围塑造、课前设计、课堂有效点评、课后交流等"五课"教学基本策略，凸显学生的主体地位，让学生在学习中有获得感、幸福感，培养学生的信心。

（1）教师要注重轻松、和谐、民主的课堂气氛的营造，轻松的课堂气氛才能让学生乐学不疲。

（2）教师在教学内容和教学环节设计中以学生为主，充分发挥学生的主观能动性，激发学生自主学习的内驱动力，开展课前自学（树信心）、课内共学（练信心）、课后检学（强信心）活动。针对学生的实际情况，设计学生通过自己的努力能完成的任务，突出学生的学习主体作用，培养学生的问题意识和探究意识，让学生在课堂活动中建立学习的信心，这是提高学生自信心最关键的一步。

（3）课堂有效点评树立学生信心。尤其对学生课堂回答问题的容错率要高，并根据具体科目，建立一套合理的鼓励方法，增强学生的学习信心和主观能动性，充分挖掘学生的巨大潜力。

2. 课后交流，鼓舞学生信心

教师在课堂后，做到"三个一"，每天送给学生一个微笑，每天说一句鼓励的话，每天找一名学生谈话。教师在教育教学中情感的投入，能够激发学生的自信，通过沟通与交流，温暖学生的心灵，"一个微笑"温暖年轻孤寂的心灵，"一句鼓励的话语"唤醒学生沉睡的自信，"一次耐心的谈话"沟通师生之间真诚的感情。

首先对学习成绩差，甚至看起来"无可救药"的学生，老师不要将学生一时的学习"失败"看得太重，不要急，不要逼，更不能冷语相伤，讽刺挖苦，甚至体罚。教师要有耐心，要沉得住气，多关爱，多鼓励，鼓励他们不要灰心，只要吸取教训，然后不断努力就会有所进步。我们必须时刻铭记：只有教师的爱心、耐心、信心，才能唤起学生的自信心。

其次，考试后教师及时与学生谈心，特别是要重点找成绩差的学生谈心，帮助他们找出问题与症结所在，分析学生已有的优点与长处，帮学生一起制订合理的学习目标和计划，让学生始终坚信：只要肯努力，学习成绩就会大幅度提高。

最后，老师适当地与学生保持面对面的交流。处于成长期的中学生，在学习、生活、社会交往中随时可能遇到障碍和挫折，他们自身抗挫折的能力不强，教师必须把握时机，适时进行信心教育。当学生遇到学习和生活的困难和挫折时，多倾听、多关爱、多鼓励，给他们提出合理的建议和意见，适当提高他们应对问题的信心和能力。

在交流中教师的每一次鼓励，都会激发学生无穷的潜力，因为长久的社会暗示，就会凝固成一种评价定势，学生会在这种"你真棒"的评价定势中，一步步产生质的飞跃。

3. 教育管理，规范固牢学生信心

根据 21 天定律：同一个动作，重复 21 天就会形成习惯性动作；同一个想法，重复 21 天，或重复验证 21 次，就会形成习惯性想法；所以一个观念如果被验证了 21 次以上，它十有八九已经变成了你的信念。

发挥班主任在信心教育中的核心作用，班主任实施信心教育的 8 条规范为：①育人为本，关爱为先。②理解、宽容、善待每个学生。③让学生做班级主人，实现自我教育，自我发展。④多表扬、多鼓励学生。⑤因材施教，关注"待优生"和信心不足的学生。⑥创设良好班风，创建丰富的自信文化。⑦协调好与任课教师之间的关系。⑧与家长交流，共同促进学生自信心的成长。

同时在待优生的教育管理上，实行带"研究生"式的方法，每个课任教师承包 4~5 个待优生，包学习、包思想、包生活。承包教师全方位管理自己的待优生，化整为零，加大了各班待优生的管理力度，以 21 天定律培养学生良好的学习和生活习惯，增强班风的整体教学氛围，保证教学质量的大面积丰收。

（二）校园文化，潜移默化的信心教育

从管理学来看，提升或改变某个人的素质，一般能使工作效率增加一倍，而改变工作流程，一般能使工作效率增加 10 倍，只有文化才能使群体的工作效率获得 100 倍的提升。我校特别重视校园文化氛围的营造，力求创设让墙壁说话、让草木育人的情景。我校按照由静而动、由

表及里、由果及因的路径来构建校园文化氛围。

1. 校园公共文化激励信心

学校在楼道、饭厅、宣传栏、走廊等场所，张贴激励人心的名人名言，营造积极向上的文化氛围。如"千教万教，教人求真；千学万学，学做真人""育人与育德并举，树木与树人同步""一勤天下无难事，长成大木柱长天""勤学大家敬，好问志气高""不敢高声语，恐惊苦读人"等励志话语，潜移默化地影响学生的观念，激发学生的信心，从而让学生树立良好的价值观念。

2. 班级文化熏陶信心

各班根据自身情况建设班级文化，设计班训、班级口号、班主任每周寄语、学生个性风采贴等，同时设置班级光荣榜包括个人成绩光荣榜、文明光荣榜、每周之星、优秀作业展等，定时在班级对应的宣传栏张贴。用班级文化凝聚人心，以身边的榜样和相应具体的形式勉励学生，往往能够让学生在不知不觉中逐渐树立信心。

3. 宿舍名片展现信心

引导学生对自己的宿舍进行文化布置，学生充分展现自己的个性，为宿舍取名作"诗"。在这个过程中学生获得自我认同感，同时展现了自己的才华。比如将宿舍命名为未名轩：学贵有恒，何必三更睡五更起；最无益，只怕一日曝十日寒；寒剑桥居：入梦为梦想，起床为奋起；北大屋：小舍内安居，大天下乐业等。

（三）校园活动，生动鲜明的信心教育

校园文化活动是信心教育的一个非常重要的环节，通过集体活动可以形成学生积极的个性品质，形成学生健康向上、自信顽强的作风，同时能够充分激发学生的信心。

1. 学校组织活动，统一育信心

（1）入学前教育活动，奠定信心之基。通过信心教育启动仪式、军事训练、校史教育活动、安全教育、考试规则讲解、规章制度讲解和礼仪教育活动，让学生知道自信的重要性，了解信心教育的目的、意义、理念和方法；锻炼学生国防意识及坚强意志；让学生了解学校的发展史，让学生对学校产生认同感和自豪感。

（2）激情宣誓，张扬青春激情的信心。通过宣誓提升学生的自信力，是高要二中提升学生自信心的成功举措，宣誓已成为高要二中的一道独特的风景线。铿锵有力的誓言，叩击着每一位同学的心弦，涤荡心底的消沉，激发起昂扬的斗志，张扬起自信的风帆。

每天早晚七点，各班全体学生在班长的带领下庄严宣誓："我非常聪明，我潜力无穷。我要在老师的教导下守纪自律，勤奋好学，知书达礼，励志拼搏，谦逊宽容，诚信感恩，加强锻炼，全面发展，为成功人生做准备"；每周一升旗仪式全校宣誓："热爱祖国、追求真理；知荣明耻、诚于做人；自信乐观、勤奋进取；团结同学、孝敬亲人；以校为荣、恒于学问"；公开的活动前的宣誓，如考前 360、300、200、100、60、30 天动员大会、跑操、晚会、集会等。

宣誓是提醒，生命需要不断的提醒；宣誓是暗示——自我暗示会生成生命的激情；宣誓是强化，强化会使意志坚韧；宣誓是承诺，承诺会产生自我约束力；宣誓就是宣泄，宣泄情绪就能轻装上阵。

（3）国旗下的讲话，搭建师生"民主沟通"之桥，以优秀的榜样激发信心。每周一早晨，学校通过升国旗仪式、国旗下的讲话和优秀生代表发言等系列活动，与学生沟通，激发学生自信的力量。国旗下的讲话，主要有学校领导发言、优秀学生代表发言、主持人点评、温馨提示等流程。

学校领导国旗下的讲话，搭建师生"民主对话"的桥梁，消除误解和隔阂。校领导对学校的发展现状，以及学生在校长信箱中所提的问题一一作答，尤其是关于建校进度慢、供电及供水不稳定等敏感问题，校领导均给予及时答复。

优秀学生代表的发言，张扬榜样的力量。每周的优秀学生代表在国旗下分享自己的学习经验，展示自己的个人才华和独特风采，以良好的学习成绩、思想品德和行为习惯给全校的学生以榜样的示范作用。

庄严的升旗仪式成为师生之间沟通的桥梁，国旗下的讲话成为激发学生信心的契机。通过国旗下的讲话，学生参与到学校的管理和发展中来，疏导了学生因生活和学习的困扰所产生的不良情绪，让学生充分获得自我认同感，学会尊重和理解老师。同时，优秀学生代表的榜样示范作用，激励学生不断进取。通过这个活动，让学生对学校的未来充满信心，对自身学习也有目标规划。

（4）表彰大会激信心。学校每学期开展形式多元、内容多样、覆盖面广、独具特色的表彰大会，集体表彰与个体表彰相结合，综合评价与单项评价相结合，规定动作与自选动作相结合，传统项目与创新项目相结合，如设置"文明班级""每周之星""优秀演员""作业标兵""最佳球员""卫生先进个人""最佳辩手""语言文明标兵"等各种奖项，让每一名学生都受到认可和表彰是开展这一活动的基本要求。

通过各种各样的表彰活动，学生展现了自己的才能，了解自身的价值，找到自身的优势和特长，这对于形成理想、增强自信心、激励进取心，起到重要的推动作用。

（5）心理宣泄活动促信心。心理宣泄理论认为，人的需要、动机、本能、行为等受到挫折后会产生消极情绪，给人造成心理压力，如果不能及时排解，心理压力就会转化为行为的反向动力，使人出现反常行为，如侵犯与攻击他人。我校定期举办相关的宣泄活动，让学生的学习和生活的压力得以宣泄，从而"轻装上阵"。

2. 学生自主管理，张扬个性展信心

由于我校学生生源构成的复杂性，我们决定利用学生自身的特长，在学校规章制度允许的范围内，给他们充分的自主发挥空间，让学生做自己喜欢做的事，获得自我认同，获得快乐和自信。

（1）社团活动树信心。在遵循学校规范、纪律允许的范围内，学生社团采取自主申请、自我管理、自筹经费、自请教练、自娱自乐、自我发展的管理模式，让学生根据自身的兴趣爱好，自发组建社团，在各种各样的社团活动中，学生的特长得到了充分展示，找到了可用武之地，信心倍增。

（2）成立学生会、学生自治委员会自主管理练信心。在学习区，以学生会为领导，班干部为成员，以班级为单位，由学生干部来管理学校日常的考勤、课堂纪律、晚自修纪律等相关事宜；在宿舍区成立了学生自治委员会，由他们来管理宿舍迟到、晚睡等相关纪律。

（3）学生自主管理的其他活动，比如全员投票的学生评优评先活动、观看典型视频活动、左衣右裤学生自查活动、案例分享活动、主题设计活动、体艺文化节等等，通过这些活动，充分发扬学生的主观能动性，促使其进行自主管理，增进信心。

四、专业的教师队伍培育，巩固信心教育

为解答教师们对于教育教学的困惑，激发教师的工作激情和信心，学校推行多种教师培训方式，培养专业教师队伍，筑牢信心教育基地。

首先，通过大会宣传、开设信心教育专题讲座、组织信心教育学术研讨会、举办班主任德育培训、举行信心教育示范班会、定期进行同行信心教育经验分享等多种活动，积极开展信心教育理念的学习和宣传。

其次，以"请进来、走出去"的学习形式，积极与教育教学比较先进的兄弟学校进行交流学习，快速提升教师教育教学的素养和水平。

最后，通过日常的级组老师会、班主任工作会议、德育工作例会等，加强老师们对信心教育理念的理解，熟练掌握信心教育的方法，对信心教育中存在的问题，及时提出及时解决，并根据具体情况不断改进，不断总结经验和改进教育方法，最终达到教育目的。

五、开展"信心教育"成果之分享

（一）信心教育的实施让学生茁壮成长，让阳光洒到了每个学生的心中，让自信的种子发芽

首先，学生学习成绩优异，在高考中不断取得突破性的进展，奠定了学生的自信之基。在信心教育的引领下，我校教育教学质量不断提升，学生个人成绩突出、学校总体成绩多年名列肇庆市前茅。

自实施信心教育以来，有两位学生荣登肇庆市高考理科榜首，80%的高要区高考第一名被我校学生夺取；12 年间共有 1.7 万多名学生进入高等学府深造，10 人上清华北大投档线，8 人被清华北大录取，打破了高要区没有考生考入清华北大的历史。

其次，学生文化修养、思想品德素养、团队协作能力、自我管理水平不断提升，为学生走向社会、建设祖国，树立了强大的自信。自实施信心教育以来，我校坚持特别的"待优生"观念，"不放弃任何一个学生"，通过一系列的教育方案，全方位地提升了学生的科学文化水平、思想道德修养、团队协作和自我管理的水平。

最后，校风学风明显转变。学生常怀感恩之心，将自己的善意播撒给世界，如汶川地震全校师生捐款共 43 万多元；学生自我管理自我约束能力逐步加强，学生社团活动搞得如火如荼，学校社团现有 78 个，参加社团的学生达 2800 多人，学生会和学生自治委员会，将学生的学习和生活管理得井井有条。

（二）信心教育的实施，让教师转变了教学观念，增进了教学水平，激发了教学热情

首先，教师转变了以往的传统教育理念。通过参与学校组织的各种信心教育的学习活动和实践活动，广大教师对信心教育理念有了更加深入的理解，德育教育的技能和水平有了巨大的提升。教育观念由过去那种偏重"以分论英雄"的传统教育理念，转变为承认学生个体的差异性，认为每个学生都潜力无穷的教育理念。在教育教学中用爱心、耐心、责任心去呵护每个孩子的成长。

其次，教师的教育专业水平快速提高，拓宽了教育教学的视野，收获了丰厚的教学成果，找到了教育教学的"乐趣"。

通过"走出去，请进来"的教育教学交流模式，教师不断与同行交流，接触前沿的教学方法和教育管理方式。各任课教师的学科教学水平得到了快速成长，班主任的育人管理水平逐步走向成熟。老师们积累了丰富的教育教学经验，并形成了科研成果。学校政教处将班主任的德育论文和成功教育案例编写为校本教材，目前已有 11 本《优秀德育论文集》、9 本《成功教育案例》。

教师作为信心教育的授教主体，不仅是信心教育的落实者，也成为信心教育的受益者；不仅在学生心中播洒阳光，也给自己的工作和生活，培育了信心的"芽苗"。

（三）信心教育的实施，让学校快速发展，构建了自身的学校风格，成为地区具有代表性的中学

首先，学校的教育管理模式彰显自身学校的特质。学校以教学为中心，把德育放在首位，有效地解决了"两张皮"的问题，实现了从普通面上的中学到肇庆市重点中学的转变，实现了招生从"门可罗雀"至"门庭若市"的转变，实现了从"片面追求升学率"向"实现绿色升学率"的转变，实现了从"保姆式管理"向"学生自主管理"的转

变，实现了从"以堵为主以导为辅"向"以导为主以堵为辅"的德育思路的转变。

其次，学校的办学成绩获得家长、社会的认可和上级组织的表彰。高要二中越来越成为高要学子求学的首要选择学校，家长对学校的管理和教育越来越放心。我校"信心教育"的实施试点，被评为广东省德育创新奖一等奖；《教育文摘》《新课程报》《人民教师》《中华儿女》《广东教育》《21世纪校长》《高要》及凤凰网等多家媒体都报道了信心教育的成果。2011年7月21日，广东省关工委主任张帼英同志到我校调研时指出，如果所有的学校都办成高要二中那样，孩子们读书就放心了。

最后，信心之花已绽放在校园的每一个角落，为高要二中赢得了良好的社会声誉。2010—2016年，学校分别接待了美国田纳西州纳什维尔市的校长考察团（三批）、青海省校长学习培训班、第一第二第三批广东省名校长培训班学员、香港狮子会、华师附中、顺德一中、南海中学、东莞长平中学、广州市玉岩中学、广州四中等100多所知名学校共5000多人次到我校交流学习。

（四）信心教育具有可迁移性，体现了其强大的生命力

因工作需要，2017年8月，我调入另一所比高要二中还要薄弱的学校担任校长，以"立德树人"为核心，根据新任职学校的校情，我提出了"没有差生、只有差异；适性扬才、多元发展"的办学理念和"行为习惯好、道德品质好、理想信念好"的育人目标，开始初步实施信心教育；坚持强化队伍建设，努力提升教师的专业化水平，校风教风学风明显好转，教育效果明显提升。高考本科上线率从43%提升到了55%。

"让每个孩子自信阳光"的信心教育是我在多年的教育教学实践中，结合自身的教育经历和校领导班子、一线教师以及各个岗位的职工一起创造的教育理念。我们在特殊的教育环境中，坚持教育者的初心，

勤勤恳恳、踏踏实实地做好中学的教育教学工作，无论处于什么样的岗位，我们始终坚持教育者的职业道德，不放弃每一位孩子，用爱的教育将阳光洒进每个孩子的心田，孕育信心之花。

自信助飞梦想！在"二中没有差生，二中潜力无穷"的信心教育理念的引领下，二中人正朝着"自信自强、至善至德"的育人目标努力前行，力争创办"广东省富有特色的一流名校"。

一主多元，聿怀多福

——广东省国家级示范性普通高中内涵发展的办学思考

汕头市聿怀中学　　邱文荣

办学思想的提出、关注、热议由来已久，虽然其内涵的阐释尚无定论，可是作为教育理念的一个重要概念，其对于学校本身及其内部所有成员的生存和发展而言，具有重要的作用。结合现有的各方专家对办学思想的理解和阐释，本人认为，办学思想应该顺应当前国家教育发展趋势，结合学校自身发展背景和现状，以学校所有成员的生存与发展为根本目的，由学校所有成员集体创建并体现学校的价值体系与独特文化。这种办学思想的智慧虽来自学校所有成员的参与与贡献，可是校长在其中扮演着引领者和决策者的角色。

办学思想的作用就在于让校长具有自觉性和目的性的个体行为引领、促发学校具有自觉性和目的性的整体行为。由此观之，校长办学思想的形成和变化，对整个学校的发展起着至关重要的作用。有鉴于此，作为一所广东省国家级示范性普通高中的校长，本人深感责任重大：学校从弱变强，从强变大，发展至目前的格局，还能走向何方？在漫漫教育征途上，本人不断求索，思考如何促进学校的内涵发展，逐渐凝练成具有聿怀特色的新时代的办学思想。

一、追溯历史，传承先人之志

1. "聿怀"的出处

聿怀中学（以下简称"聿怀"）作为一所迄今已有 142 年悠久历史的百年老校，文化积淀深厚。学校创办于 1877 年，最初是英国基督教长老会创办的教会学校，开办时位于汕头市老市区。创始人英国传教士汲约翰先生在为学校命名时，在《诗·大雅·大明》中看到"惟此文王，小心翼翼，昭事上帝，聿怀多福"的语句，出于对"上帝"一词的敬畏，便以"聿怀"为校名，希望这所学校让更多的汕头人"回到天家上帝的怀抱中"。而巧合的是，这句话的真正意思，正是警示人们要笃念慎行，胸怀宽广，招来无限幸福。这正与后来聿怀的发展不谋而合。

2. 聿怀的变革

清末民初，由于政局动荡多变，学校几经迁徙、合并、重建，1929年秋，由陈泽霖校长重整旗鼓，1934 年奉准变为普通高级中学。在1937 年全面抗战爆发之时，聿怀中学在陈泽霖校长带领下，内迁揭西五经富镇。当时虽处穷乡僻壤，生活艰辛，但全体师生的教育之志、求学信念始终不渝。可以说，那段时期所有人的工作、求学和生活经历，为日后学校的校风、校训的形成奠定了坚实的基础！1945 年，学校迁回汕头，聿怀人一直以坚毅卓绝、无畏无惧的气概坚持办学。

1953 年，由于历史、政治、现实的种种原因，聿怀更名为"汕头市第三中学"。为重唤昔日学校的优良传统和社会各界对学校的支持，也为唤醒校友对母校的怀念之情，从而扩大社会影响力，1985 年，历任校长开会表决一致赞同恢复校名，同年，汕头市政府下文同意恢复聿怀校名。自此，聿怀中学翻开了新的一页。

3. 聿怀的中兴

恢复校名后，学校先后在杨子权、郑林坤、吴海洋等校长的带领下乘势而上。对内，一心一意抓教学，把聿怀的教育教学发展放在头等重要的地位；对外，广泛联络海内外校友，得袁经纶、陈有汉等诸位校友的热心资助，先后建成多幢学校楼舍，现代化设备设施等亦日趋完备，建成为汕头市第一所实现新"三机一幕"进每一间课室、办公室的学校，信息化特色显著。聿怀中学现已成为各学子梦寐以求的理想学府。

4. 聿怀的发展

1994年，聿怀被评为省一级学校，从此走上发展的快车道。2002年，因国家政策的变化以及学校规模化发展的需要，学校实施初、高中分离，与企业合作创办聿怀初级中学。聿怀先后获得了全国现代教育技术实验学校、广东省国家级示范性普通高级中学等荣誉称号。

2009年，在市、区政府领导的支持下，聿怀规模进一步扩大，创立了聿怀中学海滨校区，每个年级由原来的10个班变成了20个班，逐步实现高一高二在海滨校区、高三在外马校区的分校区教学管理模式。2012年，实现第二次校企合作，创办了聿怀实验学校。至此，聿怀发展为以聿怀中学两校区为主，包含聿怀初级中学、聿怀实验中学在内的多校区教育共同体，名师荟萃，学生近万人，成为名副其实的"大聿怀"，实现了"做强做大"的发展格局。

（1）聿怀的办学优势

聿怀中学作为广东省国家级示范性普通高中、全国现代教育技术实验学校、广东省中小学心理健康教育示范学校、广东省教师继续教育校本培训示范学校，以其悠久的历史、良好的校风、优质的办学品质在汕头市、粤东地区乃至全省及海内外，赢得了良好的口碑。学校确立"端毅诚爱"的学校文化、"严谨、高效、活力、多元"的教学理念，以"精细致远，勤勉拓新"为办学特色，构成了独特而成熟的学校文化。

在这套学校文化的良性循环之下，我校不断地吸纳、培养一批又一批优秀教师和学子。外马校区和海滨校区共有 60 个教学班，3600 余名学生。现有教职工 320 余人，专任教师 266 人（含校级领导），特级教师 4 人，高级教师 62 人，中级教师 105 人，其中 30 岁以下教师 97 人，占 36.5%；30~50 岁教师 150 人，占 56.4%；50 岁以上教师 19 人，占 7.1%，平均年龄 35 岁。

为适应教育现代化的要求，教师学历水平也有所提高，除本科学历外，截至今年，我校先后共招得研究生 15 人，占全校师资力量的 5.6%。今年的招聘要求更是以硕士研究生为最低门槛，共招得包括 1 名博士生在内的 6 名研究生。多数教师专业知识扎实、工作责任心强，基本形成了校级教坛新秀、骨干教师、区学科带头人、市级名师的教师队伍梯队。学校先后有多位老师获得全国优秀教师、南粤优秀教师、省劳动模范、汕头市名教师、汕头市优秀教师、汕头市优秀班主任、汕头市教学教研先进个人等荣誉称号。不管是从学历的高度还是从学科专业的深度，我校的师资力量都为学生的全面发展、高考成绩的屡创新高提供了强有力的保障。近几年，我校高考本科率一直维持在 90% 以上，一批录取人数不断递增，从 2014 年至 2017 年连续四年突破 300 人大关；2016 年高考，一批人数 338 人，本科率达 95%，总上线率 100%，更有不少学生考上了清华、北大、人民大学、上海交通大学等名校。学校先后成为同济大学、天津大学等 20 所国内知名高校的优质生源基地，为我校带来了极高的社会影响力。

（2）聿怀面临的挑战

正是因为聿怀曾经创造了辉煌的成绩，在社会上享有良好的声誉，在发挥优势、看到进步的同时，本人更关注聿怀发展中依然存在的历史问题以及在新的时代背景下可能面临的困难。这些都不断提醒我思考在日趋激烈的竞争中，走出更符合时代发展需求的强校之路。

二、"一主多元，聿怀多福"的办学思想

办学思想的提炼需要立足聿怀发展史这一基础，将聿怀过去的发展足迹与未来的发展规划都包含其中。此外，随着时代的发展和人民生活水平的不断提高，广大群众对优质教育的需求不断扩大，热情持续高涨，这对整个教育事业提出了新的、更高的要求。聿怀中学作为汕头市屈指可数的百年老校、汕头教育的一面旗帜，更加需要站在新的高度上，结合学校的实际情况与学生的发展特征，提出具有聿怀特色的办学思想。"一主多元，聿怀多福"办学思想的提出，顺应了学校历史与社会时代的双重要求。

一所学校的发展必然是以师生的发展为目标，而师生的发展又必然推动学校的发展。"一主多元"的发展思想从学校层面讲，在聿怀的教育共同体发展中，聿怀中学始终是聿怀初级中学、聿怀实验中学的主体。不论是聿怀初级中学还是聿怀实验中学，都借力于聿怀中学的品牌效应和师资力量，与聿怀中学休戚与共。因此，只有聿怀中学保持旺盛的发展潜力，才能使这个教育共同体长远稳健地走下去。

当学校在规模扩大后如何实现内涵发展，让百年老校焕发新的能量，新的活力，让聿怀实现新的跨越式发展，这是本人自 2011 年回聿怀任校长以来，一直思考的问题。为更好地适应发展新形势，解决新问题，本人一直致力于学校的多元化发展。

"一主多元"的发展理念基于一个目标，即让聿怀体系的学校实现内涵发展，让聿怀师生在工作与学习中获得更多幸福的体验，提升幸福感，收获幸福的生活。在学校普遍重视学生成绩、关注高考升学率的前提下，本人作为学校的领导者、管理者，还必须清醒地认识到学生的发展不仅只局限于成绩，学生的成绩不只归功于努力读书，学校发展的生命力不应只来源于高考成绩，更重要的是应该来自师资力量的雄厚，应该来自教师队伍的茁壮成长，来自教师本人的自我增值，来自学生综合

素质的全面发展。只有这样，才能让学校、学生、教师真正共同发展，形成良性的互动，在新的社会形势和人才需求中立于不败之地。而本人的作用，则在于为他们创设平台和提供机会，让教师、学生都有机会展示自我、成就自我，继而成就学校的未来。

1. 以聿怀校训与聿怀精神为主线，不断丰富聿怀文化

多年来，学校以"端毅诚爱"为校训、以"天行惟健，君子惟醇"为精神、以"严谨、高效、活力、多元"为教学理念，以"精细致远，勤勉拓新"为办学特色，构成了独特而成熟的学校文化。近几年，在聿怀的主体文化基础上，本人逐步凝结出"人品教育""精细教育""私人定制教育""榜样教育"这一套新的教育理念并付诸实践，成为聿怀中学在新时代衍生的新文化。

（1）人品教育

"人品教育"是本人结合聿怀校训、聿怀精神以及聿怀沉淀的文化而凝练出的。"学生人品好，成绩自然好；教师人品好，人气自然好"，我们提倡人品好是教育学生的第一要务，强调学会做人，才能学会做事和学习。聿怀之所以能培养出一代又一代德才兼备的国之栋梁，正是因为聿怀百年来注重师生人品教育。而我国核潜艇之父黄旭华院士、地质学家杨遵仪院士、病虫害防治专家郭予元院士、地理专家郑度院士、隔震减震控制专家周福霖院士、电机专家饶芳权院士等德高望重的聿怀著名校友都是聿怀人品教育发展的见证者。

（2）精细教育

"精细教育"是聿怀中学一贯有之的教学、管理传统。"精细"的意义本在于让学校的工作更加高效有序，立足于为学生提供更优质的教学服务，而这一切又与老师们的专业知识和职业操守密切相关。精细之于学生，是教会他们专注、严谨、坚毅的求学态度；之于教师，则是深厚的专业基础、扎实的教学基本功和有教无类的师德情操。因此，聿怀中学着重师生"工匠精神"的培养，全面推进校园精细化管理。

（3）私人定制教育

"私人定制教育"是指结合广东省新高考方案，聿怀落实"三年一盘棋"的思想，根据学生的具体特点，高一开设多样化校本课程，侧重学生个性化发展；高二借助科技创新大赛、创客比赛等活动，培养学生的动手实践能力；高三专注学业发展，全力巩固强化学生知识，以提高学生成绩为根本目的。学校增设"学业规划"，实现包括课程设置、走班形式、选课指导在内的"私人定制"。这样的教学改变，既顺应了当下的高考改革，同时也更有利于对学生进行因材施教，结合不同学生的个性特点，启发学生个性发展。

（4）榜样教育

"榜样教育"是指通过树立、宣传正面先进人物的优秀品质来达到一种熏陶和重塑精神世界的教育手段。本人提出的榜样教育，一方面在于充分利用学校杰出校友的资源，如"中国核潜艇之父"黄旭华、经济学家萧灼基、熊猫专家潘文石、新闻家方汉奇、教育家邹剑秋等。通过打造充满正能量的青年学生榜样，编写校本教材《聿怀人》《叙事聿怀》《从聿怀走向世界——"叙事聿怀"之黄旭华专辑》，让学生和老师在共同感受校友成功经验的同时，体会他们的人格魅力，明确自己的人生方向，树立自己的人生理想。另一方面，作为校园文化的重要建设力量，老师的榜样力量同样不容忽视。学校之所以能孕育出如同黄旭华院士这般全国道德楷模，正在于聿怀同时拥有着一批批最可爱的老师们。他们心系学生，循循善诱、孜孜不倦，大爱无私的品质，不仅是学生成长航道上引领前路的清流，也是后辈教师学习效仿的楷模。正因为有无数这样无私奉献的教师群体以及懂得感恩母校、乐于回报社会的校友，聿怀才能培育出在社会各行各业中甘于奉献的众多佼佼者。因此，为树立典型，弘扬"聿怀"精神，自 2018 学年度起，本人每学年均组织"榜样教师"评选活动，用榜样的力量引领所有的教师立足本职、锐意创新，营造人人创先进、争优秀的良好氛围。

2. 以聿怀中学为主体，不断扩大办学格局

在办学模式的创新上，增加国际课程，为学生出国学习奠定基础；在聿怀教育共同体基础上扩大规模，发展为教育集团，吸纳另外四所具有办学特色的学校：第四中学、飞厦中学、外马路第四小学和龙眼小学，贯通小学至高中的创新人才培养模式；与高校合作，建立联盟合作关系，实现教育资源共享。多元的办学模式，为师生提供了丰富的教育共享资源。

（1）国际化教育

聿怀勇于尝试国际化教育之路，于 2013 年迈出粤东地区国际化教育的第一步，试行开办英国 A-level 国际高中汕头聿怀教学部。2014 年 3 月，正式成立"爱德思 A-level 学术中心"，成为潮汕地区首家 A-Level 学术水平测试点。首批学生 27 人全部被世界知名院校录取，其中 6 人被世界排名前 50 的大学录取：赖沛欣被世界排名第 7 的伦敦大学录取，李艾津被世界排名第 21 的伦敦国王学院录取，郑琳被世界排名第 28 的加州大学录取，陈婷婷被世界排名第 29 的曼彻斯特大学录取，赵宏彬被世界排名第 37 的伦敦大学政治经济学院录取，陈祉彤被世界排名第 46 的悉尼大学录取。

（2）成立聿怀中学教育集团

自 2017 年开始筹备，于 2019 年 5 月正式成立聿怀中学教育集团。集团的核心学校为聿怀中学，成员校分别是第四中学、飞厦中学、外马路第四小学、龙眼小学。聿怀中学教育集团以集团化办学模式，在小学、初中、高中实行循序渐进、螺旋上升的十二年一贯制贯通培养，形成全员全程全方位育人的强大合力。同时，集团内各校互鉴办学经验，共商共建，共享教育教学资源，实现互进互惠，共同发展的办学格局。

聿怀中学教育集团以"班级衔接""课题衔接""教学教研衔接""课程衔接"四大衔接为主抓手，实现集团内贯通培养。根据集团内各个学校的办学特色与育人模式，以培养和提升学生核心素养为目标，开

发小初高特色课程体系，重点培养学生"品德素养""科学素养"与"特长素养"，探索构建学科基础课程、主题拓展课程、跨学科创新课程和开放研学课程为一体的课程体系建设，为各学段学生提供更多的学习选择和自主发展空间，为学生个体的潜能发展提供广阔平台。

（3）高校联盟校

我校努力与高校建立合作关系。我校现与20所国内知名高校签订协议，成为高校的优质生源基地。以此为契机，依托大学的科研平台、科研优势和师资力量，我校进一步加强学校在青少年科技创新方面的培养力度，继续开展研究性学习、科技综合实践活动，并通过"走出去、请进来"相结合的方式，让高校不同专业的教授开讲"聿怀大讲堂"，向学生介绍前沿科学知识，让学生到大学参与各项学术活动，提升学生的科学素养，培养学生自主探究、自主学习的能力，提升学生的创造力和科研能力，全面提升学生综合素质。

3. 以特色课程为主题，不断推动学生多元发展

我们要求学生能掌握一门主要的技能，再多元发展潜能，成为综合素质强、实践能力强、有国际视野的新时代人才。学校努力为学生的"一主多元"发展提供舞台，让学生在丰富的课程中、活动中发挥潜能，找到最适合自己的舞台，展现最美好的自我。

（1）丰富的校本课程

在一个呼唤素质教育的时代，只有适应学校发展、适应学生发展的特色教育才能真正激发学生的潜能。"特色教育"是指具有各校个性特点的、有别于其他学校的教育，它体现各校的文化、办学理念、办学宗旨，它反映各校的管理模式、评价系统、育人方式，当它培养的人才在走上社会时呈现的个性特征让人自然联想到他的母校时，就说明他的母校教育是富有特色的。特色教育培养出"特别的群体"，"特别的群体"凝聚特色教育印记，素质教育培养的是综合素质高而又具有特别才能的人才。因此，衡量一所学校的发展力，除了升学率，更重要的是学校的

办学特色。培养什么样的人才，这将成为广大家长选择学校的最终目的。追求升学率是短期效应，追求特殊气质与才能的打造才是教育可持续发展的实力。

而校本课程则是特色教育的最好体现形式。校本课程是结合学校办学理念，根据学生特点设立的特色课程，能提升学校品位，增长发展空间，能让学校更有生命力，更有发展前景，具备实现尖端发展的实力与冲劲；在使学生掌握国家课程规定的基础知识、基本技能的同时，引导学生在众多校本课程选择中得到个性发展的及时补偿，在选择中培养学生认识自我、反思自我、完善自我的能力。学生通过自主选择开发个体发展的多元潜能，更好塑造健全的人格，学会学习，学会生存，学会生活，从而获得陪伴一生的发展能力。

校本课程的开发开展，是实施素质教育对学校提出的必然要求，是学校充分利用现有教学资源和办学优势，积极参与国家创新工程，贯彻落实国家教育方针，培养和造就"创造新世纪的人"，打造优质办学特色学校的一项基本建设。开发校本课程，对丰富校园文化，建设更具发展力的粤东国家级示范性普通高中，提高校园内涵发展软实力具有关键作用。经过两年的酝酿，教研室、教务处、学生处联合开发出"端毅诚爱，一主多元"提升发展力课程体系（图1）。

①课程设置理念

培养出端方正直、刚毅果敢、磊然诚实、仁爱儒善的聿怀人，让学生能掌握一门主要的技能，多元发展潜能，成为综合素质强、实践能力强、有国际视野的新时代人才。

②课程设置定为两个领域

学习发展力与生活发展力，学习发展力领域下设国家课程、国际EAP课程、贤雅课程；生活发展力领域下设研究性学习、综合实践、社区志愿服务、端毅人生课程、诚爱素养课程。

国家课程：高一至高三的必修课，按照教育部规定的高中生必修的课程。

163

学习发展力　　　　　　生活发展力

国家课程（必修）　国际EAP课程（选修）　贤雅课程（选修）　国家课程之研究性学习（必修）　综合实践（必修）　社区志愿服务（必修）　端毅人生课程　诚爱素养课程（选修）

国家课程（必修）	国际EAP课程（选修）	贤雅课程（选修）	国家课程之研究性学习（必修）	综合实践（必修）	社区志愿服务（必修）	端毅人生课程	诚爱素养课程（选修）
语文	雅思课程	台湾文学	语文	野外寻踪	小小交通员	高中生涯规划（高一必修）	美仪课程
数学	海外课堂	魔方汉字	数学	北标窥日	创文小卫士	端毅体操课程（高一必修）	美心课程
英语	学术演讲	趣味经济学	英语	……	社区志愿者	院士大讲堂(高三必修)	美育课程
……	学术英语	欧美歌曲赏析				叙事津怀	美艺课程
	海外采风	璀璨星空					美体课程
	模拟联合国	玩转课堂实验					美技课程
		……					

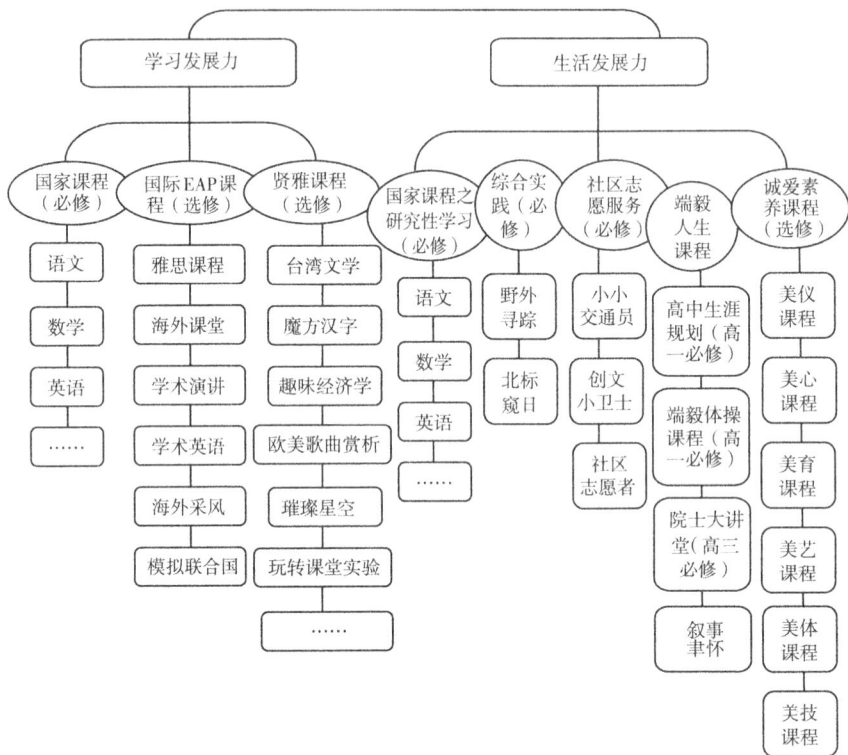

图1　校本课程体系框架图

国际 EAP 课程：高一至高三的选修课，EAP 的全称是 English for Academic Purposes（"学术英语"）。在国际上，EAP 学术英语课程是为希望提高学术英语高级技能、更快适应大学学习的高中学生而设计的。我们设计这门课程并将其作为校本英语课程是为了进一步拓展学生知识面，增强高中英语的实用性和学术性，同时帮助学生使用英语这门工具提升国际视野。其共设五门课程，即雅思课程、海外课堂（邀请外籍教师通过网络连线进行室外情境的有趣教学）、学术演讲（训练英语演讲技能）、学术英语（学习数学物理等理科基础知识）、海外采风（假期国外社会实践）和模拟联合国。

贤雅课程：高一至高三的选修课，根据我校培养学生的目标而设置，我校学生宿舍大楼命名为"景贤楼"（已建）和"崇雅楼"（待建），希望学生见贤思齐，景仰圣贤，拥有贤和温雅的气质。此课程是与各基础学科相关的知识类拓展课程。

研究性学习、综合实践、社区志愿服务：研究性学习是国家课程标准规定开设的课程，是高一至高三的必修课；综合实践是高一、高二必修课，包含一些到野外探究的课程，如地理社的"野外寻踪"、夏至到北回归线标志塔考察的"北标窥日"；社区志愿服务是高一、高二必修课，包含到马路上当交通员、当创文小卫士和社区志愿者。三种课程都是带领学生走进社会进行调查、采访、服务、实践的课程，课程的目的是提升学生的沟通力、服务力、实践力，让学生了解社会，关爱他人，学会承担社会责任。

端毅人生课程：包含"高中生涯规划"，专门为高一学生开设的必修课程；"端毅体操"为高一新生必练的体操；"院士大讲堂"为高三必修课，邀请我校校友中的院士莅校开设励志讲座；"叙事聿怀"则为知名校友的经历介绍或讲座，为高一至高三的选修课。

诚爱素养课程：高一、高二的选修课，设置美仪课程、美心课程、美艺课程、美育课程、美体课程、美技课程等多种艺术类社团课程。

③校本课程实施方法

面向高一至高三年级全体学生，实行"1+1"的选课原则（一门必修、一门选修），即每位学生在完成国家课程之余必须选择至少两门校本课程，必修与选修相互搭配，如学生可在"研究性学习""综合实践""社区志愿服务"这些必修课程中选择一门，另外再选修一至两门选修课；每位学生选报课程原则上不超过三门校本课程。每学期每课程根据实际情况设置8~12课时。

我校高一高二年级先后尝试开展校本课程，经过多名教师一年多的努力，我校开设了25门校本课程，其中语文组的林闻桩老师开发的"魔方汉字"课程及编写的同名教材更是获得广东省中小学特色读物评选三等奖的好成绩。另外还有其他科组校本课程教材正在经由教研室收集资料整理编辑成书，务求使我校的校本课程建设项目走向更完善和成熟的道路。

（2）多彩的社团生活

德育与智育对中学生成长至关重要，除了可提高学生的科学文化知识水平，培养学生的综合素质也不容忽视。良好的社团活动与学生学习是相辅相成的。学生社团是文化立校的重要载体，它是道德实践、人格培养、创新能力体现的呈现途径，是学校连接社会、课堂连接生活、知识转化能力的桥梁。我校学生社团在汕头市校园文化建设中久负盛名。学校现有30多个学生社团，涉及学科型、服务型、才艺型、运动型等多类。其中，学科型社团有文学社、数学社、英语社、汉学社、天文社、模拟联合国等；才艺型社团有炫指社、纸艺社、话剧社、音乐社等；服务型社团有学生电视台、学生红十字会、广播站、心理club等；运动型社团有篮球社、乒乓球社等。

随着社团活动的不断开展和经验的不断积累，其逐步成为学校最成熟的特色教育。除了日常的社团活动，学校每年都会举办各种主题社团节和艺术创造节，给学生提供展示自我的平台。如学生处组织开展的"聿见最美的你"社团节和艺术创造节活动，并邀请家长参与其中，加强家校联系，促进"家校情"的友好发展。组织学生参与"聿怀成语大会"，领略成语的魅力，感受中华文化的博大精深，提升学生综合素养。艺术节开放日当天，分别以班级和社团为单位，开设有"家校风·创意摊"民俗一条街、"家校味道"美食制作比赛、聿怀灯谜、指尖上的聿怀、研究性学习展板展示、"笔墨书香"现场书法展示、"发现聿怀之美"主题摄影比赛展示等活动，培养学生逻辑思维能力、动手能力、艺术创造能力等。

除了校内的活动精彩纷呈，各社团还积极参加各级别的中学生比赛，屡获佳绩。以去年为例，曾晓婷、刘金宏、吴玟洲三名同学获汕头市首届中小学生灯谜大赛二等奖；陈家荣同学参加"开信杯"第十二届广东省中小学生天文奥林匹克竞赛获高年组二等奖、梁碧婷获高年组三等奖；黄思涵、陈泽、庄洮阳、卢晓纯四位同学获第三届广东省科普剧大赛表演赛学校组二等奖。

在全校师生的共同努力下，我校学生社团活动已日益品牌化。如2014年我校荣获市优秀社团组织单位，2014年社团节活动荣获汕头市优秀社团系列活动，心理club荣获汕头市优秀学生社团，嘻哈社街舞节目荣获汕头市社团汇演优秀节目，《笔目鱼》文学社的校刊在每年的全市中学生文学研讨会上都大放异彩，我校的模拟联合国社团也在全市中学中占有一席之地。

社团活动的蓬勃发展，不仅为学生搭建了更多展示自我的平台，更成就了我校特色教育的发展。社团活动的特色教育就是我校的第二张名片，在每年的初高中招生工作中都承担了重要的作用。可以说社团活动的开展，既活跃了校园，又为我校带来了更多的优质生源，为我校的可持续发展带来了强大的活力。

（3）科创项目的探究

科创项目的探究，主要指我校研究性学习和青少年科技创新项目的蓬勃开展。研究性学习是国家教育部颁布的《全日制普通高级中学课程计划（试验修订稿）》中综合实践活动板块的一项内容。研究性学习与社会实践、劳动技术教育、社区服务共同构成"综合实践活动"，作为必修课程列入《全日制普通高级中学课程计划（试验修订稿）》中。研究性学习的本质在于，让学生亲自感受知识产生与形成的过程，使学生具备独立思考的能力，最终让学生懂得"知识"的发现、"方法"的习得与"态度"的形成。而我校对研究性学习的重视，还在于其成果正是学生参加青少年科技创新大赛的基础。为确保研究性学习课程有效、有序实施，从2010年开始，学校每学年都由教研室主持、指导小组成员承担，分别针对高一全体教师、班主任、高一年级全体学生、课题组长进行系列培训，内容包括开展研究性学习的必要性，如何组建课题小组，如何选题、开题、证题、结题，以此提高师生对研究性学习的认识，提升课题研究能力。这些科技创新类项目的开展，一方面对培养学生的创新精神和实践能力，提高学生的科技素质，鼓励优秀人才的涌现有着重要的作用；另一方面也是在教师队伍中挖掘潜力人才的重要途径。在研究性学习的开展过程中，教师是学生进行研究性学习活动的组织者、参与者、促进者和指导者，在全程跟进研究性学习实施的各个阶段，教师需要不断学习，拓展知识面，才能胜任指导教师一职。

五年来学校研究性学习成绩斐然。学校获得区青少年科技创新大赛奖项共 94 项，获奖学生人数高达 300 多人；获得市科技创新大赛奖项共 76 项，省奖 16 项，国家级 2 项。学校连续 6 年获得"汕头市金平区青少年科技创新大赛优秀组织奖"；2014 年、2016 年获得"汕头市青少年科技创新大赛优秀组织奖""广东省青少年科技创新大赛优秀组织奖"。14 人次被评为市、区优秀科技辅导员，2 人被评为市青少年科技创新大赛优秀组织工作者。教师撰写的课例参加广东省综合实践活动课程优秀课例评比，每年均有 2 到 3 人获奖。因青少年科技活动成果显著，学校荣获"汕头市科技特色学校"荣誉称号、"广东省青少年科学教育特色学校"荣誉称号。

除了研究性学习和青少年科技创新大赛，学校还积极参与各类科创比赛。聿怀师生参加全国、省、市各级创新大赛和创客比赛，累计共获得国家级一、二、三等奖各 3 项，省级一、二、三等奖共 33 项，市级一、二、三等奖共 120 多项。2016 年 10 月，汕头市首次组织参加广东省科普剧大赛，我校和金山中学组队代表汕头市参赛，获得学校组二等奖和优秀辅导员奖的好成绩，剧本获得市科普剧剧本比赛一等奖。今年学校积极参加了广东省教育厅组织的首届教育创客比赛，我校有三个项目分别获得省一、二、三等奖的好成绩，特别是在今年暑假于香港举行的第三届青少年 STEM 国际创客挑战赛暨第二届青少年 STEM 知识竞赛中，聿怀中学的两个创客项目均获得二等奖的好名次，同时还揽下其他各类奖项共计 11 个大奖。

这些科技类项目的活动和比赛，一方面能为聿怀获得荣誉，另一方面也为学生和老师打开了另一扇门，开启了他们自我认知、探索和发现新大陆的旅程。科创项目的开展，既积极鼓励学生锻炼实践能力、思维能力，挖掘他们的潜能，让他们学会沟通交流与合作，另一方面也让教师形成新的发展思路，使他们明白，在课本教授之余，还应该拓宽眼界，不断提升科研工作的能力，全面提高自己的综合素质，与学生共同成长，才能带领学生走向更远的未来，也让自己的职业生涯更加多姿多彩。

4. 以校本课程为主导，提供教师发展平台

从教师的层面讲，老师首先要有扎实、厚实的专业能力，再发展为教育水平高、教学艺术强的新时代高素质人才：具备研究课题的科研能力，具备开发课程的钻研精神，具备担任学生社团指导老师的文体能力。学校努力为教师的"一主多元"发展提供平台，让教师在课堂、课题、课程等方面多元发展，更好地发挥个人的优势。其中，校本课程的实施带来的教师成长是最为显著的。

设置校本课程，鼓励老师踊跃开发与专业相关联的课程，自报课题，这对于教师的专业发展非常有意义。通过对校本课程的研发、开展、管理、完善，不仅可以促进教学资源的优化共享，提高师资专业化水平，还可以拓宽教师发展空间，带动学校师资队伍优化结构。在大环境的推动下，老师们会积极考虑自己的专业在哪个领域可以纵深发展，不再只为考试而授课。长期以来，教师的主要任务是讲授别人编写的教科书，教师的专业能力发挥受到很大的限制，校本课程的开发要求教师不仅会"教"书，还要会"编"书，教师在编书过程中提高了研究能力和创新能力，拓宽了专业的知识面和研究面。校本课程可以让专业教师的专业内功更深厚，走向"专、精、研"的发展道路，让教师增加专业方面的话语权，增加职业幸福感。

围绕我校特色教育的目标，我校组织开展了"精英教师专业发展"校本课程。

学校中的教师群体可分为未评或初评中级职称的青年教师（35 岁以下的教师）：群体特点是"经验不足，干劲十足"；评上中级职称及初评高级职称的中青年骨干教师（35 岁以上、45 岁以下的教师）：特点是"有一定教学经验，但不一定能形成个人教育理论"；多年高级职称并富有经验的老教师（45 岁以上的教师）：特点是"富有教学经验，但可能出现职业倦怠感"。

学校要做的就是创设平台，促使第一类教师群体快速成长，提升学校文化认同感，融入建设学校的队伍中。第二类教师群体大部分是学校的中坚力量，学校要为这批人创建包装机制，勇推名师、特级、高级教师，甚至可与教师签订"发展协约"，量身定制教师的成名模式，推出名师，激发他们冲破发展高原期，焕发新一轮教学热情。第三类教师群体走至人生中老年时期，生活稳定，事业稍有成就，容易出现职业倦怠感，容易满足现状，这时就要创设条件让这些老师承担传授新人的任务，实现薪火相传，智慧传承，为学校后续发展积累丰厚思想结晶。

开设校本课程，就是要让第一类教师群体在校本课程平台中促进专业迅速发展；第二类教师群体可在校本课程中提升发展空间，促进二次成长；第三类教师群体可消除职业倦怠感，激发教育生命的活力。因此，校本课程可为青年教师提供成长空间，为中青年骨干教师提供二次发展空间，为老教师激活奋进细胞。根据我校情况，"精英教师专业发展"校本课程可分三个二级课程。

（1）"一帮一"新教师成长校本课程

教学方面：设立"课例切片研究""同课异构分析""说课与磨课""听课与评课"等课程；

德育方面：设立"班主任策略研究""班级文化构建"等课程。

（2）"人本引领"骨干教师"二次发展"课程

目的是唤起骨干教师新的教学、研究热情，激发骨干教师的智慧与团队合作精神。

学科拓展团体合作课程：激发教师们将多年教学经验积淀成文字，

形成课程，比如语文的"创新阅读""写作序列"，数学的"解题思维与技巧"，英语的"写作课程""英语沙龙"，历史的"历史与人生"课程等。还有理科培优辅导班，如"物理精英""数学头脑风暴""魔力化学"等，在培优基础上，加上教师个人擅长的专业知识，拓宽教科书内容，为理科尖子开拓思维，开阔视野，这样的课程肯定大受学生欢迎。

个人开发课程：鼓励教师们自己开发课程，我校曾推出青年教师知识讲座活动，比如"周星驰电影的'无厘头'文化""数学悖论""日常生活的饮食误区"等，很受师生欢迎。我们将讲座拓展内容，形成系列专题，制作课程，在高一率先开展，利用周六下午开设，只要八个课时（每周两课时，四周可结束课程），这样教师的负担不会太大。教师提供课题，让学生自主选择，这样就能首开区中学选修课之先河，又不占用其他时间。教师只需完成八个课时的教案，整个课程思路清晰，目标明确就可。最后一个课时，让学生评价课题，不受学生欢迎之课程则淘汰，受欢迎的课程则保留。

教师们设立的课题不一定要紧扣课本知识，可以大胆创新，甚至可设置"历史说书""养生趣谈""歌词创作""人生规划""学生选科指导""专业选择指导""职业生涯指导"课程等吸引人的课程。

聿怀校本教辅：文科以阅读拓展为主，比如语文《类文阅读读本》，选取内容与课文相似风格的文章或作者的不同作品，一篇课文介绍两三篇类文，并尝试选取一篇类文进行重点阅读。理科以训练解题思路为主，比如分层练习、分类指导、多角度解题等，制作各年级辅导书，形成聿怀理科学习指导手册。

（3）"薪火相传"校本课程

这个课程是让富有经验的老教师们将教学经验与智慧传承给晚辈，可设"名师工作室""课题研发工作室""名师课堂""名师讲座"等。

这些课程的设立，关键是老师们要形成个人的课程理念、课程内容、课程目标。学校先形成一套完善的课程标准，老师们可依纲确定个人擅长的课程,学校也有了打造品牌的抓手。标准形成后制定三年规划,形成整体课程系统。

三、聿怀前景展望

"建设更具发展力的广东省国家级示范性高中"是我们的办学目标,"端毅诚爱"的校训、"正人、智思、笃行、精业"的办学理念、"精细致远,勤勉拓新"的办学特色、"严谨,高效,活力,多元"的教学理念、"养浩然之气,育自强之才"的育人特色……凡此种种,都是实现聿怀"一主多元,聿怀多福"办学思想的体现。当下正值国家经济快速发展、重视并鼓励各领域进行产业结构供给侧调整的时候,教育产业作为"科教兴国"的重要基础,越来越受重视,各省各市的教育积极力量都被广泛调动起来,这是作为百年老校的我们发展的机遇和挑战。我们要把握好这次全国教育改革的契机,在"一主多元,聿怀多福"办学思想的引领下,不断谋划学校发展的新蓝图,努力做到习总书记在十九大报告中所提出的,为大众提供更优质的教育服务,努力打造汕头教育乃至粤东教育的优质品牌,让聿怀这所百年老校走向新一个百年,走出另一段辉煌!

以"至爱教育"促进学生全面发展

台山一中　容晓文

教育新时代开启了以教育公平、育人为本、立德树人、优质发展、改革创新等为标志的各种改革实践，每个学校都充满教育的激情，洋溢着改革创新的活力，探索属于自己独特的办学思想和特色道路。台山一中对办学理念进行过长期的研究和探索，在继承学校优秀传统和现代教育思想之下，提出了"至爱教育"，即以爱为出发点，以学生的全面发展为归宿，让教育回归生命的本质，促进学校的和谐发展。

一、因爱而生：学校在爱的传承中发展

台山市是我国最大的侨乡，现有98万人口，旅居在海外的台山籍华侨华人超过160万人，享有"中国第一侨乡"的美誉。近代以来，台山籍华侨华人在国外亲身体验了西方的文明昌盛，深深体会到教育对社会发展的重要性。他们虽然身处异国他乡，却情系桑梓，纷纷回家乡捐资兴办教育及慈善公益事业，促进了家乡文化教育事业的发展与社会的进步。

台山一中是侨资捐赠最集中的学校，见证了台山籍华侨华人爱国爱乡的光辉历史。学校现址主体部分就是1926年由旅居加拿大的9000多台山籍华侨捐资24.9万元加币兴建的第一批校舍，共1.4万多平方米。随后，1932年旅居美国的台山籍华侨又捐美金24万元，于1936年建

成了图书馆及第一和第二学生宿舍。当时的旅加、旅美台山籍华侨大多从事底层苦力工作，每日收入大约为2美金，但他们却心甘情愿用自己的血汗收入捐建学校，这种至爱情怀奠定了学校发展的文化基础。此后近百年，华侨捐资办学一浪接一浪，仅改革开放以来，华侨华人、海内外校友、港澳同胞及各界贤达共捐资5000多万元，用于校舍建设、购置设备、设立奖教奖学基金，可以说学校现有的建筑及设备大都铭刻着华侨"捐资兴学，爱国爱乡"的精神。

台山一中以侨资办学特色在港澳、海外华侨界地位特殊，影响巨大。1926年，由中国著名教育家蔡元培先生题写"台山县立中学"校名。1936年由当时的国民政府主席林森亲自题写了"台山县立中学高中校舍"牌匾。周恩来总理1958年视察台山一中后曾评价："广东有个台山县，台山县有间台山一中，校舍宏伟漂亮，可以与集美中学媲美，到广东去的同志，争取到台山一中看看。"改革开放以来，我校先后请了廖承志、任仲夷、林若、叶选平、朱森林、李凌、雷洁琼等党政领导和著名人士为华侨华人及社会各界捐建的校舍题名。这体现了政府和学校对华侨华人兴学育才的爱心的充分肯定。学校每年拨出校舍维修费，教育师生爱护侨资校舍，以保证这些校舍历久常新，继续使用。学校第一批建筑虽然历经近百年的历史风尘，依然掩不住它美丽的风姿。

二、爱之文化：着力营造富有侨乡特色的至爱和谐校园文化

作为有悠久历史的著名侨校，华侨华人、海内外校友、港澳同胞捐建的建筑物林立，铭记他们贡献的石碑、铭文随处可见，近百年来社会各界著名人士为学校题写的碑铭也到处都有，这些都是前贤、今贤给台山一中留下的宝贵历史文化遗产；党和国家领导人的来访，前辈校友奋斗的历史，办学近百年师生"勤教勤学"的教风、学风，都使台山一中积淀了深厚的文化底蕴。

为凸显这些文化特征，学校探索构建具有侨乡特色的和谐校园文化新路子，即"以物质形态为导引，以文化、体育活动为载体，以至爱和谐校园文化建设为内核"，凸显台山一中的校园文化特色。

以物质形态为导引。首先重视办好校史、校友事迹、学校荣誉等展览，重视碑铭的保护与设置。每学年初都组织新生、新教师参观展览，游览学校各种碑铭、题词，利用各种机会讲解校史，以此引导师生体会台山一中先贤、今贤"爱护桑梓，振兴教育，兴邦强国"的精神内涵以及勤奋而成就人生的意志，感召师生形成"爱国爱校"及"五爱"（爱校园、爱校物、爱校誉、爱老师、爱同学）精神。其次，重视校园环境建设，优化育人氛围。我们努力把学校设计成一个"园林式"的校园，以达到感染、陶冶师生审美情趣的目的。经过学校几代人的努力，栽种了各色观赏植物，建造园林小区，布置富有特色的石桌石椅，引导每届毕业生捐建校道、石护坡等，并且每处都立碑，标明捐建者姓名，以此唤起学生的爱校情怀；另外，还特别注重在师生活动较频密的场所悬挂中外名人、英雄人物、杰出校友的画像和介绍，悬挂国旗、国徽，设置宣传栏等，以达到陶冶情操的目的。

以文化、体育活动为载体。学校结合新课程改革的要求广泛开展各类文化、体育活动，如各类文艺活动、体育活动、征文活动、青春暖流活动。通过活动，我们让师生体会竞争、协作、互助的精神，养成以平和、进取的心态看待事物的人生观、道德观，构建和谐的师生合作与竞争的关系，既活跃校园文化氛围，又促进和谐校园的形成。

我校有得天独厚的条件，建校以来，华侨华人、海内外校友、港澳同胞、社会各界热心人士不定期为我校进行捐助。我们充分利用这些有利条件，引导设奖人奖励"爱国爱校"的学生、奖励"学习成绩优秀"的学生、奖励体育成绩优秀的学生、奖励写作文艺等方面成绩突出的学生、奖励劳动积极的学生……先后设立了"朱自强科技奖基金""德泽奖教奖学基金""李月娥爱国爱校奖学基金""加东台中校友会进步奖""甄潮蔚黄淑英伉俪文艺、田径奖励基金""台山一中达贤排球队奖励基金"等 36 项奖教奖学基金，4 项扶助贫困生的助学金，建立了凝聚爱心的资助体系。学校每学年发放的金额达人民币 100 多万元，受益的学生 600 余人次。奖助学金发放过程做到公开、公平、公正，获得捐助者的赞赏、学生的信任和社会各界好评。在台山一中，不管学生在哪一方面表现突出，甚至成绩较差的学生只要某一次考试进步幅度较大，都能获得奖励基金或学校的奖励。2018 年通过努力，我校获得伍威权先生的夫人冯佩玲女士大力支持，除继续在校设立"伍威权助学金""伍舜德精神奖"外，还增设了贫困学生伙食补助金。这些奖助学基金的评比、颁发，不仅帮助了一大批家庭经济困难的学生，解决了他们的后顾之忧，还大大激励了优秀学生，让他们在学习上更有动力与激情，大大激发了学生奋进的信心，激发学生发挥潜能。

以至爱和谐校园文化建设为内核。所有活动都以弘扬"爱国爱校"精神及构建和谐校园为宗旨，引导师生感受、体会校园近百年的文化底蕴，促进校园文化建设。我们将校园文化内核延伸到校园生活的各个领域，以醒目的宣传牌、宣传栏、口号、标语点缀出校园文化的特质，凝聚师生的意志。春风化雨，润物无声，全校师生在潜移默化中不断提升自身的道德修养，形成相互关心、相互帮助、友爱向上、勤教勤学的高尚情操。

三、爱之演绎：办学思想、办学理念和教学理念的完善

百年名校，百年优良传统，百年文化积淀，代代相传，华侨"兴学育才，振兴家国"的精神，已成为台山一中教育发展的强大动力。精神的传承与现代思想交汇融合，往往更具有影响力，学校在构建学校办学理念与教学理念时就既注意传统又融合了现代思想。

1920 年代，台中的先贤们提出了"严谨治校，勤勉奉学"的校训；改革开放年代，新一代台中人将其升华为"爱国爱校，勤教勤学"。承

前启后的校训，体现了我校治学、求学"严、勤、爱"的传统特点。在现代学校管理中，我们坚持全面贯彻执行党和国家的教育方针，把实施素质教育作为办学的指导思想，在以至爱教育，以学生的全面发展为归宿，让教育回归生命的本质，促进学校的和谐发展办学思想指引下，将具有浓郁侨乡特色的办学传统与素质教育理念结合，确立了台山一中的办学理念和教学理念。

台山一中办学理念：立足本土，包容世界，发扬传统，重视创新，实现全面素质与个性特长的和谐发展。

因为台山侨乡本土的特色就是在坚持本土传统生活方式、生活习惯、文化特色的基础上，乐于接受外来文明，勇于走向世界。其文化的内核就是坚守与包容，其外延就是坚持个人及个性的发展。从教育上说，就是将教育放在更加广泛的社会背景下去思考，树立大教育观。随着信息技术、全球化的发展，各种文化现象兼容互补已经对我们的生活产生着巨大的影响，立足于"地球村"的全球意识正是办大教育的基本文化现实。台山一中教师有一半以上来自全国各地，南到海南岛，北到黑龙江；在海外交流方面，我校与世界各地14个台山一中校友会保持经常的交流，与澳大利亚亚拉腊中学和马莉仁书院结为姊妹学校，每年都与澳方互派教师讲学。不同地区各具特色的教学思想、教学方法和风俗习惯在台山一中交流互动。这种交流互动，保证了学校的生机和活力，所以我们提出"立足本土，包容世界"。

学校教育既要发扬中华民族教育的优良传统，又要适应时代的发展而力求创新，而这种创新应该是在传统中求发展而不拘泥，在变化中求发展而不迷失，所以我们提出"发扬传统，重视创新，实现全面素质与个性特长的和谐发展"。

在学校办学理念的指导下，我们从教学这一微观角度探究了国家提出的"以人为本"的科学内涵，教育既然是民族振兴的奠基工程，那么教育帮助青年所奠之基础，就应符合民族伟大复兴的需要，也应符合青年人幸福有为地度过一生的需要，同时，也应该符合教师自己幸福有为地度过一生的需要。基于此种考虑，我们提出了台山一中的教学理念：以生为本，开拓创新，发展个性，师生和谐。

"以生为本"。教育的目的在于促使学生的全面素质与个性特长和谐发展。只有这样的学生才有可能适应信息时代发展的需要。故而，学校教育就不仅是知识的传授和教育，而应该像联合国 21 世纪教育委员会工作报告所说：未来教育应围绕四个基本方面，学习能力，即认识世界的能力；共同生活的能力；在社会活动中参与的能力，以及适应环境的能力来重新设计和组织。

"开拓创新，发展个性"。社会在发展、科技在进步，因而教学方法教学手段必须不断创新，以适应社会发展的需要；改革开放必然会带来学习的开放，开放性的学习体现了学习个体的个性特点，因而要重视培养学生形成适合个性、特长发展的学习方法，以促进其个性良性发展。

"师生和谐"。学生要发展，教师也要与之共同发展，这种发展既是学识的共同发展，也是师生双方成就感、幸福感的共同发展，而老师的发展最终会给学生带来更好的提高。学校领导班子因而提出了"每一位师生都重要"的管理理念。

理念是行动的先导，行动也是理念的最好阐释。为将教学理念内化为教师的教学观念，外化为教师的教学行为，学校既组织了教学理念的宣传教育，也进行了体现教学理念的课堂研讨，更重要的是以各种强有力的管理手段促进教学理念的落实，促进全体教师观念的更新和教学手段的大转变。

四、爱之实践：回归生命的本质，促进学校的和谐发展

学校至爱共同体让教育者和受教育和谐发展。学校让爱成全他人，也成就自己，每个人在爱的体验中和谐发展。

（一）严管是厚爱——建立科学系统的管理体制

学校认真构建科学系统管理制度下的人文关怀管理模式，在教育教学工作中做到有据可依、有章可循，使学校的各项工作在制度的监管下健康发展。

1. 严谨完善的制度是学校发展的有力保证

学校经过多年的探索和积累，形成了涵盖学校管理各个方面的制度体系。学校整理并正式出版了有近500页内容、包括310项制度的《学校管理制度汇编》，使管理制度化、职责明晰化、管理流程化，全体教职员工人人职责分明。为进一步保证新课程的顺利实施，在原有的《台山一中专任教师教学常规》《新老挂钩活动制度》《教改科研活动制度》《台山一中学籍管理办法》等近百项与教学相关的管理制度的基础上，强化课堂教学常规管理，制定了《台山一中关于加强教学常规工作管理的几点要求》，使学校新课程实施教育教学工作处处有章可循，管理严格规范。

2. 科学规范的运行机制是学校发展的强大执行力

学校实行校长负责制，建立了条块结合、跟级循环管理的管理系统。在这一管理系统中，我们把学校的主要工作分为德育、教学、学生自育和后勤四条工作主线：①德育处→年级组→班主任为主体的管理育人主线；②教导处→学科教研组→课任教师为主体的教书育人主线；③团委会学生会→团支部班委会为主体的自我教育主线；④总务处→治保会→后勤工作人员为主体的服务育人主线。学校实行封闭式管理，有效整合后勤资源，招聘宿舍管理员数十名，增强校内管理力量，健全了德育管理系统。

3. 适应学生全面发展的课程体系是学校发展的持续动力

学校成立了以分管教学的副校长为组长的课程委员会和学术委员会，课程委员会的主要职责是制定新课程实施规划、确定新课程开设计划，并着重建构新课程条件下的科学管理制度；学术委员会主要职责是研究素质教育、新课程实施过程中可能存在的问题，寻找解决办法。学校课程委员会先后制定了《台山一中课程发展规划》《台山一中课程计划》《台山一中新课程开设计划表》《台山一中选修课程开课选课方案》等，以完善的规划、完备的管理保证新课程的实施，努力实现办学目标与办学理念。

（二）仁者爱人——培养一支师德高尚、业务精湛的教师队伍

教育问题首先是教师的问题，学生的成长，学校的和谐发展，首先是教师的成长。学校教师每学期都有出国定居的，流动性较大。特别是近些年，年轻教师占多数。年轻教师多，既使学校活力增强，同时，也存在经验不足等问题。为培养一支高素质的教师队伍，我们采取了具有自身特色的办法，努力建设一支"师德高尚，业务精良，积极进取"的教师队伍。

1. 以师德建设为先，为良好学风奠定基础

我们以《中小学教师职业道德规范》为标准，在学校管理制度体系中制定了一系列教师职业道德制度，严格规范教师的教育教学行为。学校认真组织全体教师学习师德要求，提高思想认识。在每周五晚上的教职工集会时间，校领导根据时代和形势的发展需要，适时地进行师德宣传教育，组织教师认真观看教育部拍摄的"师德教育系列宣传片""教师礼仪系列宣传片"，并组织教师讨论。通过学习，教师们对教师道德及从教规范有了清晰的思想认识。

加强宣传身边优秀教师先进事迹，营造向身边优秀老师学习、看齐氛围。通过台山一中"最美教师""台山一中青年教师教学能手"的评选，以及参加江门市青年教师基本功比赛，弘扬正能量，以点带面，为教师树立学习的榜样，培养教师的敬业精神，引导教师在教学实践中勤奋拼搏，团结奉献。在教师队伍中倡导爱职业、爱学校、爱学生的良好道德风范，增强教师教书育人、为人师表、以身立教的使命感和责任感。通过学习，我校教师在潜移默化中养成了默默耕耘、乐于奉献、团结进取的高尚师德风尚。

2. 加大教师继续教育学习和教师培训力度，提高教师队伍的文化素质，更新教师教学观念

经过长期的探索，学校形成有自身特色的教师培训机制，为促进教师能力的提高，学校出台了相关措施，如实施名师培训、新课程培训，特别是校内教研培训等培训工程。学校拨出专项资金，支持各学科教师参加市以上的各种教学培训，在课务安排上提供方便，为他们继续学习创造有利条件。教师通过市区教研活动拓宽了视野，提高了教学能力；通过网络学习，学科整合和信息技术应用能力显著提升；通过取经名校，采他山石以攻玉，纳百家言以厚己；通过短期集中培训，厚实了学科底蕴，丰富了教学方法和经验，教师的整体素质进一步得到提高。在校内我们着力构建"以老带新""校内听课""名师示范""校内学习""年级交流""骨干教师评定"等长效机制，以校内经常性的教研互动，促进教师素质的提高。

3. 重视骨干教师的示范作用，制定骨干教师必须带头上示范课、带徒弟、经常听课的制度

对青年教师，要求他们每学年完成一份高质量的教改教案、一节汇报课、一份教学总结或专题论文、一份试卷。通过骨干带动和激励机制，促进青年教师迅速成长为能独当一面的教育教学能手。

4. 重视教师论文的撰写及课题研究

要求每位教职工每学年提交一篇论文或总结参加评奖，优秀的论文还推荐上送，对在不同级别获奖的论文给予不同的奖励；要求每一位教师至少参加一项课题研究，以此促进导师型、学者型、专家型教师队伍的形成。

5. 以民主化机制为教职工个性发展提供机会

我们认识到个人的发展、个性的发展是教师工作的内驱力，学校要为教职工的发展创造民主化的氛围。每个学年，教职工都可以根据自己的能力，通过填表的形式提出自己的岗位意愿，再由校长会讨论、决定教职工的岗位安排。这种既体现个人意愿，又服从学校整体工作需要的方式，不仅使教师的能力、特长得到发展。同时，这种人本管理方式，也使教职工心情舒畅，在各自的岗位上努力创造佳绩。

6. 建立科学评价教师体系，引导教师全面发展

教师评价工作是现代教育管理的一项十分重要的工作，建立促进教师不断提高、促进教师不断自我反思的评价体系，以此促进素质教育、新课程的实施是我们长期探索的问题。

学校为引导教职工向更高层次发展，依据教育法规，按"以学论教"的原则，制定了教职工年度工作评价方案，并多次进行修订。它包括《科组长工作质量评价方案》《班主任质量评估方案》《专任教师教学工作评估方案》等23个方案。每学年，学校根据评估方案对全体教职工进行一次工作质量评估，定出等级进行表彰奖励，以鼓励教职工奋发进取。这些方案及评估工作对教师的教学态度、教学能力、教学成绩、学术水平，对班主任所负责的班在学习、日常行为规范、体育、艺术、社会实践、团支部工作、违纪率、特优生等方面做出综合性评价。教导处还专门为教师参加各级教学技能比赛、撰写科研论文、辅导学生

参加各类竞赛制定出奖励办法，鼓励教师在教育教学中培养学生的全面素质，也促使教师自身不断提高。

评价教职工的工作业绩时，则依据《教职工工作质量评估方案》，每学年先由基层根据明晰的教职工实绩档案及其他工作情况进行横向和纵向比较，经民主评议定出等级，然后从家长、学生对老师的反馈意见，教师互评、领导评议等多种渠道收集意见，开展考核工作，按一定的比例评出本年度的先进工作者，并给予奖励。评价依据的清晰化、评价过程的民主化保证了评价结果的客观、公正，以此调动广大教职工的工作积极性。通过不懈的努力，学校全体教师敬业爱生，形成了良好的教风。

（三）自觉之爱——创造适合学生的教育，引导学生发现自我

品德培养，既是一个教育过程，也是一个训练的过程。中国伟大思想家孟子提出了"恻隐之心、羞恶之心、辞让之心和是非之心"人皆有之的思想，进而提出人皆可以通过自己的学习成为尧舜。学校采取多种形式，用爱与关怀，通过规范和引导学生尊重自己、发现自己，在自觉的学习中完善自己。

1. 关注每一个细节，养成自觉行为习惯

学校从行为养成入手，通过比较明晰的《文明班评比条例》，致力于在学生中形成"尊重自己，强调自立；尊重他人，强调平等；尊重社会，强调规矩；尊重自然，强调和谐"的德育观念，在学生中强调尊重这一最基本的德性要求，辅之以仪表、教室、运动场、饭堂、宿舍等涵盖校园生活各方面的道德、行为约束制度，通过团委会、学生会、教导处、生活指导员等执行机制，落实系列德育评价制度和表彰制度，激发学生内在的德性学习潜能，将外在的德性要求内化为个体生活的需求，从而使学生精神面貌焕然一新。多年来，我们抓小节，抓平时，学

风校风良好，每年我们接待各级领导、兄弟学校、校友来访和上级检查不计其数，但我们从不在师生中作动员准备，靠的是平时的硬功夫，受到各方的一致好评。

2. 坚持学法改革，创出一条自学新路

学生学会学习，是教师教学的出发点和归宿，也是教师教学成功的标志。因此，我们十分重视学法改革，积极鼓励学生在老师指导下开展自学活动。这一活动包括同步自学、超前自学和科技专题自学等。同步自学旨在使学生学会自我消化，深刻领会老师讲授的内容，借以逐步减少中下生。超前自学旨在使学生学会自我预习，扩充老师讲授内容，借以达到培养学科尖子的目的。科技专题自学则旨在使学生学会知识旁移，形成个人的专业兴趣，从而充分发展个性专长。三者相互融合，面向全体学生，发挥了各类学生的主观能动性，使学校逐年减少中下生，并涌现了一大批尖子生。

3. 注重学生心理健康教育，在学生心灵种下自爱、自信、自尊的种子

我校的心理健康工作在原来注重个体辅导和加强班级管理团队联系的同时，开拓创新，不断拓宽心育的途径，营造出良好的心理教育氛围。为实现使全校学生初步掌握正确的心理调节方法这个目标，学校在做好常规心理辅导工作的同时，也实施了很多创新的举措。

（1）为每一个高一新生做心理健康测试，并对有辅导需要的学生进行追踪辅导。

（2）在校园里实施"班级心理委员制度"，使心理委员成为学校、班主任的得力助手。加强对高一高二心理委员的辅导，每学年开展 12 个课时的培训，内容包括朋辈辅导的职责与定位、倾听与沟通的技巧、高中生常见的心理困扰分析、心理危机的识辨与干预、朋辈辅导员开展心理辅导的方法与途径等。

（3）成立校园心理健康协会，鼓励更多对心理学有兴趣的学生自发参与到校园心理健康宣传的队伍中来。"心协"成立以来，在协会的组织下，在心理老师的协助下，每学年定期举行培训交流活动6次，内容包括人际交往的技巧、团队建设的基本要点等。

（4）紧密联系年级，抓住两个关键点：一是做好高一学生新生入学的适应性教育，如9月份给高一的全体同学做新生适应期心理健康调节讲座，班级团队建设辅导以及"我期望的班集体"成才漂流卡活动；二是关注高三考生情绪，为高三学生制定冲刺阶段辅导方案，并具体到每一个阶段应该如何调节自己心理；高考前60天、考前30天、考前一个星期，考生可能会遇到什么心理问题，应该如何调节自己的情绪，为高三学生拥有健康的心理保驾护航。

（5）关注女生，每学年召开全体女生会议，邀请妇女工作的专家和她们一起讨论青春期女孩子可能遇到的烦恼以及应对方式，让她们能够更好地控制自己情绪，理智处理自己的情感，做一个懂得自我保护的人。

（四）高效之爱——探索有效教学，创建高效课堂，提高学习效率

学校认真落实《基础教育课程改革纲要》的精神及各科课程标准，进一步解放思想，更新观念，将教改基本理念转化为具体教学行为，优化各科教学过程，保障教育课程正常、高效实施。严格执行教学法规，开齐课程，上足课时，确保高质量完成各科教育教学任务。

1. 强化教导处管理与服务职能

一是进一步落实全校教育策划工作，强化调控、指导、检查、督促、考核职能；二是进一步增强服务意识，为全校师生、为教学、为学校做好服务工作；三是做好教学和教研资料的积累、交流、共享工作，努力为教学第一线提供及时、可靠、有效的信息和资料；四是开展有实

效的教研活动，营造浓厚的教研气氛，研究课堂教学面临的实际问题，做到有计划、有记载、有检查、有落实、有反馈。每次活动做到定主题、定主讲、定时间、定地点，内容要形成专题化、系列化。

2. 进一步明确备课组是学校学科教学、教研的基本组织

充分发挥备课组长对本备课组教学、教研工作的组织、领导、管理职能；发扬教师随时进行教学、教研讨论的备课组工作特色，进一步发挥备课组的功能和作用。

（1）开展以课堂为载体，实施"五段式"校本教研模式。"校本教研"基本程序包括：集体备课—教师上课—反思调整—重新上课—总结提炼等五个环节。积极推进"校本课题"的研究工作，将国家级、省市级教学研究课题与"校本课题"结合起来，更实在、更具体、更有效地开展教科研活动，通过"课堂教学评价，论文总结，学生评价，考试评价"检验研究成果。

（2）落实"单元主讲制"和"二次备课"制度，组织举行组内公开课、对外公开课及骨干教师示范课、青年教师汇报课等活动。

（3）教师备好课是提高教学质量的前提，提倡备课组长主备制。本学年进一步推进"个人初备、集体研备、自主复备"流程，同层次教学备课做到"六统一"（统一目标、统一内容、统一重难点、统一进度、统一训练和统一检测）。

3. 进行"有效教学、高效课堂"的研究和评价

（1）采取灵活多样的教学方法，循循善诱，启发引导，激发学生兴趣，调动学生学习的主动性和积极性。体现教师为主导、学生为主体、训练为主线、能力为目标的教学思路和学习方法，采取措施落实"分类要求、分层教学、分层测练"要求，使分层教学更有实效。

（2）教学以促进学生的发展为着眼点，留给学生充足的时间、空间，让学生能独立观察、思考、操作，鼓励学生大胆质疑。引导学生多

角度进行思考，让学生主动、积极、有效地参与教学活动。学生能独立完成的学习内容教师不要代替，鼓励学生"超前学"，每学年按方案评出"学生自学积极分子"和"自学标兵"。

（3）创造条件，做好"走出去，请进来"的工作，请专家来校开讲座，上示范课；让名师主持组内专业讲座，参加上级组织的业务培训。组织教师走出去与兄弟学校做学术交流、研讨，主动联系同类学校组织联考交流活动。开展新老教师挂钩活动，搞好学生评价教师工作满意度的反馈。

（4）结合校本研究进一步开展"六个一"活动，研究一位名师授课、写出一节优秀课堂设计、上一节示范性的公开课、出一套优秀试题、主讲一次教研活动和组织好一个优秀的兴趣小组。

（5）注意各阶段教学情况的统计分析。要求大考、模拟考、小测验都进行数据统计分析，教导处对大考出台统计数据或分析模板，各年级形成分析报告。

（6）组织青年教师参加优质课比赛。组织他们参加语文、数学、物理、化学等学科的"江门市年普通高中青年教师基本功比赛"。积极组织教师参加国家、省有关学科课堂教学比赛、录像课比赛、微课比赛、说课比赛、教学设计和论文评比等活动。

（五）特色之爱——构建体现侨乡特色的校本课程

新课程改革有一项非常重要的内容，就是构建校本课程体系。从学校课程与教学看，全国一张课表、一套教材的时代一去不复返，随之而来的是以校为主的校本课程，校校不同、人人一课表正在成为学校课程的常态。校本课程实施是校本课程付诸实践、走近学生、走进课程的过程。我校编辑了系列校本教材，如《校史教育读本》，包括台中校史介绍、校友事迹介绍及对热爱台中、为台中建设做出了突出贡献的社会人士的介绍；《台中排球运动》，凸显台山排球之乡特色及台山一中排球特色学校的特点；《自然·人生》，学生习作选集，选取了学校文学社学生对自然、人生发表看法的一部分优秀习作，反映台中学生的精神风貌。此外，我校还非常重视构建特色校本课程。

1. 构建学校排球课程特色

台山是全国著名的排球之乡，1914 年，旅外华侨将排球运动引入台山，台山人传承了独特的排球文化，台山人组成的排球队曾在世界大赛上取得一系列好成绩，20 世纪五六十年代的国家男子排球队，台山籍球员占半数以上，其中包括首任国家排球队教练马杏修、首任队长黄亨，因而赢得了"无台不成排""全国排球半台山""排球之乡"的美誉。在现在的台山城乡几乎每村都有一支排球队。

我们充分认识到"排球之乡"的课程资源，确定了"以排球为重点、全面发展"的体育方针，将排球列入台山一中学生的必修体育课程，排球训练占体育课30%的课时，编写了《台中排球运动》校本教材，学校招聘体育教师，以会打排球为必备条件，积极开展排球运动教学。台中学生人人会打排球，每个学期都组织年级排球赛，每班都组织男女排球队参赛。平时，学生也主动自行组织各班之间的排球赛。因为有群众性排球运动基础，台中的男女排球队经常在省地市的排球比赛中获得冠军，曾多次获得全国赛冠军，还获得过世界中学生排球赛亚军，在省内外中学中享有盛名。

2. 构建研究性学习特色

研究性学习课程体现了新课程理念，极富特色，我校扎实开展研究性学习，把它列入课程表，分年级具体落实。近几年来，我校研究性学习进入了一个全新的阶段。高一、高二年级全体师生掀起了研究性学习热潮，各班在教师指导下自行组成研究性学习小组，分别针对自己喜欢的课题进行研究。我校学生的研究性课题涵盖面非常广泛，有的紧贴学生的生活实际，如上网对中学生的利与弊、如何对待中学生的男女交往；有的紧贴社会生活，如集邮与生活、自制肥皂与肥皂的洗涤作用；

有的富有台山的地域特点，如台山气候研究、台山旅游研究、台城人工湖污染源研究等等。

研究性学习提高了学生的学习兴趣，扩大了学生的知识面及对社会的关注与接触；学生对研究工作非常关注，通过各种途径搜集资料，撰写出虽然有点稚嫩，但不无创见的研究习作。

3. 开设第二课堂，形成学生素质全面发展的特色

教学不仅要关注学生的学业成绩，更应该发挥和发展学生多方面的潜能，教室之外，有更广阔的天地，高考科目之外，还有更广阔的世界，这是我们对新课程理念的一个基本认识。我们在校本课程中积极为学生全面素质发展提供舞台，务必使学生的各方面潜能在广阔的天地、广阔的世界中有一展身手的舞台，拓宽学生的生活空间。

（1）积极开设体育第二课堂，以提高学生的身体素质。我们做到体育"八坚持"，学生坚持每天晨跑 1200 米，坚持每周两课、两操、两体练活动，坚持每学年班际广播操比赛，坚持每学年 5 公里环湖跑达标比赛，坚持每学年两次的班际男女排球赛，坚持每年召开一次全校性田径运动会，坚持把班际 200m×30 人接力赛列入校运会项目，并且全面开放学校体育设施和器材，让学生尽情活动。所有的这些体育活动，都列入学校工作计划，有标准，有制度，有检查，有落实。

（2）积极开设艺术第二课堂，以提高学生的文学、艺术素养。我们组建了艺术团、鼓乐队、舞蹈队、文学社，创办了《绿色百分百》校刊，在学生中举办演讲、摄影比赛及校园十大歌手比赛。每学年都组织两次全校性文艺汇演，组织学生参加市以上的美术比赛和舞蹈、音乐比赛，组织美术作品展览，以保证学生文学、艺术素养的提高和发展。

（3）积极开设社会实践课程，以提高学生参与社会管理的能力。我校让学生会、团委牵头，组织学生参加各种社会活动，以锻炼社会活动能力，如探访孤儿院、敬老院、参与成人宣誓、献血活动，积极组织植树活动、军训活动；我们还邀请心理学家、文学家、资深教师到学校

开设讲座，如邀请华南师范大学迟毓凯教授举办高考心理辅导讲座，邀请北京"宏志妈妈"高金英作励志报告，邀请著名诗论家、中国作协理事沈奇教授开文学讲座，我们还邀请市消防中队传授消防技能，文学社组织学生考察台山洋楼，团委每学年都组织学生干部进行培训，还组织学生参加广州大学城文化之旅夏令营，这一类活动极大地开阔了学生的视野。

五、爱之硕果——学生、教师和学校的和谐发展

桃李不言，下自成蹊。在至爱教育办学思想指引下，台中人秉承前人优秀传统，续写台中办学光辉篇章，这所百年名校焕发了新的生机，增添了新的活力，产生了新的飞跃，硕果累累、成绩斐然。

学校整体工作方面：学校先后获得首届广东省侨资学校办学优秀成果特等奖、广东省首批完全中学一级学校、全国社会实践活动先进单位、广东省优秀现代教育技术实验学校、"全国绿化模范单位"、江门市中小学师德建设先进单位、江门市安全文明校园、台山市优秀学校等光荣称号，先后通过了广东省普通高中教学水平优秀评估、广东省国家级示范性普通高中评估。

德育方面：我校被确定为"广东省基础教育课程改革加强思想道德教育实验研究"实验学校。心理健康教育实施多年来，成果显著，深受学生欢迎，我校也接连被评为"广东省心理健康教育先进学校""广东省中小学心理健康示范性学校"等光荣称号。2002年以来，我校学生被评为广东省级优秀学生或学生干部有12人，地市级优秀学生55人，有21位学生加入了中国共产党。2017年"伍舜德精神奖"获得者赵柠豫获首届"全国最美中学生"称号，是江门地区唯一获奖者。

教师培养方面：教师整体素质迅速提高，在江门市、台山市各学科教学研究会担任会长、秘书长、理事的有29人，台山市特约教研员22人，广东省学科带头人、江门市学科带头人、特级教师、高级教师67

人，曾赴澳大利亚讲学教师 13 人。

教学教研方面：2002 年以来，教师在省级以上发表或获奖的论文达 386 篇。学校形成了有效的科研机制，到目前为止，学校立项的有国家课题 1 个，省级课题 37 个，江门市级课题 19 个，学校课题 35 个，100%的教师参加了教育科研。

高考方面：本科以上入围率逐年上升，连续七年上线人数超过 1000 人。2019 年重点入围率达到 32%。2012 年以来，共有 14 位学生考入清华大学、北京大学。

学科竞赛方面：2002 年以来，我校学生参加学科竞赛，获国家级奖励有 66 人，省级奖励 249 人，我校还被评为"全国作文教学先进单位"。

学生综合素质方面：因为艺术的熏陶，我校培养出国家一级演员、广东省著名青年粤曲演唱家陈玲玉，有获得全省少年卡拉 OK 大赛一等奖的，有获得全国中学生书法"曙光杯"比赛二、三等奖的，有获得广东省演讲比赛第一名的。2000 年以来文学社学生在全国性刊物发表文章或获奖的有 76 人次，在省级刊物发表文章或获奖的有 32 人次。学生合唱团多次获得市合唱比赛冠军，校文艺队还获得江门市歌舞诗比赛第一名。学校排球运动获得骄人成绩，男子排球队 2011 年获全国中学生排球锦标赛冠军，连续多年获广东省中学生排球赛冠军。男女排球队近年来稳获江门市、台山市中学生排球赛冠军。

社会影响方面：据不完全统计，目前在世界 92 个国家和地区定居的台中校友有两万多人，他们在海外成立了 14 个台中校友会，与母校保持经常性的联系。校友中的许多人是当地侨界的领袖，他们在促进当地经济发展、维护祖国统一方面起着重大作用。因为侨资办学的有利影响，台中在 1990 年代就与澳大利亚亚拉腊中学和马莉仁书院结为姊妹学校，开展经常性的互派师生文化交流活动，除了每年双方互派教师讲学外，还组织师生互访。与港澳教育界保持长期友好的合作关系，经常与香港、澳门体育会进行排球友谊赛，与澳门濠江中学、香港台山商会中学开展交流活动，每学年都和香港台山商会联手组织学生冬令营活动，双方学生共同活动一个星期左右。学校与美国三藩市华人体育会等交往密切，与河滨市罗夫高中管乐团联谊举行专场演出。

　　爱是教育者坚守的良知，教育更需要爱的技巧和爱的艺术。教育无止境，在学校探索中，我们将继承前人的爱与追求，坚持以至爱为出发点，以学生的全面发展为归宿，让教育回归生命的本质，促进学校的和谐发展。

做海一样的教育

——我的办学思想与实践

湛江市二中海东中学　王淑丽

湛江市二中海东中学的前身是南海石油勘探指挥部子弟学校，创办于 1972 年初，几度更名：南海石油中学、南油三中、南油高级中学……2007 年 8 月，南油所有企业学校整体移交地方政府。2008 年 2 月，国家整合南油高级中学和南油初级中学成立"湛江市二中海东中学"，隶属湛江市教育局，由湛江市二中直接管理，是面向全市招生的市直属完全中学。

作为被接收企业学校的代表、校长，一所企业转地方的新的老校，要办怎样的学校，怎样办学校？培养什么人？怎么培养人？在学校平稳过渡转型的同时，我且行且思；在学校上轨道提速发展的同时，我且思且行。

一、"海育"提出的背景

1. "海育"是学校文化传承与发展的历史使命

有人把复旦大学比做"深深的水，静静地流"，这是复旦的氛围，这是复旦的精神。

而海，注定是湛江市二中海东中学的历史之根、文化之源、办学精神之载体。

湛江拥滔滔沧海，望浩浩大洋，1556 公里长的海岸线延绵不绝。在城市的任何一个角落，似乎都能闻到浓烈的海风，都能感受到海阔天空的壮志与豪迈。三面环海，海域无边，海水无涯，湛蓝的大海激荡着湛江人的精神与活力。

海东中学滨海而居，立于海湾之东，坐落在湛江最具活力的海东新区。在改革开放与海洋城市崛起的伟大事业中，海东新区肩负光荣使命，为湛江的崛起创造了辉煌奇迹。"海"不仅是学校的地理位置，更是学校名字的由来！这片热土，造就了与海东新区同命运、共发展的海东中学"开放兼容，勇立潮头"的文化品格。海东中学，作为唯一以这个新区的名字命名的中学，在改革开放的浪潮中，始终肩负使命，追求卓越，与海东新区共成长，与湛江共发展，与时代共进步，创造了属于自己的使命辉煌。

同时，这所崭新的学校与海渊源颇深。学校的前身是中国海洋石油南海西部公司子弟学校。自诞生之日起，这所学校身上就秉承着老海油人战天斗海的精神，燃烧着年轻拓荒者的搏击南海的激情。而湛江市二中以"水"的精神定义校园文化，其定位是：上善若水二中人。海，不仅赋予学校以润泽和灵气，更为学校注入了精神动力。南油人、二中人都有"海"的形象，包容、柔刚。

顺势而下，因势利导，海育海中，海润海中，海蓝海中。挖掘海的内涵，做足海的文章，是学校构建教育思想的着力点和落脚点。

2. "海育"是当代素质教育的要求

大海是生命的摇篮，文化的发源地。朴实、求真、进取的海中人一直接受着悠久的海洋文化与人文精神的洗礼。大海的气质、精神和襟怀浸润着每一个海中人的生命。海中人谨记的"海纳百川、拼搏奋斗、谦逊好学、持之以恒、止于至善"是海洋的品质和情怀，是二中"上善若水"的学校精神的具化呈现。但在科技发达、与时俱进的今天，对于物质生活条件充裕的学生而言，这也正是这个时代的孩子所缺乏的品质。于是，修炼海洋之心，铸就海洋之力，扬起海洋之帆，塑造"海纳百川、拼搏奋斗、谦逊好学、持之以恒、止于至善"的海洋情怀品质便成为海中师生们的生命愿景。

培养什么人？怎么培养人？学生发展核心素养给我们当前教育提出了新的课题。教育的真谛是发展人，是为学生一生发展而奠基。"海育"是基于学生核心素养，以"海"的精神完善孩子们的世界观、价值观、人生观。

3. "海育"是师生的文化认同需要

"海育"的提出，也是全体师生的心声，学校文化是师生共同形成的价值观，它来源于学校的办学实践，来源于师生的共同心理认同。我们全校师生开展了一场关于学校文化的大讨论，从老师到学生，从班级到各级组，从普通老师到行政领导都积极参与。对学生方面提问主要有三个方面：①概括出湛江市二中海东中学学生的气质特征？②你认为优秀学生的特征是什么？③你想成为一个具有什么样素质的人？对教师方面提问也主要有三个方面：①用哪几个核心词概括学校教师应该具有的气质特征？②你认为我校的核心价值观是什么？③我们需要什么样的文化氛围？学校师生应该形成怎样的行为（校园）文化，才能体现学校办学思想和价值？

学校首先在中层干部中就这些问题展开讨论，接着全校老师都对此作出回答。问卷回收，绝大部分的师生同意把"海育"文化作为学校精神文化建设的方向，"海育"文化由此在师生的心中生根发芽。

二、"海育"思想体系

"海育"思想体系，包括"海纳百川""拼搏奋斗""谦逊好学""持之以恒"和"止于至善"五个层面。

海可谓海纳百川，兼容并包，它孕育万物生长。在一所学校，这种精神可包容孩子们的万千个性，任其个性自由生长。

海可谓博天斗地、浪击三千、劈山破石，富含"拼搏、奋斗"的精神。懂得奋斗，这是孩子们未来创造幸福的根本能力。

海可谓细大不捐，它虚怀若谷、谦逊好学。以海为文化熏染出来的学生，为人大气，拥有终身学习的理念。

海可谓亘古恒常，其身上自然有持之以恒的精神。滴水穿石，不是因其力量，而是因其坚韧不拔、锲而不舍。以此育人，对一个有毅力的人来说，将来无事不可为。这是成功人生的基础。

万流归一，它能净化世间污浊，涤荡人的心灵。作为水的形态之一，海亦秉承"上善若水"的精神，"居善地，心善渊，与善仁，言善信，正善治，事善能，动善时"。引人向善，这可谓教育的精髓所在。

"海育"：把海的精神——海纳百川、拼搏奋斗、谦逊好学、持之以恒、止于至善，融于学校的物质文化、制度文化、课程文化和行为文化之中去，使校园文化渗透于学校教育教学的方方面面，通过多种形式、多种渠道沁入全体师生的心田，并逐步把它深深地根植于我们的整个办学过程中，力争让校园内的一草一木、一事一景都染上浓烈的海的色彩，呈现出浓郁的海的文化底蕴。

三、办学思想的实践

"海育"文化映射进学校办学活动中的方方面面。我们提倡教师要具有水润万物的奉献之德，奔流不息灵活变通的进取之德，持之以恒水滴石穿的柔韧之德，水准持平的公平之德，源头活水的创新之德，虚怀若谷大道无为的谦虚之德，海纳百川的包容之德，流水不腐的清廉之德。

1. "海育"——修炼"海洋之心"的德育理念净化心灵，止于至善

"修炼海洋之心，铸就海洋之力，扬起海洋之帆"建构了基于"海洋文化"精神的学校德育课程体系，做到德育活动课程化，并在活动中引导全校师生追求海洋品格，使德育活动更有生命意义和生命气息。德育课程注重人文与社会等课程的有机匹配、隐性课程与显性课程的相互融合，促进了学风和校风的优化，推动了校园精神文明建设。我校的德育工作以实现"健康第一，人格健全，学习有效"的"三维"育人目标的和谐发展为宗旨，构建了以养成教育、自信教育、情感教育为主要内容的"三项教育"德育工作体系，把"三项教育"作为培养学生健全人格的系统工程，以培养学生健全人格为核心，以养成教育为突破口，以自信教育为着力点，以情感教育为纽带，以国学经典为引领，不断挖掘经典国学的德育元素，吸收"仁义礼智信温良恭俭让"的精髓，让德育教材如有源之水，不断净化学生心灵，陶冶学生情操，引领学生学会包容、学会感恩、学会求真、自强不息。

2. "海育"——"四修课程体系"海纳百川，兼容并包

课程是教育事业的核心，是教育运行的手段。没有课程，教育就没有了用以传达信息、表达意义、说明价值的媒介。在中学，课程是学校教育的核心因素，课程建设是学校工作的关键领域，课程实施是学校内涵发展、教师专业发展和学生全面发展的首要路径。

"海育"课程，简而言之，是以培养"具有大海品质和传统美德"的海式少年为目标，基于学生全面发展的内在需求，将国家课程和地方课程进行整合架构，融入海文化元素，建立包括课程设置、课程研发、课程实施等内容的较为完善的学校课程体系。坚守一个信念：提供适合学生发展的教育，其本质就是提供适合学生发展的课程。形成两种意识：一是课程意识；二是课程体系意识。课程意识主要涉及课程是什么

的问题；课程体系意识则要求系统、整体、完整地看待所有的学校课程及其相关安排。把握三个关键：一是站在整体育人的高度来设计课程体系；二是搭建科学合理、充满活力的课程结构；三是努力追寻课程体系建设的价值和意义。以此搭建科学合理、充满活力的"四修"课程结构。"四修"课程包括基础通修课程、兴趣选修课程、专业精修课程和自主研修课程。我校的"四修"课程资源开发，凸显海洋教育的特色整合。课程根据国家课程相关内容和学生发展特点，结合海洋教育内容和海洋文化特色，学校开设了海洋装饰画、船模制作、海洋石油污染实验探索等课程。在特色整合课程的实施中，各级课程有机整合，学生们画海、知海、懂海，进而爱海、护海，为培育大海的优秀品格奠定知识基础和人格基础。

海水因机而动，因动而活，因活而进，故有无限生机。放之教育，学生也要如水般不拘束、不呆板、不僵化、不偏执，善思、灵动。我们尊重每一个学生的个性特长，让每个学生都能在这里找到属于自己的舞台。学校社团活动特色实践课程注重"海洋知识的普及、海洋意识的培育、海洋文化的感悟"，以体验为主要形式，强调人与自然的和谐相处，提高生态质量，涵养生命质量。我校现有管乐团、版画、舞蹈、书法、合唱等6个教师辅导类社团，国学社、街舞社、动漫社、戏剧社、军事社等8个学生社团，英语沙龙、趣味数学、趣味生物实验、影评社等9个学科社团，涵盖艺术、文学、学科知识等多个领域，学生社团活动的开展为多才多艺的同学们提供了展现的舞台。在学校社团的影响下，本学期我校又新成立足球队、心理社、辩论社、轮滑等社团。

莘莘学子在各级各类竞赛中屡创佳绩。近七年，学校连续被评为湛江市"高考先进"单位。近三年，各类竞赛及特色社团共获国家级奖励217人次、省级189人次、市级233人次。我校在广东省青少年科技创新大赛中获奖数连续三年居坡头区首位。

在海育"四修"特色课程引领下，学校师生形成了一个强大的"实践共同体"，朝着共同的目标奋勇前行。学生们在海洋文化的熏陶中，形成了良好的行为习惯和道德品质；老师们在海洋情怀的熏陶中，勇于开拓、勇于创新、勇于进取。2016 年，在湛江市高效课堂竞赛中，4 名老师获全市一等奖。在 2018 年颁发的湛江市首届中小学青年教师教学能力大赛中，有 10 名教师荣获市一等奖，6 名教师荣获市决赛一等奖；1 人获省一等奖。3 名老师在学科竞赛中获全国一等奖。在湛江市"十九大走进课堂"特色示范课评选比赛中，获市一等奖 4 人。在湛江市计算机教育软件评审活动中，5 名教师获一等奖。在湛江市中小学微课征集活动中，梁志鹏等 3 名教师获一等奖。2019 年，7 名教师获湛江市教育软件评审一等奖。

3. "海育"——"互动生态"课堂让师生虚怀若谷，谦逊好学

"海育"精神通过"三式五步"互动生态课堂，辐射到学生身上，让学生掌握学习的能力，懂得自主学习的方法，树立终身学习的信念。以求在未来的竞争中，立于不败之地。在我们的"三式五步"互动生态课堂上，学生要掌握学习方法，灵活变通，思维活跃，勇于创新。学生能在自主、合作、探究的学习氛围中有大海般的包容、海浪般的活力和海水般的灵动。"互动生态"教育尊重多样性，高度强调以个体生命尊严为基础，师生生命共同成长。成功的教学模式是课堂教学改革的关键，直接掌控着课改的"命脉"。经过多轮磋商、研究，"互动生态"高效课堂成为我们课改的最终目标。"高效课堂"为学生的发展而教。以"先学后教，以学定教"的方式促进学生养成好的学习习惯，培养学生可持续发展的能力，小心呵护好孩子们张扬的个性、开放的思想、创新的品质，希望能教出具有"中国心灵、现代视野"的饱含人文情怀的人。

互动生态"高效课堂由五部分构成：①课改的核心是学生；②课改有"小组合作学习"与"导学案"两个保障；③学生、老师、家长构成课改的三个方面；④课改涉及四大配套工程：管理机制改革、导学案编写、学习小组建设、思想文化建设；⑤课堂模式由五个步骤构成：

课前自学→问题反馈→互动研讨后即教→当堂训练巩固→课后拓展提升。

2016年1月，经市教育局教研室验收，我校的课改获高度好评。2017年，学校牵头成立了湛江市"课改共同体"，制定湛江市课改共同体活动方案、章程，成功召开"湛江市课改共同体第一次协作交流大会暨同课异构展示活动"。2018年12月，我校牵头成立海东新区"新区发展联盟体"，来自联盟成员学校的近50位领导、教师观摩了海东中学的特色大教研活动。学校领导、教师应邀到广东韶关乐昌、茂名电白、云南永善、广西田阳等地，通过举办讲座、上示范课、经验交流等形式，推广我校课改经验。《广东教学》《湛江教育》《湛江日报》及市教育局官网，多次对我校的课改进行报道。2019年，学校被评为广东省课改特色学校。

4. "海育"——持之以恒，以文化人

锻造完善的人格，不仅需要时间的浸润，教育的艺术更是必不可少。设置"海育"情境，是我校开展文化浸润最行之有效的经验之一。设置情境就是让孩子们在浓厚的"海育"氛围中学习生活，随时体验其文化意蕴。晨钟暮鼓，滴水穿石，他们的"海育"认知逐渐内化为人生信念。

作为"湛江市特色文化学校"，海中的校园布置力求将园林海中建成雅园海中，力求书馨郁郁以文化人，力求把海育浸润进孩子们的心田。

学校"色彩元素"：红色（幸福）——隐喻学校的前途与未来会像太阳一样充满希望，还有总校的殷切关怀与支持是幸福的；橘黄色（和谐）——隐喻是有两个具有丰富人文底蕴的学校和谐相映在一起，是幸福的，道路是辉煌的；蓝色（海洋）——隐喻知识海洋和海东中学的前身是南海石油勘探指挥部子弟学校，现又在市二中总校"上善若水"的温暖宽广怀抱里幸福成长。

蓝色是大海的底色，亦是学校校园布置的主色。首先，学校的校服、校园宣传栏、教室布置都是深深浅浅的蓝色。其次，把园林海中办成雅园海中，国学布置功不可没。海中建设校园文化时尽可能地营造浓郁的国学氛围，体现一定的文化品位。全校师生利用一切可以利用的空间渗透学习文化精神，让每一面墙都说话。"兼容并包""海纳百川""生命不息，奋斗不止""滴水穿石，锲而不舍"等名言警句在教室的墙上熠熠生辉。孩子们在意蕴生动的海育氛围中呼吸、成长，潜移默化地接受着海育的熏陶。渗透着海育气息的校园文化，润物无声地引导着学生的心理成长。

因"海"的澎湃而校兴！

"海育"文化成为海中的精神内核。它渗透进每一个海中人的血液当中，成为一种精神基因，成为海中独树一帜的管理品牌、校园文化、人文特点。

承载着全新历史使命的湛江市二中海东中学在劈波斩浪，驶向未来；正掀起巨大浪花，发出撼人心魄的声响！

坚韧助你未来成功

——东简中学"坚韧教育"的理念与实践

湛江经济技术开发区东简中学　谢耀丰

1987年，我师范毕业，走上教育之路，我的人生大事便与教育连在了一起。当普通教师时，我的人生大事是当一名好教师；当校长时，我的人生大事是当一名好校长。从教师到校长，一直以来，我都在思考：教育是什么？教育为了什么？怎样的教育才是理想的教育？在现行教育体制下，怎样去实现教育理想？

在为期三年多的广东省中小学新一轮"百千万人才培养工程"培训中，我不断地有机会学习，不断地进行反思，对办学理念有了更深的认识。就如何使办学理念更具个性化、本土化且特色鲜明，从而形成学校文化品牌，我深入思考并着手探索。在专家与导师的指导下，借助国际上非常流行的"坚毅教育"的先进理念，依托本土文化——钢铁精神、人龙舞、拉大网，我们提炼出"坚韧助你未来成功"的办学理念，把培养坚韧学子作为学校育人的目标。

一、"坚韧教育"的提出

首先，它是当今国内外教育培养目标的反映。

"坚毅"英文名为"Grit"，在古英语中的原义是沙砾，即沙堆中坚硬耐磨的颗粒，可译为"坚毅"或"坚韧"，意为对长期目标的持续激情及持久耐力，是不忘初衷、专注投入、坚韧不拔的坚韧精神，也包含了一种自我激励、自我约束、自我调整的性格特征。"坚毅教育"提出了不一样的教育理解，它认为决定孩子成功的最重要的因素，并不是我们将给幼年的孩子灌输了多少知识，而在于能否帮助孩子培养一系列的重要性格特质，如毅力、自我控制、好奇心、责任心、勇气及自信心等。2016 年 9 月，中国学生发展核心素养正式提出，它明确指出，教育培养目标之一就是要让学生具有责任担当、不惧艰险的坚韧品质。

其次，它是地域文化的体现。宝钢湛江钢铁基地就坐落在东简中学旁边，"坚韧"就是钢铁的品性，就是钢铁精神的体现。东简中学深受钢铁品质的熏陶，深受钢铁精神的感染，"坚韧"也就成为东简中学的个性，也成了东简中学的标志。东海岛"人龙舞"，被誉为"东方一绝"，是最具浓郁文化特色的民俗艺术，其所传递的飞扬灵动和"坚韧不拔"的精神，深深地影响着东海岛人；龙海天长达 28 公里的长滩上，依旧演绎着古老的拉大网习俗，它既是东海岛历史传承的文化遗产，也彰显着东海岛人自强不息、吃苦耐劳的"坚韧精神"。

最后，它是地域教育理念的组成部分。觉民教育是我区近年倡导的一种先进教育理念。"坚韧教育"是区域"觉民教育"品牌的校本化实施。

基于以上认识，我校提出了以"坚韧助你未来成功"为核心的"坚韧教育"理念，致力打造特色鲜明的"坚韧教育"文化品牌。

二、"坚韧教育"的内涵

关于"坚"，《说文》："坚，刚也"；《广雅》："坚，强也"。可见，"坚"，即刚强之义，指向"坚韧觉民"中"刚性"的一面。对事物而言，指牢固、结实；对人而言，则是不动摇、不改变意志和决心。

关于"韧"，《说文》："柔而固也"；《康熙字典》："或作忍"。可见，"韧"，即柔软又结实，受外力作用时，虽然变形而不易折断，亦指顽强持久的精神。它指向"坚韧觉民"中"柔性"的一面。

由此,"坚韧教育",蕴涵着"刚性"教育和"柔性"教育,一方面指事物是坚固而柔韧,不容易折断;另一方面又指人的性格品质,不屈不挠,意志坚定,坚忍而有韧性。于教师,"坚韧"就是要拥有不放弃任何一个学生,让每一个学生成为最好的自己的教学精神;于学生,"坚韧"就是要学会自强,保持积极乐观的生活态度。

三、"坚韧教育"的理念体系

(一) 核心理念:坚韧助你未来成功

以培养坚韧不拔品质为中心,着眼于孩子们的未来,通过三年的培养,为孩子们在将来的学业提升,踏入社会实现个人发展、个人价值及社会价值奠定基础。

(二) 育人目标:培养阳光文雅的坚韧学子

"坚韧"展现为"刚"与"柔"的特性。在"坚韧教育"之下,东简中学所要培养的孩子将具备"刚性"和"柔性"的品格,即阳光、文雅且有悟性的学子。他们拥有人文的积淀、自由的思想;拥有健全的人格、坚韧的品质;拥有创新的能力、实践的精神;拥有艺术的修养,审美的情怀;拥有强健的体魄,阳光的心态;拥有内在的品德美、个性美和外在的言行美、气质美。这样的简中学子文、武、艺全面发展又拥有个性特长,张弛有度,有礼有序,知行合一,德艺双馨,可谓"坚韧"。

(三) 校训:刚柔并济,内外兼修

"刚柔并济",指刚毅与柔韧的相互补充,使得教育教学恰到好处,水到渠成。"内外兼修",指人的修养应从内、外两个层面进行全面提

升。从"坚韧觉民"的教育内涵来看，"内"指内在道德修养、文化内涵；"外"指人表现出的行为举止、言语表情。所谓"内外兼修"，不仅重视外在表现合乎礼仪，也重视内在道德修养的提升，最终达到"表里如一"的品德修养。"刚柔并济，内外兼修"，意味着亦刚亦柔，和美校园。对学校而言，在校园管理方式和课程、环境打造上，既要有刚（制度）的一面，也要有柔（人文）的一面；对老师而言，在教学中，要刚与柔相结合，同时也要教学相长，不断提升自己的教学能力；对学生而言，无论是学习和生活，还是内在和外在的修养，都要炼就勇敢的品质和人文的修养。

（四）校风：自强不息，宁静致远

"自强不息"，即通过炼就坚韧的毅力使自己变得强大；"宁静致远"，即以柔的方式，心无旁骛、专心致志地学习。"自强不息，宁静致远"所要营造的是一种"温而厉，威而不猛，恭而安"的校园氛围，即打造一个刚毅冷峻而不失温柔敦厚，舒适、自由而不失创造力的学习环境。

（五）教风：宽严结合，诲人不倦

"宽严结合"，是一种教育艺术。宽，指教育的灵活性、变通性；严，指教育的原则性、规范性，"宽"与"严"应是辩证统一的。教师应该借鉴这种教育艺术，将教育的灵活性与原则性有机结合起来。

"诲人不倦"，引自《论语·述而》："学而不厌，诲人不倦，何有于我哉！"意思是说，快乐学习而不觉满足，教导别人而不知疲倦。这既是对教师的鼓励，也是对教师的要求。"宽严结合，诲人不倦"，意味着在"坚韧觉民"的引领下，教师在教学的过程中，在给予学生人文关怀的同时，还要强调学习的纪律。对教师而言，因为热爱教育事业，故能孜孜以求，不断探索教育新路径。

（六）学风：动静有律，张弛有度

"动静有律"，指学生的学习生活应符合学校规范；"张弛有度"，指学生学习要掌握正确的方法，既不能"填鸭式"埋头苦读而无所悟，亦不能"放纵式"沉浸玩乐而无所获。对学生来说，"动静有律，张弛有度"所彰显的是教育的节奏性，既要能动能静，又要有礼有序。对老师来说，"动静有律，张弛有度"意味着要遵循学生身心发展的规律，因材施教，让成长自然发生。

四、"坚韧教育"的实践

为使"坚韧教育"理念落地，形成"坚韧觉民"的文化品牌，围绕培养"坚韧学子"的育人目标，我校主要从以下四方面去努力。

（一）开展"坚韧文化"建设，营造氛围

以班级文化建设为核心，楼道文化、校园一角、宿舍文化、食堂文化为辅助，大力营造"坚韧文化"氛围。

1. 班级文化

以班级为单位，设计班名、班徽、班级奋斗目标、班主任寄语；设立各类展示栏，内容丰富，有学生自己的"每日一语"，也有名人名句、月度人物、红星评比等等。通过班级文化建设，营造了浓厚的坚韧文化氛围。走进教室，每个班级都拥有自己的独特亮点，令人赏心悦目。

2. 楼道文化

楼道是学生活动的重要场所，利用楼道，展示"师言师语""生言生语"及名人励志故事，又是校园的一道风景线。

3. 校园一角

利用校园一角，设置文化宣传板块，是我校的一个特点。在校园广场中心，建有"飞向梦想"标志性雕塑，四季鲜花簇拥，由三本打开的书本巧妙相接的图形显得大方、得体，是校园最为吸人目光的一景。在学校"崇德楼"的宽敞过道里，有"一校三训"浮墙，还有"坚韧教师""坚韧学子"风采展示栏。

4. 宿舍文化

宿舍是学生午休、晚休场所，我们也因地制宜地设立了小型宣传栏，让坚韧文化深入校园的每个角落。

5. 食堂文化

学生食堂也不例外，除了常规的珍惜粮食的宣传语外，还有跟学校办学理念有关的名人名句。

（二）探索"坚韧课堂"模式，完善"自主学习+坚韧探究"的课堂模式

课堂教学是实践"坚韧教育"的主阵地，是锻炼学生坚韧意志的最好契机。

"自主学习"模式，指我校"四环自主开放式"教学模式，即"自学讨论—展示提升—梳理巩固—达标检测"。"自学讨论"体现个性化自学（独立阅读文本，自主完成导学案，双色笔标记已知与未知）、同质对话（探讨未知，达成70%左右的学习目标）以及异质帮扶（实现基础目标过关）；"展示提升"强调解决共性问题（学习重点、难点）、展示解决问题的过程及成果；"梳理巩固"侧重于自我纠偏、自我构建及结对子帮扶；"达标检测"用于督促落实、检测反馈学习效果。

"坚韧探究"模式，指在学习过程中，要不畏困难，摒弃各种消极

心理干扰，坚持不懈地探寻解决问题的方法，达到攻克难题的学习目的。它侧重于心理素质的锻炼。

"自主学习+坚韧探究"模式，指在"四环自主开放式"教学模式的实施中，侧重融入"坚韧"元素。尤其是在"自学讨论""展示提升"及"梳理巩固"三个环节，如果不培养、不具备"坚韧探究"的心理品质，是很难顺利地完成学习任务的。

(三) 打造"坚韧教师"队伍，助力"坚韧学生"的成长

设立年度"坚韧教师"，分功勋教师、功勋班主任及优秀教师三类，根据教龄较长、长期奋斗在教育教学一线且教育教学业绩突出的评选标准，通过民主推荐、班子讨论、教师演讲、投票选举一系列环节得出结果，学校给予隆重颁奖。

学校每年邀请杰出校友为全校师生作"坚韧人生"报告。杰出校友的坚韧人生经历，波澜起伏，曲折坎坷，但终究苦尽甘来，真实而精彩地再现"坚韧人生"，对师生们来说，它是一种极有感染力的教育题材。

(四) 开设"坚韧活动"特色课程

开辟"坚韧大讲堂"阵地，以"坚韧教师""坚韧校友""坚韧家长"为三大主讲堂，让师生领略"坚韧人生"的独特魅力，树立坚韧不拔的必胜信心；以三大特色活动课程为主：一是兴趣类，二是拓展类，三是综合类。让学生在特色课程中经受磨练，在磨砺中成长，在成长中坚韧。

1. 兴趣类

兴趣类活动课程有"坚韧大舞台""浸润书香·坚韧成长"。

"坚韧大舞台"，位于学校广场的舞台，每天面向全体学生开放，并利用每年"五四青年节"、元旦节的契机，组织学生载歌载舞，为学

生的文艺特长提供平台，享受坚韧。

"浸润书香·坚韧成长"，学校组织"书香进校园"活动，以名人坚韧故事为主要内容，以演讲比赛、手抄报展示为主要形式，走近坚韧名人，孕育坚韧品质。

2. 拓展类

拓展类活动课程有"坚韧宝钢行""坚韧志愿者行动""坚韧走长滩"。

"坚韧宝钢行"，组织学生小记者参观宝钢湛江基地，亲身体验钢铁精神。

"坚韧志愿者行动"，以团委组织为主，组织团员、少先队员志愿者，为敬老院奉献爱心，每学期至少组织三次。

"坚韧走长滩"，每学期举办一次，以级部为单位，从学校出发，步行至龙海天长滩，全长约5公里；到达龙海天长滩后，以班级小组为单位，再步行长滩一遍，全长约10公里，体验坚韧。

3. 综合类

综合类活动课程有"坚韧超越行动""坚韧大课间""坚韧体育节"。

"坚韧超越行动"，以级部为主，班级为单位，互递挑战书与应战书，期初、期中、期末各举行一次，激发学习竞争斗志。

"坚韧大课间"，时间为课间30分钟，内容分慢跑、感恩手语及自由活动三个环节。

"坚韧体育节"，以学校广场、运动场为主阵地，以集体组织与自行活动为主要形式，举办时间持续一周或一个月。

此外，借助省级立项课题"教育现代化进程中乡村学校校本课程：构建、研发与实施"，开发校本教材、校本读物及校本活动，进一步探索并完善特色课程。

校本教材《坚韧力的培养》，主要包括坚韧力的内涵、特征，培养的途径、策略，以及评价方法。

校本读物有两本，分别为《名人"坚韧"故事》《校友"坚韧"故事》，前者以"坚韧"为主线，通过了解古今中外名人的故事，可以让孩子们体会他们的精神世界，学习他们发奋苦读、坚持不懈的精神，从小树立远大的理想；后者也是以"坚韧"为主线，讲述众多优秀校友的精彩故事，使青少年更好地感受学长的智慧和勇气，学习他们的坚强意志，助力青少年塑造健全的人格，成就更丰富、更有品质的人生。

校本活动"'坚韧'活动设计36例"，按照初一、二、三年级不同阶段学生年龄特点和发展需要，抓住每个阶段学生面临的主要发展任务，提出整体性的主题设计框架和完整的目标实施体系。活动形式丰富多样，操作步骤具体翔实。班主任和心理教师据此可以有计划、有重点地对学生进行"坚韧"活动指导和训练。

五、"坚韧教育"初显成效

经过两年多的探索与实践，我校"坚韧教育"取得一定的成效。

(一) 涌现一批"坚韧学子"

为了确切落实"坚韧教育"理念，让学生理解坚韧，体验坚韧，践行坚韧，学校在全体学生中开展"坚韧学子"月度、期度人物评选活动，提供展示平台，让具有坚韧品质的学子把自己的坚韧故事讲出来，用自己的真情实感，写出自己在朝着设定目标前进的路上遇到挫折和艰辛时有什么样的内心斗争，通过什么样的努力和坚持，最终达到自己的奋斗目标。借助坚韧学子的坚韧故事鞭策其他学子更加积极地投入学习，更坚韧阳光地面对生活，从而营造一种积极向上、活泼阳光的学风、校风。评选条件有三：一是能提出自己某方面的期度奋斗目标，并分解为月度目标：可以是学习、生活、体育活动、人际交往、行为习惯、兴趣爱好等方面的目标；二是能坚持不懈去实现自己设定的月度目标、期度目标；三是能与别人分享自己达成目标过程中的真实体验与感悟，启发别人的行动。

（二）"三风"明显改变

良好的教风、学风、校风是学校追求的管理目标，是提高教育教学质量的根本保证，是促进学校师生和谐发展的基础条件，也是衡量学校办学水平的重要标志。通过"坚韧教育"办学理念的贯彻，我校"三风"明显有改变，主要体现在以下几方面。

教师的师德表现、教学态度、教学水平及教学效果相比以往明显改观。重视个人学习与反思，正确看待优生与学困生，体现了"宽严结合、诲人不倦"的教风。

学生的学习动机得到激发，优生更优，学困生也能找到兴趣的落脚点，做到学习与兴趣两不误，体现了"动静有律，张弛有度"的学风。

全校师生在工作学习质量和工作学习效率上高标准、严要求，从我做起，从自身做起，发扬一种团结一致、奋发向上、求真务实、坚韧拼搏的精神，发扬了"自强不息，宁静致远"的校风。

（三）学生良好的行为习惯明显得以养成

1. 卫生习惯

主要表现在：重视个人卫生，校园里随手乱扔果皮纸屑的行为少了；教室里的清洁工具摆放整齐了；楼道地板比以往干净多了。

2. 生活习惯

主要表现在内务整理上。宿舍里被子、枕头有序叠放，生活用品统一摆放整齐，地板、墙壁保持干净。在食堂里，能自觉遵守食堂就餐秩序。

3. 文明习惯

主要表现在待人接物上。见到老师会主动问好；有外宾或家长来访，能自觉地发挥迎宾作用；同学之间摩擦少了，关怀与帮助多了。

4. 学习习惯

主要表现在学习方法、学习态度上。能主动预习，课后复习，按时完成练习作业；懂得做读书笔记，收集错题；能主动向教师请教的学生也明显增多了。

5. 体育锻炼习惯

主要表现在自觉性上。凡是休息时间，在篮球场、排球场、足球运动场、乒乓球场及健身器材场地，到处都可以看到自觉参加体育锻炼的学子身影。

经过两年努力，东简中学被评为"湛江市文明校园""湛江市家长规范化学校""开发区特色示范学校"。扎实推进"坚韧教育"，努力创建"坚韧教育"文化品牌，是我办学思想的实践之路，是一个较为漫长的实践积累与理性思考的过程，更是一个千锤百炼的过程。建立一个比较系统的办学思想体系，需要终生的实践、创新，同时注重思想和科学的归纳，这是我义不容辞的责任和应有的追求。

适性求是，成人幸福

——东莞市第一中学"办一所让人幸福成长的学校"教育实践

东莞市第一中学　熊盛才

东莞市第一中学是一所公办普通高中名校。六十多年来，学校始终立于教育教学改革的潮头，以人为本，以德立人，以智慧人，以功成人，在学业教育、体育教育、科技教育等方面均取得优良的办学成绩，培养了近 7 万名优秀初高中毕业生。作为粤港澳大湾区核心区域间的一所普通中学，近年来东莞一中也面临着新时代的困惑：在"高考主导教育"的现实环境下，高中学校如何突破"育人"瓶颈，如何解决"培养什么人、怎样培养人、为谁培养人"的问题？如何超越"高校人才苗圃"的功能定位，探索教育的更多幸福可能性？……面对千万重困惑，我们审慎谋划，紧紧抓住教育的"育人"核心，提出"办一所让人幸福成长的学校"的办学理念，建构富有生命活力的幸福教育观念体系，探寻"适性求是、成人幸福"的实践路径。经过四年努力，东莞一中在办学理念、课程创新、课堂建设、治理机制和教育质量等方面，逐渐形成较为鲜明的幸福教育特色，并产生了良好的幸福教育品牌示范效应。

一、理念的提出：发展适合于"人"幸福成长的高中教育

受社会发展阶段的影响，当前中国高中教育存在着学校类型单一、培养模式趋同、教育功能异化、教育幸福缺失等诸多弊端，不能适应 15~18 岁阶段的人生多样性成长需求，不能满足社会和人民群众对高质量教育的发展需求。我们认为，要让高中教育发展适合于"人"的幸福成长，必须"办一所让人幸福成长的学校"，这主要基于以下因素。

（一）人类文明对幸福的追求

幸福是人类的终极关怀目标，世界上几乎所有古老的宗教和哲学，都以幸福生存为主题。两千多年前，中国的孔子兴办私学讲"幸福"，柏拉图建立"幸福学院"。两千年来，人类一直没有停止探寻"幸福"的脚步。现代化发展既给人类社会带来欣喜，也带来惶恐，面对物质繁荣而社会失衡、正义缺失的危机，人们的幸福感在下降，渴望回归传统精神家园。人们对"幸福"的关注，越来越清晰地指向人的生存质量、精神价值和权益自由等方面。1990 年，《世界全民教育宣言》宣称："教育是人的权利，教育应该造福于人，使人幸福。"这个宣言明确将"幸福"作为教育目的，并成为全球教育共识，有关"幸福教育"的人工智能技术也正在蓬勃发展中。2012 年第 66 届联合国大会宣布：追求幸福是人的一项基本目标，幸福和福祉是全世界人类生活中的普遍目标和期望，决议将今后每年的 3 月 20 日定为"国际幸福日"。今天，我们可能仍然难以定义"幸福"，但我们可以确信的是：幸福是人类的身心主观体验，它像阳光、空气和水一样，为人类文明提供不竭的进步动力，我们的幸福时代已然来临。

（二）中华民族的幸福梦想

中华民族文明久远，积淀了丰富的幸福智慧和生活文化。但近代以来，中华民族因为闭关锁国，错失了多轮发展机遇，导致国运维艰，民生苦难。从 1840 年鸦片战争到 1949 年中华人民共和国成立的 109 年间，中华大地内忧外患不断，山河破碎，民不聊生。为图国家富强、为求民族振兴、为谋人民幸福，英勇的中国人民在苦难和屈辱中奋起抗争，无数仁人志士在曲折和磨难中苦苦探索不屈不挠，历尽艰难前赴后继。一部中华民族的近代史，就是一部饱受欺凌奴役的屈辱史，也是一部慷慨悲歌的抗争史，更是一部民族生存自由的幸福追梦史。改革开放以来，中华民族努力奋斗，终于赶上了当代世界的"幸福时运"。2011年 9 月，教育部将"幸福"作为"开学第一课"主题。2012 年，党的十八大报告号召"共同创造中国人民和中华民族更加幸福美好未来"。2013 年，习近平总书记指出："实现中华民族伟大复兴的'中国梦'，就是要实现国家富强、民族振兴、人民幸福。"

（三）我校的幸福探索

东莞市第一中学创办于 1957 年，60 多年来，一代代教师、学子以"立志、勤奋、求实、创新"为校训，积淀了"厚德载物、自强不息"的深厚校园文化。目前学校师资力量雄厚，环境优美，设施完善，文化氛围浓厚，校风优良，各项办学评价指标稳居全市公办高中前列，在本地区享有较高的社会声誉。然而，作为东莞地区的国家级示范高中学校，在检视丰硕成果之际，我们也清醒地看到了面临的发展瓶颈和转型挑战：以培养"专才"为目标、以"高考"为导向的教育体制，缺乏幸福关怀，教育者和学习者都陷入以考试分数为核心的绩效竞争中难以自拔，幸福感和成就感低，从而让教育和学习成为痛苦的事情，也导致学校成为最不幸福的地方。中国教育改革纲要及"十三五"规划，明确将"幸福教育"作为教育的新方向，并重新厘定了中国未成年人的核心素养教育目标，核心素养的核心是解决"培养什么样的人"的问题，每一种素养都指向人的成长幸福，目前相关课程改革正在轰轰烈烈地铺开。借力时代东风，我们在 2016 年 60 周年校庆来临之际，认真总结办学经验，重新调整办学思路，提出"办一所让人幸福成长的学校"的理念，探索"适性求是、成人幸福"实践模式。我们从人本管理、品牌增值、要素优化、内涵拓展等方面着手，让学校的知名度、美誉度、信任度等根植于生命的幸福度基础之上。

二、理念的内涵：适性求是，成人幸福

追求幸福是教育的最高目的，但什么是"幸福"？怎么办一所"幸福"的学校？或者说怎样帮助孩子们获得人生幸福？这是所有学校、所有教育者正在殚精竭虑从事的事业。

（一）什么是幸福？

我们认为，"幸福"是人在社会活动中形成的自我满足、自主自由的"满足感、归属感和成就感"，它包括三个要素，即从心从德的自由、予取予给的快乐、利人利己的意义（表 1）。

表 1　　　　　　　　　　"幸福"概念表

幸福			
项目	自由	快乐	意义
含义	身心健康，心智平衡 有智慧，有能力 有自主，有自尊	需求满足，予取予给 归属感、成就感	利自我，利于他人 利世界，利人类

幸福教育是以人为本、顺从人性，帮助人成就自我并乐享人生的教育，它从"明辨是非"知识学习、品德启蒙开始，"是非之心、智之端

也"，其真谛就是要坚守幸福初心，存"是"去"非"，就是"适性求是、成人幸福"，这是一个人本化的幸福教育观念，也是一个全域化的教育文化生态。"适性"是指教育实践活动应遵循人性、天性，"适性"即顺应教育对象的天性、环境资源特性，应天时地脉，尽物性之宜，因材施教，适时开展适量的活动，并能适可而止、止于至善，以启迪灵性、发展个性、完善人性，最终成就人的幸福。"性"的核心语义指"人性""天性"，在广义教育语境下，还包括物性、理性等含义。儒家认为，"唯天下至诚为能尽其性，能尽其性，则能尽人之性，能尽人之性，则能尽物之性"（《礼记·中庸》）。

（二）怎样才算幸福？

学校教育到底应该做一些什么才会产生幸福？我们认为，一是尽最大可能建设充满积极能量的幸福校园文化；二是尽最大智慧建设多元化的幸福课程。

学校文化是根植于校长和教师群体心底的教育情怀和使命意识，然后外化为校园功能建筑、园林景观、制度精神表述。真正决定学生成长差异的因素，不是教师的课堂授课，也不是家庭的经济地位，而是学校整体文化"软环境"对每个孩子独一无二的品格、特质、精神和信念的激发，那些"隐秘的"细枝末节的制度和管理，对孩子有着巨大的影响力，包括丰富适宜的硬件环境，有序组织的校内外活动，清晰适性的严明制度和纪律，一个都不少的关怀帮助，富有文化内涵的隆重仪式，强化内在动力的荣誉感和信念的激励。为此，我们制定了"幸福大文化""一九三"工程，"一"指一个理念：办一所让人幸福成长的学校；"九"指九项工程：制度创新、综合育人、校园文化、课程建设、常规教学、教师成长、社团活动、工会服务、后勤管理；"三"指三大亮点：幸福文化、幸福课程、幸福团队。

长期以来，人们对学校教育存在严重误解，认为只要强调学习、考试竞争等，就不会有幸福。其实，对学校的误解即是对人性的误解。教育不是剥夺师生的快乐，而是在高标准中塑造学生的优秀习惯，在优秀和自律中，帮助师生习得自我掌控的生命能力和深层次精神快乐。学校教育以专业方法和策略，给予师生尽可能全面的关怀和帮助，针对他们的特长、才能、潜质进行精密细致的教育，帮他们确立人生目标，指导他们找到一条清晰的人生脉络和方向，找准奋斗方式，让他们有信心、有方法一步步达成目标。学校是个大家庭，学校文化要定期为每个成员注入强大精神力量，鼓励每个人努力为大家庭作贡献，强化"我很重要，我能变得更好""我可以、我愿意、我一定能""班级、学校因为我的存在而幸福""今天我以学校自豪，明天学校为我自豪"等信念。学校在安全、理性的规范保护下，适度鼓励师生勇敢展示个性才艺，勇于尝试和实践，这将给师生巨大的成长幸福。即使暂时我们看不到幸福花开，但我们相信幸福的种子终将发芽，我们也要教孩子们永远怀揣这种信念。

（三）学校幸福教育的路径

东莞一中以"适性求是、成人幸福"为幸福教育路径，其中"成人幸福"是让每一个人有追求幸福的成就感和享受幸福的快乐，最终成就每一个幸福人，它必须通过"适性求是"的过程来完成。"适性求是"是根据学习者的差异有选择地进行教育，在真实的教育环境中顺其所是、求其所是、成其所是，从而达到"性命合一""学达性天"，完成人的"自我实现"。具体到学校教育，既有校长、教师、学生、家长等人性要素，也有地域文化影响下的物质环境、文化资源、制度习俗等物性、理性要素。幸福的学校都是相似的，就是都能够尽"人性"、尽"物性"，教师和学生创造合适的成长环境和发展机遇；而不幸的学校看似千差万别，但本质都一样——挖山造池，填水造山，不利人性，不尽物性，糟践天物，违时背德（表2）。

表2　　　　　　　　　　　"适性"概念表

项目	适：适应、适合、适度、适可、适止	性：天性、人性、物性、理性
含义	顺从——适应 择优——适合 引导——适度 训练——适可 绩效——适止	自然之性——社会之性 群体之性——个人之性 区域之性——学校之性 习俗之性——制度之性 文化之性——时代之性

　　"求是"之"是"指生命本来的样子，是一切美好的、"对"的事情，是可以照亮任何角落的能量。其逻辑语境是：称其所是（明是）——依其所是（如是）——求其所是（求是）——成其所是（成是），如表3：

表3　　　　　　　　　　　"求是"概念表

项目	求：立志、追求、行动、体验	是：明是、如是、称是、成是
含义	知识建构——信息选择 学业探究——课程实施 教学构建——科研反思 综合实践——德性体悟	生命之是——生活之是 价值之是——道德之是 知识之是——真理之是 素养之是——幸福之是

　　从"是"的角度观察幸福教育，其含义如表4所示：

表4　　　　　　　　幸福之"是"与"是"之幸福

项目	幸福之"是"	"是"之幸福
含义	真真之"是"：人性向真 善善之"是"：人格向善 美美之"是"：人品向美	"是"其真：真其所真 "是"其善：善其所善 "是"其美：美其所美

从幸福教育的内生力视角看，"适性""求是"是一个完整的知行逻辑链，并奠定"成人幸福"的实践基础，如表5：

表5　　　　　　　　"成人幸福"概念表

项目		成		
		成长、成就、成功		思成、造成、传成
含义	人	自我、小我——他人、大我 个体、自然人——群体一、社会人	幸福	观念——奥秘 能力——文化

总之，"适性求是、成人幸福"是以人为本，从观念优化到课程建构，从学业精进到品德养成，从教育策略到绩效评价，都致力于创造一种人文的幸福文化生态和实践生态，让每一个教育参与者的生命智慧和潜能得到最合适的发展，成就最优秀的自己，实现最幸福的人生（图1）。

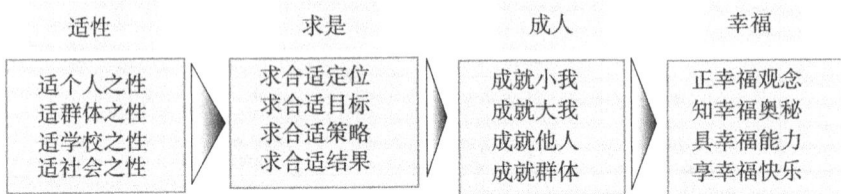

适性	求是	成人	幸福
适个人之性 适群体之性 适学校之性 适社会之性	求合适定位 求合适目标 求合适策略 求合适结果	成就小我 成就大我 成就他人 成就群体	正幸福观念 知幸福奥秘 具幸福能力 享幸福快乐

图1　"适性求是、成人幸福"概念图

三、理念的践行："5H"幸福教育

（一）"5H"涵义

"5H"幸福教育包涵"生命健美教育""博雅智慧教育""生活技

能教育""心灵道德教育"和"社会协作教育"五大领域，这是基于高中生的成长、成人、成才教育，是全情体验教育、全程体验教育、全面体验教育、全员体验教育。其理念和实践图景见图2。

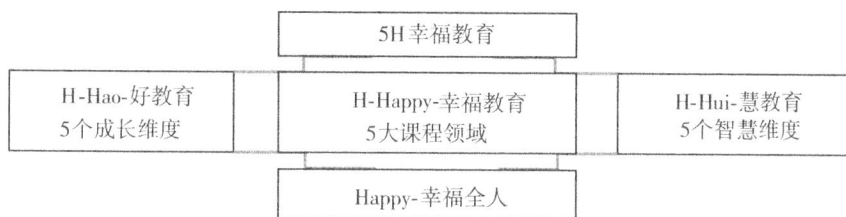

图2 "5H"涵义结构图

"5H"是以"幸福"（Happy）为核心，分解为五大幸福教育指标，即生命健美教育（Health）、博雅智慧教育（Head）、生活技能教育（Hand）、心灵道德教育（Heart）和社会协作教育（Help）。其中"H"还包含着"好（Hao）教育"五要素——好老师、好学生、好才艺、好课堂和好文化等，以及"慧（Hui）教育"五要素——慧知、慧能、慧心、慧才和慧德。其课程结构见图3。

（二）"5H"幸福教育实践

传统教育执着于以某个或某几个因素为"中心"，类似"盲人摸象"，造成教育功能的割裂、异化。而每个人的生命都是独特的，成长发展是多样的，学校教育应该为他们创造尽可能多的可能性机会。我们围绕"办一所让人幸福成长的学校"理念，从学校办学历史文化出发，综合建构"5H幸福教育"体系。

1. 幸福教师：师德高尚、专业精良、品正学高、达己达人

培养智慧型师资，建立"新星—能手—骨干—名师—专家"培养秩序；鼓励教师以"终身学习"为念，争做幸福教师，用积极阳光的

Happy
幸福

面向个体 创新类 丰富个性

面向分层 拓展类 开阔视野

Hand
生活技能 Help
社会协作

面向全体 夯实基础

Heart
心灵道德 基础类 Head
博雅智慧

Health
生命健美

（a）

实践 礼仪

劳动 社团

技能 HAND
生活技能 HELP
社会协作 公益

人格 5H
幸福课程 人文

品德 HEART
心灵道德 HEAD
博雅智慧 科学

信仰 HEALTH
生命健美 创新

生命 体育 艺术

（b）

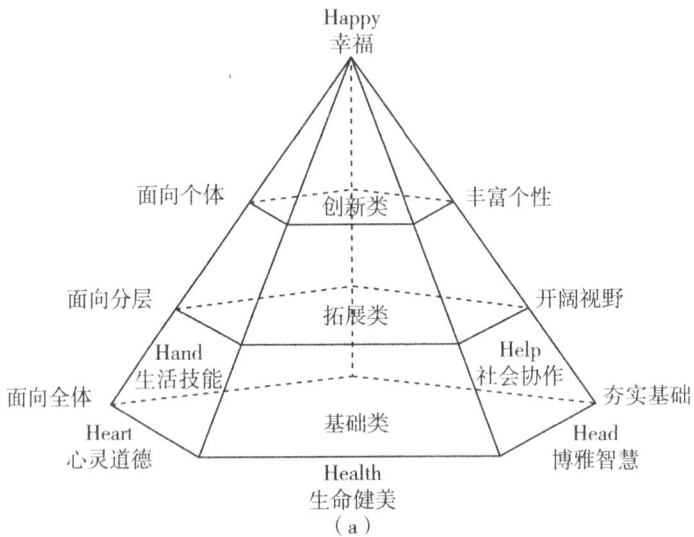

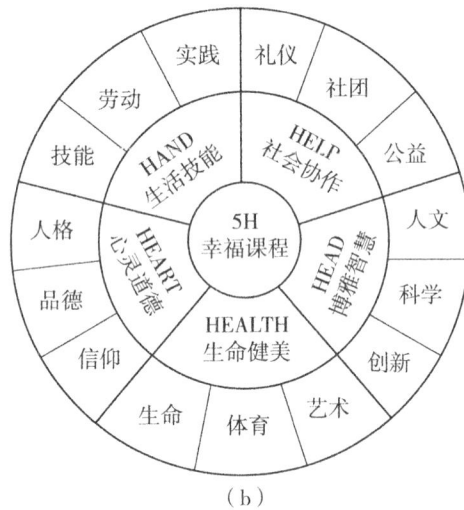

图 3 "5H 幸福课程"结构

教育态度谱写教育人生；构建"专业型、研究型、睿智型、合作型、阳光型"等教师发展目标体系，造就一支"师德高尚、专业精良、品正学高，达己达人"的教师队伍，铸造一批有个性、有风格、有成就的"幸福品牌教师"。

2. 幸福课程：现代价值、国际视野、百花齐放、教学相长

"幸福教育"的达成极其依赖个性发展，这也是当前教育改革的关键。"5H 幸福课程"从学校定位、师资实际和生源特点出发，遵循三大原则实行"适性"管理模式：①基于"人本"的教育文化：营造人与人、人与环境和谐共处的教育生态，以成就有独立人格的大写的幸福人；②基于差异的教学策略：既要有群体的普遍适应性，又要有"个体"的多元智能差异性，"多歧为贵、不取苟同"（蔡元培），慎思明辨，和而不同，让学习者体验智慧之乐、探究之趣、收获之喜、人际之爱，跳出被动学习的"苦海"；③基于"自主"的管理：教师通过"适性施教"帮助学生"学达性天"，学生通过"适性学习"激励自我天赋、自发进步的动力，从而获得有尊严且快乐的成长，达到"性命合一"，完成人的"自我幸福实现"。经过多年理论和实践探索，我校"5H 幸福课程"基本建成（表6）。

表6   **"5H 幸福课程"内容**

课程领域	课程内容
Health 生命健美教育 心身的欢歌	生命安全教育；心理健康教育；体育艺术教育；高水平竞技课程（羽毛球、健美操、篮球）；休闲教育；生涯规划教育等
Head 博雅智慧教育 智慧的火花	多维智商教育；学科教育；通识教育；语言阅读写作教育；科技创新课程；科学人文教育等
Hand 生活技能教育 劳动的快乐	"三生"教育（生命、生活、生存）；劳动教育；生存技能教育；综合实践；生活常识教育等
Heart 心灵道德教育 美德的光芒	"三观"教育；核心价值观教育；伦理教育；信念教育；理想教育；感恩教育；国际理解教育；爱国法制教育等

课程领域	课程内容
Help 社会协作教育 人间的友爱	团队教育；协作教育；礼仪教育；合作学习；集体研学；社团活动等

3. 幸福课堂：适性生智、是其所是、多歧为贵、不取苟同

"幸福教育"以核心素养为基石，保证"德育有体验、课程有选择、课堂有思考、课外有拓展"，打造青春味、学科味、生活味、文化味、成长味的课堂；把课堂还给学生，让课堂充满精彩、激情与活力，"多歧为贵、不取苟同"，鼓励学生独立思考，慎思明辨，和而不同；让学生体验智慧之乐、探究之趣、收获之喜和人际之爱；顺其所是、求其所是、成其所是——达到"性命合一""学达性天"，完成人的"自我实现"。

4. 幸福校园：天地人和、文化自觉、达己达人、止于至善

"校园文化"包括物质文化、制度文化、精神文化和行为文化等内涵，是一项具有系统性、层次性、长期性和复杂性的大工程。学校要高举文化大旗，搭建体育节、读书节、艺术节、科技节、慈善节等幸福教育体验平台；建立学校文化资源库、价值体、行动群；校园环境生态和谐；开拓"幸福教工"多彩人生：教职工"送温暖"关爱制度，建设高品质"教工之家"，开发教职工"乐活"兴趣活动等；围绕学校地理形势、文化符号、幸福故事、典型仪式等要素，建立"幸福教育"形象识别系统，提炼学校教育哲学和文化精神。

5. 幸福家教：互适互求，共育共建；互学互通，共享共生

苏霍姆林斯基说："教育的效果取决于学校家庭的一致性。"我校将以建设"家校幸福共同体"为动力，激活家教资源，开拓政府、社

区、社会资源，建立温暖、美好、可信赖的"幸福家教生态环境"，建立家校沟通的有效课程体系和实施体系。

四、实践效果及反思

（一）实践效果

从 2015 年启动"幸福教育"行动以来，短短四年时间，东莞一中发生了显著变化。

在校园环境层面，学校不遗余力为教师创造幸福环境，提升教师的幸福力和幸福感，唤醒教师的职业良知，并因爱而奉献、因奉献而获得、因获得而幸福。学校充分挖掘办学资源潜力，建立了"校友会"和"学校教育发展基金"。校友会各届校友倾力回报母校，学校景观面貌焕然一新：岭南园林公司指导学校进行了园林大改造；校友捐资兴建了校史馆、校友名录长廊、多功能学术报告厅、升旗台、感恩亭、荷花鱼池等，改造了全校花木品种、教学楼花圃；主校道全部改种了古风香樟树。如今的校园花木葱茏，景观清奇，赏心悦目，是一所名副其实的幸福学习乐园。

在精神文化层面，学校厘清了办学思想，建立了明晰统一的教育理念。我们以"办一所让人幸福成长的学校"为办学理念，以"适性求是、成人幸福"为办学路径，形成了"立志、勤奋、求实、创新"的校训，"诚朴务实、民主和谐、锐意进取、追求卓越"的学校精神，"明德、崇雅、致知、臻美"的校风，"进德、乐业、立己、达人"的教风，"乐学、善思、合作、笃行"的学风，"清正、团结、务实、高效"的政风。学校以学生成长和教师发展为己任，学校和教师引导、成就学生，学生以成长荣耀和幸福感恩回报学校和教师，形成生命和智慧的幸福环流。

在课程建设层面，"5H 课程"让师生焕发了教育活力，教师课程开发呈现"三高""三度"特征，即教师热情高、课程水平高、课堂效率高；"三度"是有深度、有广度、有专业度。学校积极投入新一轮教育改革，严格执行国家课程标准，保质保量、开齐开足。同时积极开发地方课程、校本课程，取得显著成绩。目前，已经开设100多门线上和线下"幸福"校本课程，学生在这些个性化课程上不仅拓展了视野与知识，还激发了兴趣，提高了学习幸福指数。每年寒暑假，学生和家长在"东莞一中智慧校园"服务号上进行网络"抢课"，空前火爆。学校一大批教师快速成长为课程开发能手、课程研究和实践骨干，他们扎根课堂、班级、学生中，积极发现问题、探究问题、解决问题，不断完善研究设计，不断进行经验反思，教育教学风格越来越明晰。

在教育质量层面，党政工团群教育队伍作风优良，奉献精神高涨；管理制度更加健全，制度文化稳定安心；校风学风更加稳健，实干多干蔚然成风；德育工作面貌一新，文明礼仪发自内心；教学改革稳步推进，教学质量稳步提高；后勤服务改革成效显著；校园文化育人效果显著；学生学业水平稳居东莞市前例，高考成绩连创新高，"双一流高校"上线率逐年攀升。

在办学示范层面，学校的教育示范引领效应逐渐增强，并组建东莞市第一中学教育集团托管中堂镇实验中学，在对口新疆、西藏、云南及广东欠发达地区如韶关等地的教育扶贫行动中，我校屡获赞赏。近年来，学校还成功承办多项省市和国家级大型文体活动，增强了师生的自豪感幸福感，提升了学校的社会美誉度，扩大了我校的品牌影响力。

在教科研层面，学校以"幸福教育"为旗帜，引领教师开展"幸福教育"思考和实践，探索现代"幸福学校"的办学规律。从2015年起，学校将"幸福教育"品牌建设工作纳入日常管理工作之中，并已开展前期研究和实践，获得初步成效。学校目前已有8个省市名师工作室，还有一批市级学科带头人，在相关项目上已取得丰硕成果。开放式、适性化的课题研究体系，让每一个教师都能找到适性的研究问题。我校教科研实力雄厚，氛围浓厚，呈现"三高"特征，即教师科研热情高，课题立项参与率高，课题成果水平高。2018 年 10 月，学校已加盟"全国幸福教育联盟"，2019 年 8 月，学校加盟"新教育实验学校"，在中国教育科学研究院、全国幸福教育联盟、全国"新教育联盟"等高层级机构和专家的指导下，正探索更高层次的办学模式。

（二）教育反思：不忘初心，知行合一

目前，东莞一中正在为创建地区"幸福教育品牌学校"而努力奋斗。我们越来越清醒地认识到，学校教育的本质属性是"立德树人"，教育的初心是"成人幸福"，这是每一个东莞一中人的信念。在艰苦而幸福的探索中，我们有如下感悟与同仁们共享。

一是"幸福"与"快乐"。在人类的想象中，"幸福"图像总是呈现为满足、开心的笑容或乐观姿态。确实如此，幸福的基本要义是人对自我、对生活、对世界的积极心理反应。有人说，幸福无关物质、财富、权力、声誉，幸福体验超越时空。但是，人类文明史表明，任何美好事物的获得都有代价，幸福是如此美好，何以能够廉价易得？显然，"幸福是奋斗出来的"警示中还有更多教育启迪：勿以"一杯酒""一场麻将"的红尘"快乐"代替幸福，勿失于宗教"极乐"幻境，勿以浅薄幸福"鸡汤"迷惑成长中的青少年。

二是"幸福教育"的核心工作是培育"幸福文化"。东莞一中办学六十多年，是享有较高品牌声誉的"好学校"。从"幸福教育"视角看，"好学校"除了好老师、好课堂，更重要的是学校整体的"好文化"，对每个孩子的个性、品格、特质、精神和信念的激发。学校文化常常表现在许多细碎而"隐秘的"制度和管理活动中，对孩子们的成长、发展产生着巨大的影响力。培育文化，这是"幸福教育"真正的核心工作。站在"文化"高点看学校，幸福就像蓝天上的白云，寄托着我们的教育梦想和希望；也像树木下的厚土，承载着我们所有的教育历程和精神汗水。

三是"适性求是"是一种爱的生活实践。教育是生长、生活，不

是训练、求功；成长是德性养成而不是功利速成，是心灵修行，而不是谋生急就；教育为人的自我完善、自我发展铺开道路，帮助人养成社会化所需的德性；德性的实现依赖于生命对生命的尊重、依赖于心对心的同温感动。学校教育的"生活"和"养成"训练好比"苗圃"，是唤醒、发现和引导，不是约束、塑造和固化，如苏霍姆林斯基所说"一条禁律伴随十条鼓励"，鼓励起生命的主动性，弘扬起生命的主体性，然后经过社会大熔炉的泛在教育，才能进入理性的"自由王国"，成为一个全面发展的幸福人。

四是"适性"不是"任性"。"适性"是尊重个性、强调个性、顺应个性，因材施教，让优者有提升，弱者有希望。"适性教育"不是"择英才而教之"的"精英教育"，而是通过不同层次的教育让所有生命都绽放自己的芬芳，所谓"苔花如米小，也学牡丹开"。但自然、"天性"并不等同于正当、正义或道德，"顺适"不等于"放纵"。现代科学（主要是进化论）发现，人类有"自私自利"的动物本性，也有进化所赋予的利他利群超越性。所谓"适性教育"是敬畏文明伦理准则、有所为有所不为、为其所当为的教育，而不是无条件的天性释放。教育"三恶"即"放养（释放孩子的天性）"、"快乐教育"、"学历无用论"，是对"适性教育"的误解和歪曲，是教育悲剧之源。

五是"乐学"与"苦学"。我们的教育哲学是"梅花香自苦寒来"，人的幸福与成功都源自长久的学习磨难。对于资源竞争式教育而言，面对残酷的升学压力（特别是高考），课程、课堂及评价都极其功利，确实难言幸福。这看似是无解的矛盾，其实蕴藏着巨大机遇：幸福的本质特征就是没有苦难或痛苦，教育可以改变方式排除痛苦来促进个人或集体幸福。因此，我们推行"适性求是"幸福教育，设置大量活动课程，通过丰富多彩的课程活动、健康活动、审美活动、文化活动等，以唤醒兴趣、激活潜能、增进情感，收获知识和能力，提升信心和成就感，从而超越学习之"苦"，享受幸福之"乐"。

"人"的教育最伟大，也最艰巨，幸福永远在路上。在探索幸福教育征程中，我们也面临许多困难，如源于教育评价的"绩效压力"所致的"不幸福感"仍然普遍；随"绩效"评价而来的强制规训教育对"人"的天性的压制；升学竞争下的个性学习与学业发展不均衡而致的厌学情绪、被动学习现象仍很严重；教师的"幸福"情怀还有待提升等等。这些问题不是绊脚石，而是我们前进的警示灯，让我们不忘初心，砥砺奋进。

◎ 参考文献

[1] 顾明远．苏霍姆林斯基教育思想在中国的传播及其现实意义 [J]．比较教育研究，2007（4）：1-4.

[2] [美] 怀特海．教育的目的 [M]．北京：生活·读书·新知三联书店，2002.

[3] [美] 亚里士多德．尼各马可伦理学 [M]．北京：中国社会科学出版社，1999.

[4] [美] 亚伯拉罕·马斯洛．人类激励理论 [M]．北京：中国社会科学出版社，1999.

[5] [美] 内尔·诺丁斯．幸福与教育 [M]．北京：教育科学出版社，2014.

和而不同，各美其美

——我的办学理念与实践

珠海市斗门区第四中学　张达安

一、"和而不同，各美其美" 教育理念的提出

正如爱因斯坦所说的，"每个人都是天才。但如果你以爬树的本领来断定一条鱼的能力，那它终其一生都会自以为是个笨蛋"。那么，怎样实现让每一个孩子都接受适合其发展的教育呢？马克思和恩格斯提出，应该从受教育的机会、实现人的全面发展等方面配置教育资源，以保证和实现教育公平，从而使得每个人都能获得较为全面的发展。

与此同时，现代教育要求实现人的全面发展，现代教学中，素质教育理念不断被贯彻实施。然而，实现人思想道德、能力水平、个性发展、身心健康的全面协调发展并不是易事，尤其是中学阶段。中学阶段，学生生理、心理和社会性发展显著变化，自我意识发展进入第二个飞跃期，学生一方面深切重视自己的能力和学习成绩，另一方面强烈关心自我个性的成长。他们在心理上不断"制造"假想观众，渴望他人的关注、表扬和认同，但又容易产生挫折感，有着很强的自尊心。青少年的这些特征早已成为学校和家庭教育不能忽视的客观现实和心理依据。因此，让中学生在校园生活中获得认同感尤其重要。我们一方面要创造机会、创造平台，让孩子充分发展和展现自我，发挥所长，获得成

就感；另一方面要创造和谐的校园文化，包容多样、理解差异、宽厚他人，形成德、智、体、美、劳全面发展的文化氛围。

基于以上原因，汲取前贤今人的教育智慧，我们提出了"和美"的教育理念，即和而不同、各美其美。我们认为让每一个孩子都接受适合其发展的教育，是尊重差异、包容多样的教育，而"和美"教育正是这样一种教育。在我们看来，每个孩子就是一颗不同的种子，有其不同的基因、不同的生态成长过程、不同的人生价值取向与成果。我们要尊重差异、包容个性、适性扬才，使更多学生得到更加全面的发展。

二、"和而不同，各美其美"教育理念的思想内涵

"和而不同，各美其美"的"和美"教育理念，根植于我国优秀的传统文化，吸收借鉴了近现代中西方教育思想，既符合学校发展的战略定位，也有利于实现学校育人目标的实现。

"和而不同"出自《论语·子路》："君子和而不同，小人同而不和。"同，苟同，即"君子在人际交往中能够与他人保持一种和谐友善的关系，但在对具体问题的看法上却不必苟同于对方。小人习惯于在对问题的看法上迎合别人的心理，附和别人的言论，但在内心深处却并不抱有一种和谐友善的态度"。

"各美其美"出自费孝通"各美其美，美人之美，美美与共，天下大同"，即人们要懂得各自欣赏自己创造的美，还要包容欣赏别人创造的美，这样将各自之美和别人之美组合在一起，就会实现理想中的大同美。

好的思想，历久弥新。"和而不同"是处理不同学术思想派别、不同文化之间关系的重要原则，是学术文化发展的动力、途径和基本规律。"各美其美"尊重文化多样性，同时尊重学生的个性、特长发展，挖掘其潜能。搭建教育平台，从欣赏的角度看待学生的生态成长，也是新课程标准尊重学生主体地位，关注学生的个体化差异的重要体现。可

见"和而不同，各美其美"不仅适用于各类国际事务，也适用于我们的日常生活和教育。我们相信，在"和美"教育办学理念下，我们的校园会更加和谐，老师、学生会更加优秀。和美教育理念的本质是尊重学生差异，促进学生个性发展。

三、"和美"教育理念的办学实践

根据《国家中长期教育改革和发展规划纲要（2010—2020年）》重要精神，我们认为基础教育是面向全体学生、促进学生全面发展的教育。因此，发展学生应具备的、能够适应终身发展和社会发展需要的必备品格和关键能力的核心素养，尤为关键。

2014年，国家提出中国学生应具备的六大核心素养，即人文底蕴、科学精神、学会学习、健康生活、责任担当和实践创新。围绕这六大核心素养，学校从基础文化建设、师生社会参与、自主发展、自主创新等方面做出了努力，以促进全体师生的全面发展。具体措施如下：

（一）编写校本教材，建设"和美"校本课程

结合我校"和而不同，各美其美"的办学理念，遵循课程体系构建原则，紧扣学生的核心素养，我们开设了人文底蕴、科学精神、健康生活、责任创新四大类近四十门课程。

人文底蕴类：包括语文、数学、英语、历史等基础课程，以及文学社、阅读社、课本剧、荷墨汉听社、英听社、汉语听写大赛、数学解题大赛、英语听写大赛等社团和兴趣班。此类课程旨在培养学生核心素养之一的文化基础。文化是人存在的根和魂，让学生在学习、理解、运用人文知识中形成正确的价值取向和审美情趣。

科学精神类：包括物理、化学、地理、生物等基础课程，以及生物小组、化学小组、无土栽培、筷子搭桥、水火箭、蒸汽船等兴趣班和课程。重在强调能习得科学领域的知识和技能，掌握和运用人类优秀智慧

成果，涵养内在精神，追求真善美的统一，将学生发展成为有宽厚文化基础、有更高精神追求的人。

健康生活类：包括美术、音乐、体育、心理辅导等基础课程，以及陶艺社、美术小组、合唱队、心理小组、街舞、拉丁舞、钢琴、竹笛、吉他、小提琴、花式跳绳、足球、篮球、排球、羽毛球、乒乓球、毽子、象棋、太极、3D陶艺、创客、心理咨询电视台、广播站等兴趣班和课程。此类课程旨在培养学生对体育、艺术的兴趣，让学生成为健康而有高雅情趣的人。

责任创新类：包括政治、思想品德、综合实践等基础课程，以及学生会、小记者协会、志愿服务大队、模拟法庭、广播站、电视台、志愿服务等社团和课程。此类课程旨在引导学生处理好自我与社会的关系，养成现代公民所必须遵守和履行的道德准则和行为规范，增强社会责任感，提升创新精神和实践能力，促进个人价值实现，将学生培养成为有理想信念、敢于担当的人。

根据校本课程建设的需要，我校还组织教师编写了一批语言、文化、艺术类的教材和读本供师生使用。

（二）营造科研氛围，促进教师成长专业化

教研活动是教师岗位练兵的载体，是教师专业成长的平台。在积极推进"和美"校本课程的同时，我校积极探究适合校情、有利于新课程实施的教研的机制与活动方式，并形成一套具有本校特色的校本教研框架体系，即教研训一体化活动。教研训一体化活动主要包括理论学习、教学观摩、教学论坛、经验总结和推广交流等五大环节。

在理论学习和教学观摩上，我校秉持"立足本校、走出去、请进来"的教研方针，加大科研投入力度，不断提升教师课题研究和论文写作水平。一方面，我校积极邀请各科专家、名师来校作专题讲座，交流经验，为本校教研工作提供理论与实践的指导；另一方面，我校建立了"名师工作室""名班主任工作室"加强名师、名班主任的培养；积

极开展"青蓝工程""名师带徒""一帮一""结对子""师徒异课同构"活动，让青年教师迅速成长，并积极鼓励、支持、组织青年教师去外校参观，交流经验，申请课题。

与此同时，为推进素质教育，进一步强化艺术教育，发挥学生的个性特长，使学生在德、智、体、美诸方面健康和谐地发展，学校申报并开展了"教研训一体化""特色班级文化"两个"十二五"规划课题和"十三五"系列课程研究，同时还进行了"情境教学""社团+兴趣班"等一系列的校本课程研究，并在我校开展教师"教学论文、教学设计、教育案例、教学反思、班主任经验总结、读书笔记"的评比活动，将优秀作品上报到区教研室，促使教师及时总结并反思自我的教学与教育方法。

(三) 搭建平台，促进学生成长个性化

一方面，我校围绕学生核心素养的培养，强势推进以"兴趣+特长"、"社团+兴趣班"为模式的特色课程体系，组建了创客陶艺室、模拟法庭、小记者协会、舞蹈队、毽球队等40多个社团兴趣班。

另一方面，我校举办多种线上线下活动，创建平台让学生发挥所长。线上活动主要有"中小学英语朗读能力在线展示活动""一起作业"；线下活动有"课本剧大赛""班级文化展示活动""元旦文艺演出""斗门非遗项目与民间文化传承""小小主持人金话筒比赛""科创比赛""Spell Englishing 大赛""汉字听写大赛""校园文化祭""足球友谊赛""无土培养体验项目"，以及各类书画大赛等。同学们在活动参与中发挥所长，增长知识和自信，有利于自我的成才。

与此同时，学校多次组织志愿活动，帮助学生体验不一样的人生，感受不一样的风情。如利用课余时间走进"空巢老人"之家，送歌送节目下乡等，让学生学会感恩，学会仁爱。

（四）优化校园环境，开展多元文化活动

校园是师生生活、学习、活动的场所，校园文化不仅有美化环境的作用，更重要的是渗透教育理念、凝聚师生力量。创造良好的校园氛围，建设富有特色的校园文化是深入实施素质教育、深化教育教学改革的一项重要工作，也是优化学校管理，丰富学校内涵，提升学校品位的重要举措。

实践研究中，我校重视校园文化的建设。我校基于核心素养，围绕"和而不同，各美其美"的办学理念，确立精细化管理、科研兴校、文化盛校的行动策略，并根据校训"爱心、博学、正身、致志"打造校本课程文化，践行办学理念。

为此，我校在搞好校园美化净化亮化工作，发挥环境育人作用的同时，以校园精神文化建设为核心，开展多元化活动，深化教育内涵。一方面，校园是师生生活、学习、活动的主要场所，美化、净化校园以及引导学生参与校园的美化、净化本身就是对学生的教育。美化环境为师生开展丰富多彩的教育活动提供重要的阵地，使师生在求知、求美、求乐中受到潜移默化的启迪和教育；另一方面，精神文化建设是校园文化建设工作中的重中之重，是校园文化建设的点睛之处。我校本着"建设有文化的校园，塑造有思想的教师，培育有素质的学生，办成有特色的学校"这一目标扎实开展精神文化建设，在过程中渗透"以德育人，以学施教"的教风和"快乐学习、严谨求知"的学风。

与此同时，学校文化建设重视中西合璧，既重视中华民族传统文化的弘扬，也吸收借鉴外来文化，并体现在校园活动和班级活动中。近几年来，学校高度重视校园文化的建设发展，想尽办法创设一种积极的文化氛围，以期陶冶学生情操，启迪学生心智，构建学生健康人格，全面提高学生素质。为帮助经济有困难的学生，让每一名四中学子在这充满真情的校园里学会感恩，学会仁爱，弘扬关爱他人、互助友爱的中华美德，共建文明四中，共筑幸福中国梦，学校于2012年成立了"友爱助

学基金会"。至今短短四年多时间，共帮助困难学生 232 人次，发放助学金 10 万多元。

四、"和而不同，各美其美"教育理念的办学成果

（一）"和美"课程建设体系化

校本课程开发是新一轮基础教育课程改革推进过程中的一个亮点，是学校办学理念和构建特色学校文化的重要载体。"因材施教、适性扬才"就是让每一位学生都得到适合自身发展的教育。为此，我们积极开发校本课程，以激发学生个性发展。我校编写了如小合唱、陶艺、汉语听写、足球、无土栽培等近 10 本校本教材，增设了语言课、陶艺课、足球课等校本课程。其中，汉默听写语言课程、陶悠悠 3D 打印特色陶艺课程、斗门区田径基地课程、国家级足球基地课程、STEM 课程、广东省基础教育研究实验基地课程成为我校具有代表性的主创课程。

（二）教师成长专业化

近些年来，学校依托校本课程文化大力开展教育教研活动，以科研强校。教师教研能力得到实质性提高，师资队伍整体实力明显提升。

一方面，科研成果硕果累累。2018 年，我校共有省级重点课程 1 项，市级 2 项。学校近几年结题课题有广东省"百千万"项目组课题"基于社团活动的核心素养培养的实践研究"、珠海市"十二五"重点课题"教研训一体化的实践研究"、珠海市"十二五"重点课题"特色班级文化的实践研究"，以及其他省级小课题和区级校本特色课题等。

另一方面，学校涌现了一批名师、骨干教师。校长张达安被评定为 2015 年珠海市首批校长工作室主持人，被遴选为省中小学新一轮"百千万人才培养工程"中学名校长培养对象。此外，还有广东省骨干教师周转定，珠海市名教师黄小慧、周转定，珠海市名班主任李绮萍，珠

海市骨干教师李步喜、潘建军、丘铁军、叶越强，斗门区名教师丘铁军、何新贵，斗门区名班主任周云杏、卢燕英，斗门区骨干教师黎丽贤等。

（三）学生发展个性化、全面化

自"以人为本，和谐发展，各美其美"特色课程开发以来，以"兴趣+特长"为依托，以"社团+兴趣班"为载体的第二课堂使社团如雨后春笋般发展起来，如"诗言华语"诵读社、"阳光"剧社、"荷墨"汉听社、管乐团、小记者会、志愿者社团，还有象棋、羽毛球、板羽球、篮球、排球、花式跳绳等运动社团，既锻炼了学生的技能，又丰富了校园文化。社团成员通过参与管理各种社团活动得到了锻炼，从创设社团到组织开展活动，学生自我成长、自我管理意识不断提高，社会活动能力得以锻炼，人际沟通能力得以加强。

陶悠悠3D打印特色陶艺课程，提高了学生实践能力培养和艺术素养；荷墨汉听语言课程，在潜移默化中提高了学生语文学习兴趣和语文素养；"Spelling Bee"英语课程，提高了学生英语口语水平，打开了学生国际视野；"绿之宝"生物特色课程，提高了学生科学探究和实践创新的能力……

2018年，我校师生获奖500多项，其中省级以上的近100项，市以上的近200项。

（四）学校品牌效应化

在办学思想的引领下，斗门第四中学致力于打造"和而不同，各美其美"的和美教育品牌。学校先后被评为（或认定为）"斗门区德育先进学校""全国零犯罪学校""斗门区校园文化建设先进学校""珠海市语言文字规范化示范学校""广东省基础教育研究实验基地学校""广东省安全文明学校""珠海市文明校园"以及珠海市首届"互联网+教研"突出贡献奖。

通过几年的办学探索，秉持"和而不同，各美其美"的核心办学理念，我校的办学特色与品牌打造已"崭露头角"。随着学校办学水平的不断提高，学校在市区的知名度逐年攀升。"陶悠悠"3D 打印创客基地使我校成为目前珠海市西区中小学校创客项目中唯一的一所陶艺艺术教育特色学校，"绿茵侠"足球课程使我校成为全国青少年校园足球特色学校。曾为我校学习对象的珠海市各兄弟学校，先后到我校参观，学习我校在文化建设、科研实践、特色学校营建等方面的经验。2018年，我校受邀参加斗门区第三届教研节特色课程展示活动，2019 年，在珠海市教研工作会议上作为代表性学校做经验介绍。这些都是对我校办学水平的肯定，也是我校践行办学理念所取得的成就。

切思笃行，回顾自己这几年的历程，我的办学思想是随着学校的发展，特别是随着学校课程改革与探索实践推进而逐渐成熟与发展和完善的，这也是我将个人的教育思想不断转化为学校的办学思想并指导办学实践、形成办学特色的过程。未来的日子，我将不忘初心，"适性扬才"，使更多学生全面发展，使师生和谐发展，各美其美。

"全人教育"思想下的
高中特色课程体系构建

湛江第一中学　郑　军

自成为我省中小学新一轮"百千万人才培养工程"第二批名校长培养对象以来，本人始终按照上级教育部门及培养单位的要求，力求在师德修养、教研成果、办学业绩、社会影响、示范辐射等方面取得进步。作为湛江第一中学校长，五年来，我结合学校管理实践，在原有基础上不断提炼办学理念，发展教育管理思想，大力开拓特色校本课程体系，最终在"全人教育"思想统领下建构了一套与国家核心素养体系相对应的基于"四项"目标的"四种"体系、"六个"层面的"十八"种特色课程。

一、"全人教育"的办学思想

（一）"全人教育"

当前，随着我国经济社会发展的突飞猛进和国际竞争实力的日益增强，教育的改革与发展已进入了历史关键时期。教育现状依旧不容乐观：学生的书本知识掌握虽牢，但实践能力和实践精神缺乏；教师教学依旧重视认知教育和应试教育，忽视对独立思考能力、创造能力的培养……

教育的根本任务是培养人才，特别是培养德智体美劳全面发展的高素质人才。但摆在我们眼前的不争事实，严重影响和遏制着教育的发展，迫使每一位有责任感的教育工作者思考：新时期新环境下，教育的革新和发展究竟该何去何从？对教育改革的呼声让我们看到了新的教育理念实践的契机。

"全人教育"是以学生为核心、以学校为主导、家庭共同参与实施的整体的及系统的教育，该教育面向全体学生，通过课程建设、师资培训、课堂教学、综合实践活动、家长学校等途径，致力于孩子的心智与体魄的全面发展、和谐发展、持续发展。"全人教育"思想整合了"以社会为本"和"以人为本"两种教育观点所形成的既重视社会价值，又重视人的价值的教育新理念，提出充分发展个人潜能以培养完整个体的教育理念与模式。就其内涵而言，"全人教育"其一是人之为人的教育；其二是传授知识的教育；其三是和谐发展心智，以形成健全人格的教育。全人教育强调学生人文精神的培养，主张对人类共性的理解和与生命相和谐，鼓励知识的互动与整合。关于全人教育，我国著名教育家蔡元培先生指出："教育是帮助被教育的人，给他能发展自己的能力，完成他人格，于人类文化上尽一分子的责任。"

我所理解的"全人教育"有两个层面：一是全面发展的学校；二是全面发展的人。人的全面发展包括身心等各方面得到全面发展、个人的某个方面得到全面发展、人的个性得到全面发展以及全体学生都得到发展。经过多年探索与实践，这一办学思想集中体现在"以德立校、育人为本、和谐发展、笃学求尖"的新办学理念及其具体表现的"一训三风"上。

（二）以德立校、育人为本、和谐发展、笃学求尖

为了实现"全人教育"提出的"学校的全面发展"与"师生的全面发展"目标，我对原有的办学理念作了进一步思考，将"全人教育"思想具体细化为"以德立校、育人为本、和谐发展、笃学求尖"的新

办学理念。

1. 以德立校

学校是为国家培养合格建设人才的场所，育才先育人，育人先育德。学校德育工作是学校办学之根，立校之本。"以德立校"就是要求教师以奉献教育的热情静心育人，以高尚的师德润化学生，为人师表，举止高雅，充满人格魅力。"以德立校"就是引导学生用社会主义核心价值观武装自我，努力培养高素质的学生群体。

2. 育人为本

"育人为本"是以关注人、研究人、服务人、激励人、发展人、弘扬人为本位的管理理念。"以人为本"就是要以教师专业发展为本，以学生全面发展为本，以培养教育型家长为本，三位一体，形成育人合力。

3. 和谐发展

"和谐发展"就是更好地发展，让人有舒适感，是达到育人目标的重要依托。一是从学校的发展看，办学规模不断扩大，增加了大量的优质学位，体现了学校"和谐发展"的办学理念。二是从人际关系看，人与人关系的和谐发展，是精神生态的核心。我们倡导和谐的处室、和谐的级组、和谐的班级，使学校成为一个和谐的大家庭，人人和谐生活，共创更加美好的家园。同时，注重与上级部门、共建单位、社区建立和谐的关系，营造和谐的外界环境。三是从学生的角度看，学生的和谐发展主要体现在四方面：第一是强化养成教育，促进和谐的校风；第二是开展各种活动，让学生的个性得到和谐发展，培养创新精神；第三是扶持弱势学生，促进学生群体的和谐生活和学习；第四是学生内在世界与外部世界的和谐发展，即知言行和谐发展；德智体美劳多方面和谐发展；物质生活与精神生活和谐发展，促进健康人格的发展。四是从环境的角度看，强调天人合一，尊重自然和自然规律，建设生态校园，促使人文环境、教育环境与自然环境的和谐发展。

4. 笃学求尖

"笃学求尖"就是专心好学，力求领先于人。这是方向感，是我们追求的最终目标。"求尖"强调的是出自学校或个人内心主动需求，主动积极地挖掘自身的潜力，发挥特长，超越自我、超越他人，尽自己最大的努力追求能达到的最高境地。"笃学"是一中人追求学问、人才辈出的内因。

（三）"一训三风"

在学校"全人教育"思想指引下，为了进一步落实"以德立校、育人为本、和谐发展、笃学求尖"的新办学理念，本着积极、务实的态度，我校提出了新的"一训三风"，让全校师生有了更为明确的奋斗方向。

1. 校训："爱国、进取、奉献"

爱国，是我校办学的基本要求，也是我校一直传承的光荣传统；有国才有家，爱国才是爱大家。进取，反映的是人的精神境界，是一中人追求卓越、敢于成功的动力。奉献，是人生价值的最高体现，是一中师生对事业不求回报的爱和全身心的付出。这一校训，经过历届一中人的践行，已经有力证明了它自身的价值。

2. 校风："志、勤、实、爱、严、活"

真正优秀的一中人，不可能忘记一中的校风。"志"，即有目标，有志向，有抱负，志存高远，是实现人生价值的开端。"勤"，即勤奋进取，让勤奋成为一中人的习惯，让读书成为一中人的习惯，"勤"中有法。"实"，扎实，是做人要实、做事要实、谋事要实、作风要实、学习要实，是实现人生价值的必备作风。"爱"，即爱人爱己，爱心润人，爱满校园；教师要爱自己的事业及学生，以家的理念关爱每一个人；而学生则要爱学习，爱自己身边的人，这是开创教育事业的基础。"严"，就是严格要求，学校要有严格要求的高标准，教师严格要求自己的工作，严谨治学；学生认真对待学校纪律，严格要求自己学习，这是管理团队提升效益的必备途径。"活"，即学校充满生气和活力，表现为学生性格活泼、思维活跃；教师教法灵活，课堂充满活力，促进学生个性发展。"志、勤、实、爱、严、活"校风的传承，是一中人不断攀登教育质量高峰的有力保障。

3. 教风："博学精业、乐教育人"

博学精业，这是一中教师努力追求的一个目标。具有广博学识的教师，自然易成学生心目中的榜样；精益求精并用心耕耘出硕果的老师，自然是学生信赖的不二人选。而乐教育人，这是一中人对古之良师向往的最好注解：乐在教育中，不遗余力地培育人，这是师德高境界的体现，体现了一中人"小课堂，大境界"的教学素养，是我校争创佳绩的思想保障。

4. 学风："静学善思、敏行日新"

"静学善思、敏行日新"的学风有三点内涵：一是做个内心宁静的人，所谓宁静致远，内心淡定之人方能静观万物而不动声色，从而取得佳绩；二是好学不如好问，多思不如善想，勤学者不如好学者，能学能思，这才是真正的学习者；三是不做拖延者，不做守旧者，拖沓的人行动缓慢，效率自然低下，守旧者抱残守缺，终究跟不上形势而被淘汰。"静学善思、敏行日新"的学风突出了"静者胜出"和"行胜于言"的态度以及日日革新、追求进步的境界。

二、"全人教育"思想下的高中特色课程体系

我国于 2016 年正式发布"中国学生发展核心素养"体系。该体系以培养"全面发展的人"为核心,分为文化基础、自主发展、社会参与三个方面,综合表现为人文底蕴、科学精神、学会学习、健康生活、责任担当、实践创新六大素养,具体细化为国家认同的十八个基本要点。[1]核心素养体系的颁布,为我们各中小学提升课程改革成效,提高人才培养质量,进一步达成"立德树人"的目标要求提供了方向。

课程是办学思想的落实与体现,构建特色课程体系有利于发展学生核心素养,提升办学效益。近年来,在"全人教育"思想指引下,我校大力发展学生的核心素养,不断践行"以德立校、育人为本、和谐发展、笃学求尖"及"一训三风"新办学理念,充分利用各项资源开发,建构了一套与国家核心素养体系相对应的基于"四项"目标的"四种"体系、"六个"层面的"十八"种特色课程,取得了良好的办学效果,赢得了家长及社会的广泛赞誉。

(一) 课程要求:"四项"目标

当前,我国各阶段教育还存在"重智轻德,单纯追求分数和升学率,学生的社会责任感、创新精神和实践能力较为薄弱;高校、中小学课程目标有机衔接不够,部分学科内容交叉重复,课程教材的系统性、适宜性不强"等诸多困难和问题。[2]显然,这与我校"全人教育"思想不符,也是同国家提出发展学生核心素养的初衷相背离的。所谓核心素养,是指学生应具备的,能够适应终身发展和社会发展需要的必备品格和关键能力。[3]

为了践行"全人教育"思想,我校在日常教育教学中,围绕学生适应未来社会变革所必需的品格和关键能力,结合学校发展实际和学生群体特点,提出了发展学生"必需的品格和关键能力"的"四项"目

标要求，即"豁达崇责、果行育德、博学专注、至善求真"。

1. 豁达崇责

豁达崇责，就是在身心健康的基础上强化学生的社会责任与国家责任，是"健康生活"和"责任担当"素养的体现。"为发展学生的核心素养，基础教育学校在课程改革方面首先要将学生身心健康放在课程目标的首位。"[4]身心健康教育是教育的重要内容。达到身心健康，说到底就是要求学生珍爱生命，形成健全人格，并适性发展。为此，我们提出了"阳光开朗、积极进取、人际和谐、钟爱运动"四项身心健康指标，借助特色课程加以培养。有了良好的身心，才能更好践行社会责任和国家责任。对社会与国家责任有所担当，是现代合格公民的基本要求。社会责任培养方面，我们重在培养学生的诚信友善、合作担当、法治信仰、生态意识；而国家责任培养方面，我们则强调培养国家意识、政治认同、文化自信。

2. 果行育德

果行育德，是指学生在实践中不断创新，养成"行胜于言"的行事风格，培养自我高尚的品德与情操。这也是"实践创新"素养的体现。那么，如何实践创新呢？就是要热爱劳动，学会批判质疑，最终促成问题解决。而"行胜于言"的内涵就是要求做到言行一致、敢于实践、勇于创新。

3. 博学专注

博学专注，这一要求包括博学、勤学、善学、专注四个方面，是"学会学习"和"人文底蕴"两大素养的表现。现代科技迅猛发展，只有拥有广博的知识才能跟上时代的步伐。广泛涉猎各类知识信息，做到博学，既是当今时代的要求，又是为了更好适应未来社会变革的要求。倘若真正做到博学，未来才能具备全球视野，增进国际理解；同时，博学的人生也必定是具有人文底蕴、人文积淀和人文情怀的人生。为了达到博学，勤学和善学必不可少。勤学，就是要勤于学习，勤于反思，更要终身学习。善学就是要善于学习，不做"无用功"。从学习的质、量关系来说，勤学就是量的积累，而善学就是为了质的提升。只有学习的质与量都上升了，这样的博学才是真正的博学。除了博学、勤学、善学要求之外，我们还要十分注重学生专注力的培养。如果博学是为了提升人生的广度，那么专注力就是为了促成人生的深度。进入高中阶段，学科知识的数量与深度明显增多加深，没有专心致志的精神朝目标坚定前行，就根本不可能获得高中学业的持续发展。

4. 至善求真

至善求真，是"人文底蕴"和"科学精神"素养的要求。至善，立足于审美角度；求真，便是针对科学精神而言。从教育心理学角度来讲，高中阶段是学生审美意识与审美能力发展的关键期。要想促进审美情趣及能力的提升，需要日常多加感悟鉴赏，并学会创意表达。而科学精神，毋庸置疑，是当今高素质人才必备的素质之一。追求科学精神，就是引导学生崇尚真知，多用理性思维，勇敢探究解决问题。如果将"至善求真"的要求加以通俗化，就是与人为善，学做真人。

(二) 课程类别："四种"体系

什么是素养？素养是在特定情境中，通过利用和调动心理社会资源（包括技能和态度），以满足复杂需要的能力，而不仅仅是知识与技能。[5] 由此而论，核心素养是知识、技能和态度等的综合表现，是知识、能力、态度或价值观等方面的融合，必然包含德智体美劳多方面的培养目标。构建核心素养体系，重点要解决的一个问题就是"把对学生德智体美全面发展总体要求和社会主义核心价值观的有关内容具体化、细化，转化为具体的品格和能力要求，进而贯穿到各学段，融合到各学科，最后体现在学生身上，深入回答'培养什么人、怎样培养人'

的问题"。[5]

我校"全人教育"就是将"学生德智体美全面发展总体要求和社会主义核心价值观的有关内容贯穿到高中各学段"的教育。在这一思想指引下，我校始终依据高中生群体特点和学校实际，将德育、智育、心育、体育作为核心素养培养的最终落脚点，逐渐形成"四种"彼此有机联系的育人体系。

1. 德育体系

苏格拉底说过，"美德即知识"。培养美德即是增长知识。而作为高级能力和人性能力存在的核心素养，其本质是"道德创造性"。[6]因此，发展学生核心素养，实现"全面发展的人"的目标，首要途径就是育德。长期以来，我校始终坚持"向德育要效益"，始终将德育放在首位。在德育实践中，我校以为学生终身发展和幸福奠定基础为工作根本出发点，秉持"尚德崇文、爱满校园"的德育理念，力求更大的教育教学效益的产出。在"尚德崇文、爱满校园"的德育理念指引下，我校德育工作的重点就是让学生学会自律和对学生实施激励教育。

（1）培养自律。马克思说："道德的基础是人类精神的自律。"自律是个体道德发展的目标，面对纷繁复杂、充满诱惑的物质社会，良好的自律能力必不可少。高中阶段日益繁重的学业需要学生个体具备较强的自律意识与能力，否则很容易走上"知识的歧途"。在日常德育实践中，我们从学校层面加以统领，加强三个年级德育工作的协同，通过教师引导，力促学生在学习、生活与交往等方面的自律意识与能力的自我修正与内生发展。特别是在高一这一初高中衔接期，针对刚踏入高中却依然带着"初中生气质"的高一学生，我们特别注重学生的自律习惯的养成，最大程度培养学生的校园认同感、意志力、勤奋的决心等特质，以保证衔接期学生的顺利过渡。经过一段时期的培养，学生具有良好的自律能力，同时其学业成绩也明显提升。

（2）激励教育。如果说自律是一种内生性的自我要求，那么激励便是一种来自外力的他律。工作中，我们发现学习生活中，来自领导、老师、同学的激励往往可以有效化解学生前进路上碰到的挫折，进一步增强他们前行的勇气与动力。在开展激励教育中，我校将"赏识教育"融入其中，通过过程激励、结果激励、外因激励三种途径及相应系列的活动内容帮助被激励者实现目标。

2. 智育体系

作为基础教育阶段的最后培养阶段，高中教育的重要目标之一就是为高等学校输送学业优异的优质生源。我校作为一所老牌省级重点中学，在人才培养与输送方面，承担着较为重要的智育任务。为了不断提升人才培养的质量，寻求教学要素的最优组合，探索高效的教学模式，我校通过长期摸索，反复实践，构建了"四导学教"课堂。这一学科教学模式平台，不仅练就了学生"博学、勤学、善学、专注"的一中人学习特质，增强了理性思维与批评质疑意识，进而提升了学习效果，而且也促进了教师的专业成长。师生的共同发展，是"全人教育"思想内涵的应有之义。

所谓"四导学教"，就是以"导学、导问、导练、导智"为核心的"以学定教""先学后教"的教学模式。从内涵上讲，"四导学教"尊重师生"双主"地位，追求"导""学""教"等内部要素的有机统一。从外部特征来说，在教学活动关系上强调"教"服务于"学"，在教学要素组合上追求教学过程"最优化"，以及在教学形式设计上，兼顾"系统讲授"与"主动学习"。"四导学教"课堂的实施，为学生核心素养发展特别是"学会学习"提供了较好的智育环境保障，得到了师生的认同，是践行"全人教育"思想的重要体现。

3. 心育体系

学生身心健康一直是我校开展各项教育教学活动的基本追求。"全面发展的人"首先必定是身心健康发展的人。在探索与构建德育、智育特色课程的同时，我校大力发展心育，集中心理骨干教师成立了"学生成长中心"，通过多项举措开发了特有的心育模式及干预体系，为学生身心健康增添了保障。我校心育活动特色集中体现在两大维度：一个是"集体教育"，一个是"同伴互助"。

（1）集体教育。集体教育不仅是一种有效的德育方式，也是一种重要的心育手段。心理学研究表明，个体的心理环境状态除了受到自身性格、气质影响外，更受到周边环境与他人的影响。外界是通过引发个体心理场域的变化而影响个体的心理发展状态。借助集体氛围的力量开展心育的重要优势在于有利于当事人心理认同感与心理安全感的提升，从而改变个体不良的内心状态。如心育中的"成长动力营"活动。该活动以集训营形式，充分利用集体教育的力量，定期开展心理活动，增强自我认同感和培养组织能力。在高中生成长过程中，面对日益繁重的学业任务，挫折感在所难免，"成长动力营"活动的开展，使学生不仅可以获得心育老师、家长的成长帮助，同时也收获同龄人的鼓励，实现共同成长。

（2）同伴互助。与集体教育一样，同伴互助不仅适用于智育，也适用于心育。在一个正常生态的学生群体中，优质学生同伴的人格、气质、学习交往等特质总是潜移默化地影响着其他学生同伴。在开展心育实践中，我校通过成立各种组织、开办各类活动课程强化同伴互助的力量，力求实现人人都同时是自己与他人的心理开导师的目标。如"身边心理师"培养活动。借助同伴互助教育的力量提升心育效果，这是我们开展"身边心理师"培养活动的出发点。我们首先依据学生自我推荐与心育教师专业考察，分学校、年级、班级、小组层面选取学生心育代表，然后采用以一带十的方式开展心理互助，最后再依据一定规则轮换心育代表。身边心理师培养活动，在班集体中最大程度营造向上的正能量氛围，充分挖掘了每个学生内心的潜能，让学生不仅成为自己的心理师也能成为他人的心理师，实现了"人人皆心理师"的美好愿景，最优化地利用了教育资源，提高了教育的效率。

4. 康娱体系

古人云："一张一弛，文武之道也。"良好的学业发展离不开良好的身体素质，良好的身体素质才能更好地应对高中繁重的学业任务；而良好的身体素质离不开健康有效的课外活动。"全人教育"的一大任务就是提升学生身体素质，培养学生健康体魄。为此，我校以体育科组为教育主阵地，成立专业团队具体负责康娱教育活动实施。我校康娱活动定期开展，特色鲜明，不拘形式，内容丰富，富有成效，其中的突出特点就在于注重审美性、趣味性、实用性，师生参与度高。

（1）审美性。课余生活是课堂的延伸，也是生命的一部分。课余活动不论多少、丰富与否，都需要具有审美性。开展审美教育不仅在课堂，更在课外。如"红五月科技文化艺术节"是学生最为期待的一项实践活动，有航模展、实验展、时装（汉服）秀、书法秀、辩论赛、乐器秀、舞蹈秀、音乐会等多项活动，因其审美品位较高而受到广大师生的赞誉。

（2）趣味性。作为学校层面推出的课余文娱活动，如果缺乏生气与新意，年年不变，天天如此，想必再多的活动也难以达到预期目标。因此，趣味性便显得至关重要。如一年一度举办的创意运动会，融运动专业性、活动趣味性于一体，深受师生欢迎。

（3）实用性。在康娱活动中，我们不仅要让学生在紧张学习之余得到放松，也能在活动中获得某类认识，所谓寓教于乐。如每年的社会实践活动，我校与各级各类政府机关、社会组织、学术团体等保持联系，定期开展相关主题教育活动，不流于形式，注重实效，使学生在接触社会、放松心情的同时也能获得重要的人生体验和思想感悟。如禁毒教育宣传、水污染防护学习、下田插秧等社会实践课程，获得了家长与师生较高的评价。正因为活动有了审美性、趣味性与实用性，才使得我校各类康娱活动师生参与面都较广，参与热情较高，同时也为学校赢得了良好的社会口碑。

（三）课程内容："十八种"课程

为落实"全面发展的人"进而实现"全面发展的学校"的目标，针对学生核心素养的教育实践，我校开发了"六个"层面共"十八"种特色课程。这些课程与国家核心素养体系的六大素养相对应，内容丰富，形式多样，贯穿于学校德育、智育、心育、康育活动之中，承担着其中一项或多项教育任务与使命。

1. 人文底蕴层面

（1）人文积淀课。以学习人文知识，感受人文精神为课程目标，贯穿传统优秀文化。不拘形式，中外并包。如经典阅读、《红楼梦》研究会、经典朗诵、楹联仿写、"大家语文"公众号交流、校友文化讲坛等。

（2）人文情怀课。以培养校园情怀，提升修养为目标，内外兼修。如校史教育、培才大讲坛·名人进校园、英语歌词创作大赛、模仿秀等。

（3）审美情趣课。重在提高品位与审美能力。如校园十杰评选、月度学生评选、青春形象大赛、合唱比赛、舞蹈比赛、声乐与民乐表演、书画研修、电影欣赏、"发现身边美"活动等。

2. 科学精神层面

（1）理性思维课。旨在培养理性思维，融入学科教学当中。如"大数据"数学模型建构、反思型英语实践等。

（2）批评质疑课。课程提倡质疑精神，发展多元思维。如"四导学教"课堂教学。

（3）实践研究课。通过深入社会内部，提升研究能力。如社会实践活动、研究性学习等。

3. 学会学习层面

（1）乐学善学课。提升学习兴趣，提高学习品质。如学习特质培养、初高中衔接研究、跨班学习经验交流、优秀校友学习经验交流等。

（2）勤学反思课。师生自查反思，共同进步。如"周周清"课业反思活动等。

（3）信息意识课。注重培养信息敏感度，增强信息加工能力，特别是信息安全意识。如信息整合能力教育、信息道德及信息安全讲座等。

4. 健康生活层面

（1）生命教育课。以珍爱生命、提高生命质量为目标。如体育节、终身运动习惯教育、跑操、运动比赛（篮球队、排球队、足球队、田径队）、逃生演练、各类常识学习讲座（应急常识、交通常识、湛江常见灾难天气常识）等。

（2）人格教育课。旨在认识自我，健全人格。如"成长动力营"、"领袖风采营"、心理发展集训营、心理骨干培训营等。

（3）自我管理课。加强自我教育，提高自律水平，建立和谐关系。如家长开放周、手机免检宿舍评选、人生规划指导、无监考诚信考试、文明宿舍评选、学生自治会、新生入学教育讲座、军训等。

5. 责任担当层面

（1）社会责任课。以提高家国责任为目标。如法制教育、禁毒教育、社区志愿服务、爱心捐赠、废纸环保回收、博物馆讲解实习、模拟法庭、国际湿地环保宣讲等。

（2）国家认同课。以增强家国认同为目标。如国情国史教育、国旗下讲话、传统节日教育、军情教育等。

（3）国际理解课。以关注时事，扩大国际视野，增进国际理解为目标。如模拟联合国、时政点评、英文报阅读、国际文化交流等。

6. 实践创新层面

（1）劳动意识课。培养劳动观念，提高劳动服务水平。如劳动日、家务日、文明教室评选、内务评选等。

（2）问题解决课。注重问题意识养成，提升问题解决多元化思维能力。如理化生实验比赛、学科竞赛等。

（3）技术运用课。将理论联系实践，加深理论理解，提高实践能力。如"小发明"评选、航空航海比赛等。

◎ 参考文献

[1] 核心素养研究课题组. 中国学生发展核心素养 [J]. 中国教育学刊，2016（10）：1.

[2] 教育部. 关于全面深化课程改革落实立德树人根本任务的意见 [EB/OL]. [2019-05-03]. http：//old. moe. gov. cn//publicfiles/business/htmlfiles/moe/s7054/201404/xxgk_167226. html.

[3] 核心素养研究课题组. 中国学生发展核心素养 [J]. 中国教育学刊，2016（10）：1-3.

[4] 顾明远. 核心素养：课程改革的原动力 [J]. 人民教育，2015（13）：17.

[5] 施久铭. 核心素养：为了培养"全面发展的人"[J]. 人民教育，2014（10）：14.

[6] 张华. 论核心素养的内涵 [J]. 全球教育展望，2016（4）：22.

谈"引燃心灵，全人成长"教育

韶关市北江中学　钟　东

我们常说，教育的对象是学生，他们是祖国的花朵，更是祖国的希望。他们期盼成功，渴望得到别人的赞赏；他们个性鲜明，优点缺点共集一身；他们无比年轻，可以无限发展。可是在现行的教育体制下，似乎好多学生面对一切都很漠然，他们没有自己前进的方向，他们没有探究新知的欲望，他们没有追寻成功的动力。

现在很多学校里，教师普遍不愿参与学校的事务，缺乏教科研的积极性和激情。他们普遍感到压力很大、工作负担很重。为什么会有这种职业倦怠？为什么教师不愿意参与学校的事务？为什么教师缺乏教科研的积极性和激情？因为很多时候，老师并没有感受到学校对自己的需要！没有感受到自己的价值被充分尊重！

当教师被漠视的时候，他必然会漠视自己的工作；

当教师被忽略的时候，他必然会忽略自己的责任；

当教师焦虑重重、不堪重负的时候，我们就不要期望他能有多少创造。

德国教育家雅斯贝尔斯说："教育的本质意味着：一棵树摇动另一棵树，一朵云推动另一朵云，一个灵魂唤醒另一个灵魂。"

教育就是要唤醒潜能，让它无所不能；点燃梦想，让它自由飞翔；引燃激情，让它尽情燃烧。当一个人被引燃，其内在活力被唤醒，就能形成强大的工作、学习和奋斗动因。

一所优质的学校应该是师生都能获得成长和发展，都能感受到自身的尊严和价值，都能对美好生活怀有向往和追求，都能享受到精神上的愉悦和幸福。教育的起点不在于一个人有多么聪明，而在于其怎样变得聪明，在哪些方面变得聪明。教育的过程首先是一个精神成长的过程。学校不仅要关心学生生理、心理的发育成熟，更要关心学生的精神成长。学校应秉持"帮助教师成功是最大的成功"的理念，尊重、赏识和激励教师，创造机会让教师挑战自我、展示自我，在成功中体验自豪感和幸福感。

凝练办学思想最终应指向师生的幸福人生，让每位师生与成功有约。也就是说，一所优质的学校应该是师生都能获得成长和发展，都能感受到自身的尊严和价值，都能对美好生活怀有向往和追求，都能享受到精神上的愉悦和幸福。所以，经过学习和自我反思，我的教育思想就是"引燃心灵，全人成长"。

什么是引燃？就是尊重教师的创造，发挥教师的智慧，让每个老师都形成自己的教学风格和个性，这就是引燃；

让每一节课都有特点、有创意、有情趣、有活力，让课堂成为诞生学生想法的地方，这就是引燃；

让校园里处处充满着师生的创造，让校园有自己鲜明的特色，这就是引燃。

"引"就是引燃、引导、引领。既然是引燃，是引导，是引领，那么就不可能采用行政手段来强制实施，必须用生命、用激情、用创造、用思想来引燃。

"引"就是唤醒生命内在的精神力量，它的终极目标是"燃"。什么是"燃"？"燃"是精神，"燃"是文化，"燃"是一种境界。要引燃学生先引燃教师，要引燃教师，校长就应该是一团火。

引燃心灵，就是帮助学生寻找到成功点，诱发学生自我发展的能动性，引导学生积极主动去追寻梦想，从而寻找到引燃学生激情，激发学生潜能的最佳途径。

引燃心灵，就是让老师总是感觉自己很重要，能焕发职业生涯的激情；让老师时时感到被尊重和鼓励，他才能尊重和鼓励学生。送给教师一缕春风，他会还给孩子一个美丽的春天。

雅斯贝尔斯认为，学生仅仅获得知识是不够的，他们还应成为"全人"。

"全人"，顾名思义，就是全面发展的人。"全人成长"就是不仅注重对孩子知识方面的培养，还关注孩子的人格发展，强调每个人的智力、情感、社会性、艺术性与创造性的全面挖掘。在培养全面素质、促进人格发展的同时，培养出具有全球视角、创新思维和社会责任感的地球公民。即在健全人格的基础上，促进学生的全面发展，让个体生命的潜能得到自由、充分、全面、和谐、持续发展。简言之，就是培养学生成为有道德、有知识、有能力、和谐发展的"全人"。

全人成长，就是承认每个孩子都是独一无二的，每个学生都是一个完整的世界。霍华德·加德纳认为，每个学生都在不同程度上拥有九种基本智能，智能之间的不同组合表现出个体间的智能差异。

一、"引燃心灵，全人成长"教育的特性

能动性：它是指相信学生具有自觉意识，能认识事物和自我，进行评价、选择与做出反应，能将个体和人类的经验内化为自身的智慧、品德、美感，又能使自己的智慧、品德、美感外化于事物的潜能。

独特性：它是指学生既有来自先天素质的差异性，同时，也有后天形成的具有鲜明特点的个性。如在认知上表现为不同的认知结构、认知定式、认知方式、独特见解、特殊才能，在意向上，表现为不同的兴趣爱好、性格特征、价值取向、创造意识等。

整体性与全面性：它要让学习者不仅学习到各种知识，还要接受正确的价值观念，并且启发他们学以致用，帮助具备相关知识以因应现实社会的种种考验，更重要的是拥有正确的人生目标，使受教育者懂得如

何走正确的路，做正确的事，如何面对生活中的危机并转化成正面的机会，成为一个堂堂正正的人，愿意服务大众、贡献社会。

二、"引燃心灵，全人成长"教育的实践

1. 在学校文化中引燃

校园文化是一种潜在的课堂，潜移默化地影响着学生的成长与发展。良好的校园文化应该成为学校育人理念拓展的阵地，对于学生情操的陶冶、人格的健全、视野的拓展、素质的提升具有重要的作用。校园文化建设更加体现在培养尊重自我、尊重他人、尊重生命的情感价值认同上。

2. 在学校管理制度中引燃

我们采用"人本+制度"的管理模式，营造一种轻松、和谐、安全的学习生活氛围。用平和、互相尊重和理解的融洽师生关系为学生自由、全身心学习提供了良好平台。生动活泼、丰富多彩的文体实践活动可以将空洞的教化转化为参与度高的直观体验。

我们重构学校的组织结构，提升学校组织结构效能。

学校是典型的具有学习功能的组织，教师职业又有着不同于其他职业的特点。学校的组织结构应该既能各司其职强化责任，又要便于沟通协作，管理重心下移，简化管理流程，降低管理成本，提高工作效率，实现低重心运行，高效率工作，走动式管理，近距离服务。

（1）建立家长委员会、专家咨询委员会和学术委员会。

（2）构建"微团体"，充分调动教师、学生的自主管理（自主教育）、自主服务、自主评价的积极性。

①构建"微学区"，让荣辱与共的团队意识根植于心。

②构建"微社团"，让学生的兴趣得以充分发展。

③构建"微研究小组"，让教学研究"接地气"。

④构建"微项目小组"，让一线教师参与学校的管理。

⑤构建"微文体小组"，让老师的精神生活丰富起来。

⑥构建"微社区"，家长"微学区"，让家校共育落到实处。

3. 在探索开发课程中引燃

引燃课程的教学内容应着眼于学生主体的现实生活世界，强调直接经验的感受和体验，强调学生的主动参与和亲自操作。

一是鼓励学生自主选择活动内容。大力开展基于学生兴趣和需要的"微社团"建设。每个学生可根据自己的条件和需要，自主选择活动内容、活动伙伴、活动方式、活动目标。

二是引导学生自主参与活动过程，在活动中学会创造。开展各种小制作、小发明、小创造活动，不断增强创造意识，进一步培养学生的创造能力。

4. 在德育管理中引燃

我们针对不同年级特点设计德育内容，按照学生掌握道德要求的最佳期来安排德育内容，做到循序渐进，逐项落实。

（1）实行民主型德育管理，实现"自理、自主、自治"目标

①鼓励学生参与班级管理。一是将班级事务"承包"到人，做到事事有人管，人人有事做，全员参与管理。二是建立班级事务讨论制度，学生人人有权就班级生活提出讨论话题，每位同学可以在会上畅所欲言，为班级管理出谋划策。

②引导学生实行自主管理。建立学区轮值制度，每周由一个学区负责班级管理事务。

③建立相应的激励和约束机制。一是通过有效的"扶"（指点管理方法）和"放"（放手让学生自主管理班级事务）以及各种奖励措施，激励学生大胆参与班级管理和切实加强自主管理。

（2）构建"开放型"德育活动模式

我们为此开展了一系列活动：

① "学习的主人"系列活动，如时政课外学习活动系列；

② "生活的主人"系列活动，如"露一手"表演等活动系列；

③ "社会活动的主人"系列活动，如生态环境社会调查等社会活动。通过系列活动，让学生们学会自学、自理、自治。

我校社团数目众多，不仅有司空见惯的义工（志愿者）组织、艺术团、合唱团等，还有如爱鸟社、领袖社等个性化组织。学生社团组织活动具有很强的自主性和自觉性，参与者不仅锻炼了各种能力，更为重要的是进一步理解并实践了德育教育重视的情感体验、道德提升和价值体悟，校园文化与课堂教学达到了互相补充、互相促进的成效。

5. 在构建教学活动体系中引燃

（1）开展以"微学区"小组合作学习、有效组织教学交往为特色的教学组织形式。我们将全班学生按照"组内异质，组间同质"的原则分为若干个小组，每组6人不等，课桌按前3后3方式排列，每位学生根据各自特长分别担任各科学科组长。

（2）在教学中提倡"六环节"教学模式：创设情境—引导自学—小组讨论—展示交流—师生互动—总结演练。让学生经历初步参与、独立参与、合作参与、深入参与、拓展参与的各个过程。课堂教学由知识立意转向能力立意；开放的课堂、安全的课堂、情感的课堂；由研究"老师如何教"变为研究"学生如何学"。提出从知识课堂走向智慧课堂，为学生智慧的生长而教！让"五变"走进课堂：变教师预设的课堂为学生动态生成的课堂；变教师独占讲台为学生走上讲台；变单纯教师提问为学生参与质疑；变讲得过细为给学生留下思考的空间；变一味欣赏学生的成功为尊重学生的失败。

（3）开展分层教学，让每一个学生在"最近发展区"获得发展。包括学习目标分层，对各层次的学生进行定位、导向、激励，并为学生的进步设立台阶。施教分层，针对不同层次学生的知识基础和能力，采取不同的施教策略，分层要求，分层设问，分层练习，使教学适应每个学生的学习需求和现实水平；同时根据教学内容，由浅入深，层层递进。评价分层，即用不同层次的标准衡量不同层次的学生，体现差异性，注重激励性，重在有所发展。

四、"引燃心灵，全人成长"教育的两个注意点

第一，"引燃心灵，全人成长"强调教育并不是孤立的过程，不是学生自己就能实现的，它离不开老师的耐心指教，精心策划与设计，老师的诱导和催化是必不可少的环节。所以教师发展在先，教师对学生学习与发展的影响极大，不发挥教师的主导作用，学生便不可能有自主学习与发展的机会。

第二，教育民主化、个性化是发挥学生主体作用的必要条件。没有一定的教育民主化、个性化，学生的主体地位没有保障，主体性发展受到局限，主体作用就难以发挥。正如苏霍姆林斯基说的："我想劝告青年教师和学校领导者们防止一种最主要的困难，那就是故意地、人为地做出教育别人的样子。"使学生处于平等、和谐的人际关系中，懂得人的尊严与价值，了解自己在学校与社会生活中的地位与责任、权利与义务，这样才能真正达到教育目的。

每个人都是自己的主宰，道德在心里蕴含着，需要我们去引燃，去激发，"幸福教师+快乐学生"就是我们孜孜追求的理想。

以可持续发展的教育造就可持续发展的人

清远市第二中学　朱活强

当前，在一些人视应试教育为命根的时候，也有更多的人思考着教学备考与素质教育的关系，他们探索着应试教育与回归教育本原的问题，把培养人、造就人作为学校的第一要务。为此，笔者提出"以可持续发展的教育造就可持续发展的人"这一办学思想。

一、对"可持续发展"办学思想的基本理解

学校是传承文明的主要阵地，是培育人才的重要摇篮。学校教育是社会系统中的一个重要组成部分，具有明显的社会功能，负有重要的历史责任。学校要顺应社会潮流，把握时代脉搏，贯彻教育方针，立足三个面向，遵循教育规律，培养全面发展的建设者和接班人。

普通高中教育是基础教育的一个重要阶段。基于高中学校的现状、性质、功能和任务，可以从三维立面——历史的深度、社会的广度和人才培养的高度，对普通高中教育进行如下的思考。

一是高中教育的"基础性"。高中教育，是学生终身发展系统中的基础建设阶段，学校教育的一切工作，都应体现"基础建设的特殊性"，要以长远的眼光，注重学生德、智、体、美、劳的全面发展，为学生未来的可持续发展做好人才成长的基础建设工作。

二是高中阶段人才加工的"基模性"。高中阶段是整个人才培养工

261

程中的基础铸造阶段，要保证有后续再加工和精加工的价值，为人才最后形成有价值的优质产品作最好的准备。

三是高中时期成功基因植入的"最佳性"。高中时期，学生的身心发展渐趋成熟，可塑性最强，是培养优秀品质和良好情商的重要时段，要注重品质养成和情商教育，培养学生具有顽强专一、奋发向上、勇于担当、乐观宽容等成功的品质，为学生以后的可持续发展植入成功的重要基因。

四是高中三年学生潜能开发的"持续性"。高中三年，仍是人的潜能开发的初期阶段，对学生的身体、心智等潜能，不能进行以牺牲学生身心健康为代价的"超前性""掠夺性"开采，而应有"环保意识"，使学生的潜能可供高中以后的持续开发。

在以上认识的基础上，我们认为，高中学校应该确立"以可持续发展的教育造就可持续发展的人"这一教育观念。

"可持续发展"指的是既满足当代人的需要，又不对后代人满足其需要的能力构成危害的发展。这一"可持续发展"理论，是 1987 年联合国世界与环境发展委员会在发表的报告《我们共同的未来》中提出的，并在 1992 年得到联合国环境与发展大会参与者的普遍承认，之后逐渐成为世界各国的共识。简要而言，所谓可持续发展，就是既要考虑当前发展的需要，又要考虑未来的发展需要。我们认为，学校要完成培养未来建设者和接班人的重任，体现良好的教育效能，必须实施可持续发展的教育，以造就可持续发展的人。

"可持续发展的教育"——学校教育及其一切工作，既要考虑满足师生当前的发展需要，如教师的评职、提升，学生的升学、考试等；又要考虑满足师生未来的发展需要，如教师的持续任教，学生的身心发展、专业成长等。

"可持续发展的人"——师生既能在当前得到发展，如教师安教乐教善教，学生勤学爱学善学等，又能在未来不断发展，如教师能不断提升、持续胜任教学，学生能继续学习、不断完善自我等。

二、践行"可持续发展"办学思想的主要工作

在"以可持续发展的教育造就可持续发展的人"这一思想指导下，必须做好以下四个方面的工作。

（一）构建可持续发展的管理机制

学校管理是一个复杂的系统工程。管理出效益，管理出成绩，这是许多管理者的共识。学校管理和经济管理不同，学校管理的本质不是财物、资源的管理，而是人的管理。学校工作的根本是人的工作。管理者是人，教职工是人，学生也是人。而人的工作，核心在于"人心"，人的精神、心态。如果离开了"人"，学校管理只能是一句空话。因此学校管理要以人为本，多一点人情味和人文性，要根据人的心理、情感、品德、意识，留意人的兴趣、爱好和习惯，着眼人的持续发展，注意提高管理者的思想文化素质，重视调动各类人员的主动性和积极性，实事求是地建立和完善规范、科学、高效、人性化的管理机制。

学校的组织结构、规章制度、管理体系等，要有可持续发展的规划。不能随意决策、草率行事、朝令夕改，不能"头痛医头，脚痛医脚"；要科学论证，民主决策，眼光长远，要遵循发展规律，注意稳定性、持续性和可优化性。以可持续发展的管理机制，促进人的可持续发展。

在优化管理中，构建和谐、高效的管理团队，让专业型、管理型、创新型、科研型、活力型等各级各类人才施展各自所长；建立系列化的教师评价、激励与调配任用机制，使不同年龄、专业、职务（称）的教职工都获得充分关注，发挥他们促进学校可持续发展的优势；积极推进民主管理，使教师在参与管理活动中，培育主人翁精神与提升凝聚力；开展丰富的教师文体活动，全方位、多层次构建教师团队，培养集体情感，引入竞争机制，营造促进教师自我发展的"活水"。

（二）培养可持续发展的学生

可持续性，是科学发展观的重要表现。对学生的教育，要遵循人才成长规律，立德树人，关注学生的身心健康，让学生提高情商能力，勇于追求成功，壮大情怀。必须处理好学生的当前发展与未来发展的关系。教育要面向未来，就必须有长远的战略眼光，要满足未来社会发展的要求，使学生具有未来社会人才所必需的强健体魄、健康心理、宽容合作、公平竞争、富于创新等必备条件。

要使学生可持续健康地发展，一方面要考虑学生当前的发展诉求，另一方面也要考虑学生未来的发展需要。不能为短期的"急功近利"而牺牲长期的终生发展。不能以超负荷、非理性、反科学的手段片面搞应试教育，不能让学生弱化品德、心理、身体等可持续发展的优质资源。在教育教学中，要尊重学生的主体性，让学生积极参与到动态的学习情境中。在方法和途径上，要以发展的观点看待学生的成长，努力引导学生学会学习，不断构建和完善终身学习、终身发展的能力体系。不仅要传授知识，更要引导学生掌握学习方法，促进学生学习能力的提高，保障学生能持续健康地发展。

新课程重要的理念之一，就是促进学生可持续发展。新课程设置了许多有利于学生可持续发展的内容。如"知识与技能、过程与方法、情感态度与价值观"的三维课程目标；"自主、合作、探究"的学习方式；"综合实践、研究性学习"的学习活动等等。要高度重视这些可持续发展的教育教学内容，使学生具有良好的品质、健康的心态，养成追求新知、独立思考的良好习惯；让学生学会生存、学会学习、学会自我发展，掌握未来社会的生存本领，真正使学生可持续健康地不断发展。

在 21 世纪教育"四大支柱"（学会认知，学会做事，学会共同生活，学会发展）的理论指导下，根据现时学生的实际情况，结合学生的个性发展需要，创建以"平凡素养"（存善心，行善事，会求知，会共处，会健体）为核心的德育工作模式，提升学生的文明意识和道德品位；培养学生自觉提高身体素质，走身心健康的发展之路；培养学生良好的学习习惯，让学生学会学习，快乐学习，高效学习，增强学习的自信心；强调个性发展、多元发展，大力推进教育创新。

（三） 塑造可持续发展的教师

教师和学生是学校教育的重要主体。学校的可持续发展在很大程度上取决于教师和学生的可持续发展，而要使学生可持续发展，首先要使教师可持续发展。从某种意义上讲，只有教师的成功，才会有教育的成功、学校的成功。培养可持续发展学生的任务，主要靠教师来完成。每位教师的发展和成功，都是教师、学生、学校和家长、社会的共赢。

从教育发展的战略高度充分认识教师可持续发展。深刻领悟教师的发展之道，准确把握教师的成长之术。要加强师德师风建设，重视教师的继续教育，不断提高教师的理论水平和教育能力，构建和谐的人际关系，让教师愉快工作，感受幸福，安教乐教。要努力构建促进教师发展的良好空间，让教师按照适合自己特性特长的发展之道，主动发展，自觉提升，能持续胜任新形势下的教育教学工作。

抓住与先进学校结对合作的契机促进学校可持续发展。全面学习优质高中的教师团队管理经验，深化教师队伍建设改革，实现快速发展。通过各种有效的科研活动，扭转教师把教学质量高低过度归因于学生这一因素的状况，真正发挥教书育人的作用。改进优化教师奖励机制，建立科研名师培育机制，为教师向专家型发展提供时空平台。同时构建名师带领下的青年教师骨干团队，"科研培青""科研促教学"，带动教学质量提升。

（四） 创办可持续发展的学校

学校是传承文明的主要阵地，是培育人才的重要摇篮。学校要有教育改革和发展的战略眼光，要面向世界、面向现代化、面向未来。要把握时代脉搏，适应形势发展。要创设优美洁净的校园环境，创建书香文化校园，充分发挥环境对人的"润物无声、潜移默化"的特殊的教育功能。要构建和谐、友爱、诚信的人际关系，提倡团结友爱、和谐协作、诚实守信的作风，努力营造良好的人际氛围，使师生员工在充满爱心、充满诚意、亲切和谐的人际关系中全身心投入教育教学的各项工作。

要高扬"科研促教，科研兴校"的旗帜。深刻认识教育科研深远的战略意义和重要的现实意义，建立由校本课题、市级课题、省以上课题组成的课题研究体系。教育科研必须坚持价值性原则，其内容要符合本校教育改革的发展需要，对提高教育教学质量和实施素质教育有良好的促进作用。要注意总结、推广教育科研成果，把它转化为教育教学效益，充分发挥教育科研的导向、影响和带动作用，使教育科研成为推动学校可持续健康发展的重要力量。

学校工作要符合教师、学生、家长和社会的现实诉求和未来需要。在党团工妇、后勤服务、对外关系等方面，都要有长远的战略眼光，创建可持续发展的运作体系，使学校可持续发展，并不断提升。

在文化建设上突出中华民族优秀传统文化的传承，在以润物无声的方式教育学生的同时，校园文化的重心转移到师生文化活动体系的构建上，使之成为创建"快乐校园""健康校园"的重要手段。学生社团是学生自我管理、自我学习发展的组织，是校园文化建设的重要载体，学校对学生社团的健康活动给予时间空间上的包容；文化活动在原有的文体活动基础上，不断向管理活动、科技活动、人文活动等拓展，全方位构建提升学生综合能力素质的平台；逐步建立教师文化社团，满足教师自主营造健康生活的需要。

"以可持续发展的教育造就可持续发展的人"，这是学生和家长的期盼，也是国家和社会给予我们的责任，是现实和未来赋予学校的使命。我们要坚持贯彻教育方针，立足"三个面向"，坚决实施可持续发展的教育，努力造就可持续发展的人。

爱因斯坦说过，"学校的目的始终应该是，青年人在离开学校时，是作为一个和谐的人，而不是作为一个专家。仅仅用专业知识育人是不够的，通过专业教育，它可以成为一种有用的机器，但不能成为一个和谐发展的人，要使学生对价值有所理解并产生热诚的感情，那是最根本的。他必须获得对美和道德上的具有鲜明的辨别力。否则，他——连同他的专业知识——就更像一只受过很好训练的狗，而不像一个和谐发展的人"。对于爱因斯坦的担忧，我们希望找到一条突破当前"人才培养模式单一，创新能力不强"教育藩篱的道路。好学校就是要创造适合每个人发展的环境，使每一位师生的潜能得到充分的发挥。我们关注教育质量，更关注教育过程的优化；我们关注学生的成才，也关注教师的成功，真正实现"以可持续发展的教育造就可持续发展的人"。

创建"适合教育"品牌
培养有责任感的现代公民

东莞市塘厦初级中学　朱亚骏

前言：当前教育的主要矛盾和时代需求

教育是与时俱进的事业。当前，我国正处于中国特色社会主义现代化建设的历史进程中，党的十九大做出了"中国特色社会主义进入新时代"的重大政治论断，中华民族伟大复兴的大幕正在徐徐拉开。那么，一个迈向现代化强国的民族，需要什么样的教育来振兴？一项开辟新时代篇章的伟业，需要召唤什么样的人才来担当？这是教育工作者必须思考的问题。

带着对新时代人才需求的思考，着眼全局，进一步思索当前的教育矛盾和教改方向，思路豁然开朗。

中国特色社会主义进入新时代，我国社会主要矛盾已经转化为人民日益增长的美好生活需要和不平衡不充分的发展之间的矛盾，这对于教育工作者研究当前教育主要矛盾，无疑指明了方向。

当前教育改革发展的主要矛盾是什么？多年前国家提出，我们教育发展的主要矛盾是人民群众对教育资源的巨大需求与教育资源供给不足的矛盾；十五年前转化为人民群众对优质教育资源的巨大需求与优质教育资源供给不足的矛盾。而经过几十年的发展，我国教育事业取得了巨大成就，教育部近期发布的《2018 年全国教育事业发展统计公报》数据显示：2018 年，我国学前毛入园率达 81.7%，小学净入学率达 99.95%，初中毛入学率为 100.9%，高中毛入学率为 88.8%，大学毛入学率为 48.1%，教育总体发展水平跃居世界中上行列。中国教育事业发展到现在，教育资源的需求问题已得到较好解决。同时，国家全力推进教育公平，大力提高优质教育资源的供给。但随着经济社会的进一步发展，人们的观念日趋多元，教育的主要矛盾在优质教育资源供需矛盾上又有新变化。目前，人民对教育的要求越发多样化、精细化，越发注重"人本"问题。用十九大报告中分析社会主要矛盾的思想方法来分析教育的主要矛盾，可以得出这样的结论：新时代教育的主要矛盾已经转化为，教育供给的单一、粗放及教育运行的内向，与人民群众教育需求的多样、个性及社会对教育参与不充分之间的矛盾。

那么，如何适应新时代的要求，在时代发展的洪流中探索出一条让人民群众满意的教育发展新路径，为中华民族的伟大复兴提供智力支持，这是我们每个人必须思考的问题。

一、直面现实，打造"适合教育"的学校文化

对于解决人民群众对更好教育的需求与教育发展不平衡不充分之间矛盾的问题，中央《关于深化教育体制机制改革的意见》指出："营造健康的教育生态，大力宣传普及适合的教育才是最好的教育、人人皆可成才、终身学习等科学教育理念。"

抛开国家导向、时代需求，再进一步落到本地现实来看，"适合教育"也依然是教育的出路。

我校是一所镇属公办初中，在现如今教育资源集中化、不同行政区域教育资源分布不平衡的情形下，镇内优质生源流失严重，学校整体生源素质参差不齐。如果走应试教育的旧路，学校发展就会步入恶性循环，无法形成强有力的竞争力和有特色的学校文化。在此情况下，为了

学校更好的发展，也为了给学生寻求更多的发展途径，我校把"适合教育"作为办学的核心理念，从学生特点出发，广泛搭建适合发展的舞台，致力于为每个学生提供适合的教育，使每名学生的潜能得到充分发展，最终又反过来促进学生全面发展。

在"适合教育"的理念下，我校的办学追求为：适才修能，合性养情，找到适合个体发展的最佳路径，培养能力，涵养性格；校风为：在平凡中追求卓越；教风为：乐教、勤教、善教；学风为：乐学、勤学、善学；校训为：对自己负责、对他人负责、对国家负责；育人目标为：培养有责任感的现代公民。

二、平衡充分发展的教育才是"适合教育"

既然是一校之办学理念，首先，有一个概念问题需要明确，"适合教育"的内涵和外延是什么。

早在春秋时期，我国伟大教育家孔子便提出了"有教无类"的教育理想，指明教育需"因材施教"。而这一教育理念绵延数千年，至今泽惠后人。真理是共通的，不分国界。20世纪80年代，美国著名心理学家霍华德·加德纳基于大量的实验和研究，提出了多元智能理论，该理论认为：每一个体的智能各具特点，其发展方向和程度受环境和教育的影响和制约。多元智能理论打破了"一元智能"观，向传统评估学生能力的观念提出挑战，对当前西方许多国家的教育改革产生了极大的影响。自20世纪90年代以来，该理论在中国也得到了广泛传播，因理论体系更加系统和完整，实践参考借鉴性强，也为中国教改提供了诸多启示。

具体来说，传统智力理论认为语言能力和数理逻辑能力是智力的核心，智力是以这两者整合方式而存在的一种能力。加德纳的多元智能理论，定义智能是人在特定情景中解决问题并有所创造的能力。他认为我们每个人都拥有九种主要智能：语言智能、逻辑—数理智能、空间智能、运动智能、音乐智能、人际交往智能、内省智能、自然观察智能和存在职能。

在加德纳的多元智能理论指导下，人们认识到，人身上同时具备多种智能因素，只不过不同的人天赋各有侧重，所以最终性格特点和能力也各有不同。而九种智能因素同等重要，于是，我们教育工作者呼吁对这九种智能给予同等的关注。

不同的天赋不同的侧重，在现实生活中，我们常常能看到验证实例：一名钢琴家不一定擅长数学，一名专业运动员不见得精通物理，一名出色的工程师可能没有出色的演讲口才，一位舞蹈家可能不善社交……甚至于，他们在上学时期不一定有出类拔萃的学业成绩。但最终，这些都不妨碍他们成为感兴趣领域的顶尖人才。谁又能说他们没有很高的智商呢？

所以，"适合教育"就是承认学生个体发展差异的教育，是以学生为本的教育，是尊重教育的客观规律和自身逻辑，适合学生的认知规律、成长规律、发展规律的教育。从我们所提倡的素质教育的视角看，则是尊重学生的主体地位，兼顾学生的共性和个性，其核心是创造适合学生的教育，而非选拔适合教育的学生。

三、"适合教育"的实施策略

在以"适合教育"为核心办学理念的思想基础上，我校推出了一系列具有开放性、发展性和分层次性的实施策略，具体作用于一线教学和管理。下面我将分别在课程体系建设、校本教材、教师培养和多元评价体系等方面进行介绍。

（一）打造有利于学生发展的教学模式和课程体系

从教育的公平角度来说，不同学生的文化水平和知识需求不尽相同，如果对所有人都不加区别施以同样的教育，就难以适合每个人的水平，在某种意义上也是一种专制和不公。所以，我校无论在教学模式还是课程体系建设上，都尽力考虑关注每个人的发展，追求最优化目标。

在教学模式上，我校构建"问题引领—启发质疑—层层探究—感悟创新"的开放性教学模式，有新授课、复习课、讲评课、习题课、实验课等多种课型，注重培养学生获取新知识的能力、解决问题的能力以及合作交流的能力。同时教育教学在满足教学大纲的前提下，尽量联系实际不脱离生活，加强"书本世界"和"现实世界"的沟通，丰富课堂互动、引导学生参与，营造富有人文气息的课堂气氛，让学生在学习知识的同时，兼顾生命价值和社会价值教育。这样教育出来的学生既能掌握知识技能，又能拥有完善的人格，未来也更能适应社会以及满足新时代对综合性人才的需求。以数学课为例，很多学生害怕数学，学习数学常常落于强背公式的窠臼，局限于一堆数字或图形，解决了一时的考试问题，但终究不知道数学有何乐趣，为何要学。我校的数学课堂教育，除了重视培养学生的逻辑思维能力，也强调与实际生活的联系，一个公式不是单纯背诵，而是引导学生进行推理和探索，进而能将知识应用于解决生活问题，或者能在繁杂的问题覆盖下找出问题本质，让学生感受到数学与自然和人类社会的密切关系。学生学得有趣，觉得学了有用（分数不是永久有用），他们的主动性和创造性也才能发挥出来。

除了课堂内容革新，我校授课方式也紧跟信息时代发展，我们引进平板翻转课堂、慕课教学等先进的教学模式，优化和提高传统课堂效率，"课堂用、经常用、普遍用"的信息化教学新常态已初步形成。多元化教学模式和手段，弥补了传统课堂的不足，增强了课堂的吸引力，基础弱的学生由厌学变为乐学。

在课程体系建设方面，我校扎实推进课程与课堂教学改革行动，力求将办学理念融入课程建设中去，课程体系细分为基础性学习模块、发展性学习模块和创新性学习模块，与之对应有基础型课程、拓展型课型和研究型课程，能涵盖不同学生不同类型的需求。通过对三类课程的规划和建设，努力建立开放、灵活、多元的学校课程框架体系，凸现学校科学教育的办学特色，为学生的健康发展提供多元化的选择（图1）。

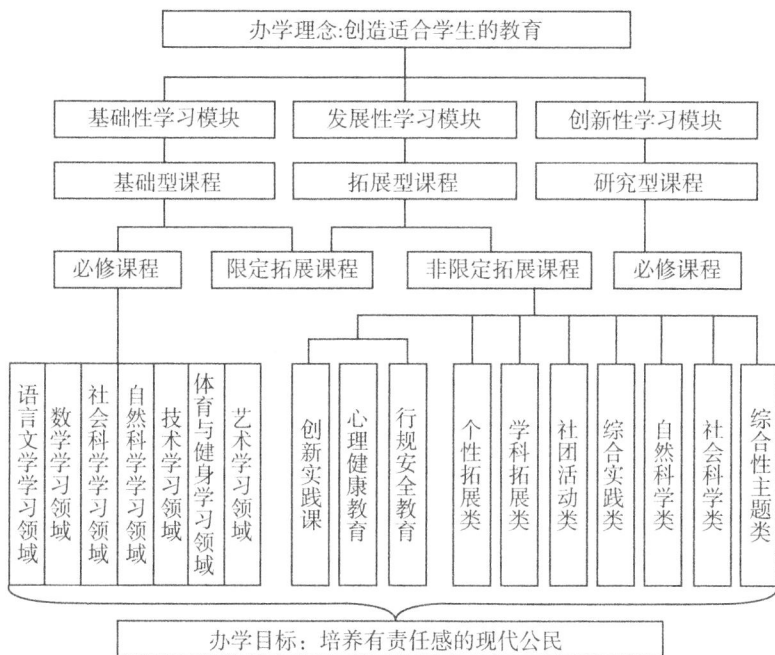

图1 我校课程体系

　　除基础型课程之外，我校的校本课程体系开发也小有成效，能满足学生多方面智能开发的需求。目前，已开发的校本教材有几十种，涵盖了文化学科和艺术、体育等各学科，其中高尔夫、健美操、陶艺教育、创客教育、心理健康教育、研学课程等逐步成为学校品牌课程。此外还开设了20多门社团课程，有网球队、篮球队、足球队、乒乓球队、跆拳道队、美术特长小组、书法协会、摄影协会、机器人创意竞赛组、信息奥赛组、合唱队、吉他社、校园广播电视台、合唱队等等实践课程。这些拓展型课程，让学生在接受集体教育之外，有了更多自主选择的权利（表1）。

表1 部分校本课程和综合实践课程

校本课程	体育保健类	篮球 足球 跳绳 眼保健操	七年级每周2课时 八年级每周2课时 九年级每周1课时
	文化艺术类	古诗文诵读 书法 手工制作 美术	
	生活技能类	盆栽 小家电维修	
	科学探索类	创客 机器人	
	社会实践类	室外调查 演讲与口才 志愿者	
综合实践课程	技术类	信息技术	七年级每周2课时 八年级每周1课时 九年级每周0.5课时
		劳动技术	
	社会实践类	社会实践	
		研究性学习	

这些拓展型课程组织得极为规范，作为第二课堂纳入学校的课程体系，按照新课程的三维目标精心组织课堂，明确课程目标，具有完整的实施方案和考评指标。为了避免以上活动流于形式，我们采取多种措施保障活动的有效和顺利开展。教导处、教务处、德育处、年级办公室、科组、备课组等部门和单位，积极帮助教师制订教学计划，负责协调安排和组织指导教学计划的执行。聘请专家和社会名师指导工作，聘请专业人员来学校常规授课。这些活动课程与必修课一样进课表，纳入教师工作量，工作业绩载入学校的业务档案。学校提供和保障开展活动的经费和器材（表2）。

表2 学校拓展型课程和自主拓展型课程设置及课时分配表

课程科目		周课时			说 明
		七年级	八年级	九年级	
拓展型课程	入学教育	一周			开学前一周
	体育活动	2	2	2	
	安全教育	2	2	1	
	行规教育	2	2	1	

续表

课程科目		周课时			说　明
		七年级	八年级	九年级	
拓展型课程	时政教育	1	1	2	
	法制教育	1	2	2	
	健康教育	1	1	1	
	经典诵读	2	2	2	
	快乐课间操	5	5	5	
	先辈红色经典	1	1	1	
	感恩之心美丽心情	2	2	2	
	生命如歌	1	1	1	
自主拓展型课程	专题教育或班团队活动	1	1	1	校会（轮）班队会专题教育
	社区服务	每学年安排 1~2 周			每星期五下午第二、第三节课
	社会实践				
探究型课程		1	1	1	
跑操		每天 30 分钟			

在开放性、多样性、发展性的教育环境下，我校学生各方面能力都能得到挖掘和发挥，也培养出了一批各具特色的人才，许多人在初中毕业之后继续往个人特长方向发展，升入星海音乐学院、中国传媒大学、各类美院等专业院校、著名学府继续深造。

另外，特长特色教育也会进一步促进学生的全面发展。有一个案例我印象非常深刻，我校有一位学生起初不爱学习，但喜欢打高尔夫球，学校对她的爱好给予了充分支持，鼓励她去参加高尔夫球比赛，后来她获得了广东省青少年高尔夫球大赛的冠军。因为在高尔夫球方面的突出表现，她自信心倍增，重新燃起学习的兴趣，她意识到，要让自己的高尔夫球路越走越远，学好文化课很重要。如此的例子不胜枚举，很多学生都是因为在学习之外找到了适合自己的位置，重新燃起自信的火花，进而增强了学习的热情。

（二）发展特色活动，创设学生放飞梦想的舞台

从哲学上来定义，人的本质在其现实性上是一切社会关系的总和，所以个人的社会属性非常重要，学生亦然。学生升入初中，个人意识有了大幅度的提升，更喜欢交朋友，也在尝试探索自己的定位。所以，除了课程学习，我校设置了各种活动供学生参与。在学校这个小社会里，他们尝试扮演好自己的角色，各项活动给了他们机会和舞台去发现自己，并且在与同伴的相处中，孩子们各项能力都得到提升，更加迅速地融入社会。每学年，我校坚持开展"青春与责任"五四文艺晚会、"校园十大歌手"暨校庆晚会、"爱校杯"演讲比赛、田径运动会、"三杯"篮球赛、"卓越杯"足球联赛、宿舍文化节等等。一系列文体活动，是全方位检阅学生素质的时机，让有才的学子充分发挥自己的底蕴，充实了师生的精神生活，拓展了师生视野，扩大了我校的社会影响。

值得一提的还有我校的中外教育交流（中德、中韩等师生交流）特色活动。现代化的教育要有国际性的视野，目前我国的对外教育交流合作日益广泛深入，国际化发展脚步加快，中国已成为世界上最大的留学生生源国、亚洲最大的留学目的地国。身处沿海地区，学生和家长的视野更加宽广，选择更加丰富，对未来的设计也更加多元，学校必须要看到这些需求。基于此，我校积极开展中外交流活动，并且持续多年，活动也受到学生和家长的热烈欢迎。通过交流活动，给学生打开一个了解世界的窗口。我们欣喜地发现，学生经过比较，更加明确了自己的目标和方向。

（三）兼顾德育心育，搭建学生心灵栖息的平台

有了开放的课程体系、丰富的特色活动，"适合教育"还需要学生拥有健康的心灵。如果学生人格不健全、不快乐、不健康，没有正确价

值观，那这个适合就要打上一个大大的问号。所以我校的"适合教育"格外注重德育和心育，重视家校联合，合力为孩子营造良好的教育成长环境。

1. 目标引路，培养有责任担当的现代人

教育启航，德育先行。学校实施全员德育教育，各部门、全体教职工都参与到德育工作中来。我校德育工作的目标，是把学生培养成有责任感的现代公民。德育工作以"学生、活动、育人"为中心，把握团结、统一、创新，坚持"四条准则"，实施智育、心育、美育、体育、劳育"五项工程"。由德育处牵头，通过班级、团委、生活部等"六条主线"将德育任务落到实处。在完善的德育教育机制下，我们要激发出每一个学生内心的智能，包括兴趣、热情，包括信念、坚守，包括善良、责任，包括上进心、平常心……我们学校的校风是"在平凡中创造卓越"，我们的校训是"对自己负责，对他人负责，对国家负责"。我们不要求每一位学生都是天才都有伟大成就，但我们希望他们有担当，有底线，做人做事努力和尽力。如此，所获之成果都是可贵和卓越的。

2. 机制铺路，打造心理健康特色学校

初中是学生成长的重要时期，青春期也是关键转折阶段。我一直认为，对于正值青春叛逆期的孩子，让他们首先认识自我，找到自我，重拾信心最关键，所以我一贯提倡重视心理健康教育。早在十多年前，我们就将心理健康教育引入学校，不断构建系统，完善机构。现在，我校的心理健康教育工作由校长室总协调，年级组、德育处、心理咨询室具体负责，向下延伸至科任教师、班主任、学生心理委员。在"让每一位教师都成为心理老师"的理念指导下，心理健康教育被渗透至课堂，潜入教师的教育行为当中。现有学校共有国家心理咨询师4人，获得A证的14人、B证的27人、C证的82人。心理咨询室（心语小屋）按省标准配置，每年投入 25 万专项资金为心理健康教育提供保障。

学校还针对不同学段的学生开设不同的心理课程，如初一开设心理健康课，初二开设团体康乐辅导，初三开设考前心理咨询等。学校根据本校学生的特点，自编了校本心理教材，每学期组织心理健康团队活动，培养学生良好的心理品质。

重视心理健康教育的结果也是显而易见的，学校这十几年来未发生因严重心理问题带来不可逆转伤害的案例，学生们的精神风貌总体阳光积极，而且因为精神面貌好，教学活动开展得也更加顺利。因为心理健康教育成效显著，我校被评为首批广东省心理健康教育特色学校。

3. 家校联合，共塑教育合力

教育是一项系统工程，"适合教育"不仅需要学校努力，更需要全社会共同参与，要积极构建政府、学校、社会、家庭联动的格局，不唯分数，不唯名校，不唯学历，为学生提供人人能成才、人人有平台的环境和氛围。我校始终充分发挥家委会、关工委的职能，一方面对学校进行监督，及时发现问题并解决问题。另一方面，家庭是学生成长的第一环境，所以学校也引导家庭克服简单粗暴的"家长制"作风，与子女构建有温度的伙伴关系，从子女兴趣出发特长出发，引导和尊重其选择，营造良好的家庭氛围。实践证明，家校并进可起到很好的纽带作用，促进学校各项工作的改进，成效显著。

（四）建设体现差异性的多元评价体系

"适合教育"不仅要有课程和活动体系，更要有与之匹配的评价体系。如果内容设置与评价是割裂的，自然不会收到很好的效果。学校没有差生，学生只有差异，这是我校在构建评价体系中的基本理念，致力于形成评价标准多元化、关注过程的发展性评价体系。

苏联著名教育家苏霍姆林斯基认为，只评价学习的最终成果，而忽视学生的勤奋、努力程度，这是不公正的。不能把评价变成威胁人的东西，任何时候评价都不可变为贬低个性的手段。他说："学习、上课、完成作业、经常得到分数——这一切绝不应当成为用来衡量、评价一个人的唯一的、概括一切的尺度……如果在教师看来，他只是一种头脑里被填塞知识的生物，他就不会成为全面发展的人。如果一个人不能宣告自己的存在，不能在人类心灵的某一领域成为主宰者……那么，所谓的人就是不可思议的。"

我们过去的评价方式往往就是苏霍姆林斯基所批判的这种，只注重学生的语言表达能力和逻辑能力，评价方式是考试，基本局限于考查学生书本知识的掌握情况。不可否认，这种情况现在也依然存在，所幸情形有了极大转变。成绩固然是一把标尺，但不是唯一标准，我校现在推行分类指导、跟踪问效的评价模式，建立家长、教师、同学共同参与的综合评价。针对学生的道德品质、公民素养、交流合作能力、运动与健康、学习态度和能力、特长发展等各方面进行观察和激励评价。在此环节中，学校行政领导和所有科任教师都积极参与到与学生的一对一跟踪指导中。

未来，我校还将进一步完善多元评价，构建学生综合素质评价体系，在文化基础课程方面的评价、自主发展课程方面的评价、社会参与事物方面的评价上进行更细致、更全面的设计。总之，要达到学校关注每一位学生的成长过程，尊重学生的不同智能因素发展，学生在学校能有不同的平台挖掘自己的能力和潜力，并得到老师及时的指导和激励评价。

（五）"适合教育"队伍建设：铺设教师乐教善教的平台

教师是立教之本、兴教之源。显而易见，每一个教育理念的推行，最终都离不开教师团队的执行，这个队伍素质的高低，直接影响到教育的过程和结果。因此，学校在关注每一位学生发展的同时，也关心每一位教师的成长，倾注力量对教师队伍进行管理和培育。

1. 提升教师地位，增强教师幸福感

2018 年，我国出台《关于全面深化新时代教师队伍建设改革的意见》，这是党中央、国务院出台的首部专门面向教师队伍建设的文件，具有里程碑意义。文件指出，应让"广大教师在岗位上有幸福感、事业上有成就感、社会上有荣誉感，教师成为让人羡慕的职业"，"明确教师的特别重要地位，吸引优秀人才从教"……从国家到地方，都对教师给予高度的关心，纷纷改善薪资待遇、提升教师地位，增强教师荣誉感、幸福感。

我校认真贯彻落实党和政府的方针政策、意见指引，落实教师收入分配激励机制，有效体现教师工作量和工作绩效。在关注学生情感、态度和价值观的同时，关注教师队伍的情感；把教师放在学校资源的第一位置，努力营造融洽、和谐的人际关系，培养一支善良、民主、宽容、仁爱的教师队伍；积极为教师提供服务和帮助，主动发现问题解决问题，为教师打造一个温暖的"家"。

2. 完善师资结构，完善用人机制

打造品牌学校，提升学校教育教学实力，学校需要不同特长的教师。近年我校不断通过内培外引，完善师资结构。首先挖掘现有教师的发展潜力，针对教师的个性特长，有计划地引导和培养，充分发挥教师的特长，促进教师的专业成长。其次，招聘优秀、有特长的教师。学校根据工作需要，优先配置紧缺岗位，并严格把关，择优录用，为学校教师队伍注入新鲜血液。最后，完善用人机制，打造一支能力强、作风正、威信高的干部队伍。完善干部的提拔、考核机制，通过竞争上岗、述职评议、民意调查等方式，建立可上可下的机制，不断提高学校行政中层干部的作风意识、担当意识、服务意识。

3. 实行扁平管理，激发队伍活力

高效的管理模式是学校发展的内在支撑。我校坚持扁平化管理体制，坚持"一个重心、两个并重"。"一个重心"就是将管理下沉到年级组，以年级组为重心，"两个并重"就是既重视教研组的教学管理功能，又重视年级组的教育教学综合管理功能。其显著特征是把年级组由原来的基础管理层提高到核心管理层，成为管理的重心，成为直接连接校长室和一线教师、班主任的桥梁。扁平化管理充分体现以人为本、民主管理的现代学校管理理念，给予了教师较大的自主性、积极性和满足感，有利于开发教师队伍的潜能和创造性。自开展扁平化管理以来，我校教师队伍开创性地开展工作，提出了很多切实可行的措施，收到了较好的教育教学效果。下一步，学校要进一步重视教师对学校工作的意见和建议，完善教代会民主议事机制，充分发挥教职工工作的主动性和创造性。

4. 重视教师培训，提升专业素质

岗前培训主要面向教龄不足五年的青年教师，他们是学校的生力军，每位都是一座丰富的宝藏。对于刚入职的青年教师，学校专门制定详细的青年教师培养方案，他们先是经过统一的岗前系统培训，之后再进入长期的"青蓝工程"培训，即让青年教师与经验丰富的老教师结对子，尤其是与名师结对子，发挥名师的引领、示范作用，帮助青年教师成长。

在培训结束后，学校对新教师从学科教学和班级管理两个方面进行专业素养考核，合格的新教师给予结业，不合格的新教师继续跟岗学习。另外，学校对全体教师进行定期的全员培训，按照"教师点菜，名师下厨，送教上门，异地示范，名师讲座"的方法，组织教师参加各级专业技能培训、教育技能培训、新课程培训、慕课培训，促进我校教师整体理论水平和专业素质的提高。

5. 实施"三名工程"，带动学校发展

常言道：群雁高飞头雁领。名校长和名师是教育教学的先行者，起榜样和引领作用，可以在更广泛的范围内发挥辐射和聚集效应，从而影响和带动更多的教育工作者成长。我校按省一级学校标准兴建，硬件设施一流，但再好的硬件，也需要好的软件来驱动，才能发挥最佳的状态。从搬入新校区以来，我们坚持实施"三名工程"，培养名师、名校长，建设名校。截至 2019 年 2 月，我校拥有省级骨干校长 1 名，省级名校长培养对象 1 人，市级名校长工作室主持人 1 人，市级名校长培养对象 1 人，市级名师工作室主持人 1 人，市级学科带头人 8 人，市级教学能手 23 人，镇级名师 23 人。实践证明，名师的成长更快地促进了学校的发展。

6. 注重集体力量，构建高效团队

相对于单打独斗，我校在教学上更注重团队智慧，以学科为大单位，递进到具体年级，成立备课组。让名师、经验丰富的教学骨干牵头进行集体备课，并且做到集体备课有学期计划，有纸质记录，有固定场地，有固定时间，有阶段考评、终期考评。集体的力量强于个人，重难点清晰明确，可减少青年教师做无用功，且互相带动互相促进，教学准备充分，教学目标明确，教学过程也就更加优质高效。备课之外，互学经验也很重要，学校规定每学科每学期应开展两轮"同课同构"活动，学期教师听课达 12 节以上，青年教师达 20 节以上，初入职教师达 30节。

7. 深化教育科研，营造浓厚氛围

教师不能止步于完成教学活动，教学科研活动同样重要，这也是个人专业素养的重要体现，也是提升自我能力的重要途径。我校历来鼓励教师多思、多学、多写、多做。近 5 年，我校申报市级以上课题共 25

项。教师在市级以上论文、优课竞赛、教研专题活动中，先后有 356 人次获奖，整个学校科研氛围浓厚。

在"适合教育"方面，我校也准备在课题上加以深入研究，以完善体系，更好地作用于学校的发展。目前，我校已把"适合教育"列为学校教育教学研究的重要内容，不断开展各级各类课题研究，积极围绕适合教育的重难点，确定学校的课题研究群。在以前研究的基础上，我们将精心组织全体教师，积极参与到后续的研究过程中来。我校计划未来 3 年，陆续开展"适合教育"内涵原则及对德育的启示、适合教育的困境与路径选择等研究。同时树立和强化提高课题研究成果水平意识、成果影响力意识，集中力量出一批高质量、有社会效应的"适合教育"研究成果，让理论指导实践，让实践结出成果。

四、对"适合教育"的展望与思考

适合的才是最好的。提供适合学生的教育，学生发展才迅速，学校前景才光明，社会期待才不落空。

在上级领导的正确领导下，在全校师生始终不渝对"适合教育"进行探索、实践下，近年我校教育教学成果显著，从全市 5 所"薄弱学校"之一，到如今综合评价已跃居全市公办初中前列。学校中考成绩连续 7 年创新高，其中 2018 年，我校 157 名考生被市六大名校录取，其中 25 人被东莞中学录取，本地户籍学生 80% 升入普高就读。学校不仅赢得了本地人的口碑，同时也获得了一系列国家、省、市级荣誉，先后被评为省现代教育技术实验学校、省心理健康教育特色学校、全国青少年足球特色教育学校。2019 年，我校被评为东莞市首批品牌学校培养对象（全市初中仅 7 所入选）（图 2）。

"教育兴则国家兴"已经成为时代强音。对于"适合教育"而言，学有所好、人人出彩的美好画卷正在徐徐展开。然而，教育是永不间断的事业，新时代给我们提出了更多更高的要求，学校探索"适合教育"

图 2　学校文艺活动丰富多彩

虽有所收获，但可以肯定，未来还会出现更多问题和新的挑战，我们能做、要做的就是坚守教育的初心，继续深化与拓展教育文化内涵，将更适合的教育带给孩子，让教育的火种在孩子心中点燃，为祖国未来培养更多栋梁。路漫漫其修远兮，吾将上下而求索。

◎ 参考文献

［1］冯恩洪 . 创造适合学生的教育［M］. 天津：天津教育出版社，2011.

［2］王秋英 . 直击美国课堂［M］. 北京：中国轻工业出版社，2006.

［3］张立昌，刘强 . 新课程理念下师生共享的体验型课堂［J］. 当代教育论坛，2006.

努力耕耘出一方厚德载物的优质田园

——浅谈构建推动韶关市"田中"加速发展的办学思想

韶关市田家炳中学　刘　炜

创建于 1992 年的韶关市田家炳中学（以下简称"田中"），秉承岭南传统文化的底蕴，凭借教育改革的春风，大力弘扬田家炳先生敢为人先、奉献社会的精神，不断追寻先进的教育理念，在短短的 20 多年里，田中人把一所初生的普通中学，建设成了粗具规模、蜚声韶关、在粤北基础教育占有一席之地的学校，实现了由规模发展到内涵发展的质的飞跃。

如今，在教育综合改革大潮中，如何加速田中的发展，不仅是每个田中人思考的命题，也是田中人的历史使命。自 2014 年 12 月担任校长开始，我深知自己肩上的历史责任，对于如何选择有效的办学路径，带领田中人在改革大潮中搏击风浪、百舸争流，加速田中的发展，在韶关市内乃至省内、国内擦亮韶关田中的教育品牌，我一直在努力思考和探索中。其间，我有幸参加了广东省中小学新一轮"百千万人才培养工程"第二批名校长培养项目的学习，接受华南师范大学基础教育培训与研究院王红院长和她的团队的教育和培养，特别是对办学思想提炼的培养，通过各种学习和实践环节的历练，使我了解、掌握了凝练办学思想的方式方法。几年来我通过坚持不懈的思索和实践，从田中发展的历程出发，从办学、育人的过程去思考，通过不断学习提高自己的教育理论素养，提升自己对教育规律的认识，以自身教育实践的体会融合汲取的教育领域经验，办学思想从开始产生到不断发展，正逐步走向成熟，初步形成了自己的办学思想框架体系。我的办学思想体系包括两部分：基础性办学思想内涵和实践性办学思想内涵；基础性办学思想内涵是自己在办学中最基础、最根本的办学理念和原则，犹如自己在办学过程中弹出的主旋律；实践性办学思想内涵则是在特定学校的办学过程中，根据基础性办学思想内涵，予以具体实施的办学策略和路径，犹如办学中在弹出主旋律的同时，奏出有特色的重音和强音。目前，我立足韶关田中的办学实践，努力为师生成才营造良好的成长环境，引领和推动田中在新时期加速发展，即"努力耕耘出一方厚德载物的优质田园"，这是我为推动韶关市田中加速发展提出的"厚德田园"办学思想体系的教育生态描述。

一、办学思想从初步设想到不断提炼成熟

（一）党的教育方针对办学思想形成的引领

教育方针是一个国家一定时期内关于教育工作的总要求，反映一个国家教育的根本性质、总的指导思想和教育工作的总方向。党的十八大提出的教育方针为：坚持教育为社会主义现代化建设服务、为人民服务，把立德、树人作为教育的根本任务，全面实施素质教育，培养德智体美全面发展的社会主义建设者和接班人，努力办好人民满意的教育。教育方针很好地回答了办教育为了什么的问题，就是培养什么人、怎样培养人、为谁培养人的问题。一个校长的办学就是要围绕着实现这个任务来开展他的教育实践。

培养什么人、为谁培养人？培养的是具备实现中国梦的基本素质的现代人，是培养全面发展的社会主义建设者和事业接班人。怎样培养人？落脚点在于立德树人、素质教育、全面发展上。这些原则要求如何落实到具体的办学行动上，如何呈现为办学的特征？这是我一直在不断

思考的问题。

在三年的学习培训中，经常聆听和接触到不少有关办学思想的报告和案例，都谈到校长要有办学的理想、教育的情怀，不同的校长有着不同的办学理想和情怀。我通过比较、分析、思考和研究，认识到一个校长要有自己的办学思想，有不同于别人的理想和情怀，这是基于自己的成长对教育的认识和理解，基于自己的教育实践所产生的教育体会和经验，因此有了属于自己的办学思想、理想和情怀。但不论怎样的理想和情怀，归根到底回到原点，就是回答"培养什么人、怎样培养人、为谁培养人"的问题。

在三年学习期间，我结合自己工作的开展情况，不断反思关于如何围绕育人进行办学的问题，究竟建设特色鲜明的学校，还是升学辉煌的名校？在不断思考研究、实践探索中得到的结果与体会，同样是指向办教育为了什么这个根本问题。因此，回答好"培养什么人、怎样培养人、为谁培养人"的问题，成为我形成和凝练办学思想内涵的首要基本点，办学理想、教育情怀的追求都要建立在回答这个问题的基础上。

"为谁育人与培育人"成为我持之以恒的、最基本的办学思想要素，是我办学思想体系中最根本的基石，也是贯彻落实党和国家教育方针政策的方向要求。

（二）韶关田中的发展历程对办学思想形成的启示

韶关市田家炳中学自1992年开办以来，办学规模从6个年级24个教学班发展到目前72个班（高中39个教学班，初中33个教学班），时间轴上有三个里程碑：1998年，被评为市一级学校；2000年晋升为广东省一级学校；2012年荣膺"广东省国家级示范性普通高中"。

在韶关市田中28年的办学历程中，不论是刚办学的时期，还是近些年市招生政策的改变引起学校生源素质逐年下降的时期，学校都有着自己的历史文脉传承和延伸，坚持走发展图存和促优发展的道路，以坚忍不拔、无所畏惧的干劲，铸就了田中人精神——齐心、勤奋、奉献、进取。

韶关市田中在诞生之初，就处于需要与市内两所省重点中学竞争的生存发展环境中。面对不同时期的新形势和新挑战，田中人没有跟风（跟规模发展之风），而是迎难而上、攻坚克难，不断明晰学校发展的方向，不断凝练、积淀自己的精神内涵，逐渐形成、完善了以"克己奉公、仁者爱人"为校训，"儒雅、慈爱、严谨、睿智"为师训，"立志、尚德、笃学、强身"为生训的办学理念体系。

田中发展历程反映了自身的办学就是一个精神内涵不断积淀的过程，精神内涵的发展既是田中发展的一部分，又是学校进一步可持续发展的新基础。田家炳先生曾说：中国的希望在教育。韶关田中的诞生承载着这位贤翁对教育的崇尚和期待，也承载着这位勤勉慈爱长者对把田中建设成培养品学兼优人才成长的学校的期望。厚德载物是韶关市田中28年办学对人才培养和学校建设的深刻体会，校训、师训、生训很好地反映了厚德成为田中人教育实践所形成的自我基因，并持续不断地注入每一个新田中人身上，也成为学校和师生不断发展、取得成效的内在办学基础。

韶关田中的发展历程对我办学思想形成的启示，是让我要回答好一个问题：作为校长，要做哪些支撑办学发展的工作？或者说，我的办学思想要体现在哪些工作上？我把我的办学思想体现在建设学校、培养人才、成就教师三方面。而这三方面的工作呈现在办学特征上，就是办一所厚德、文明、修业的现代化优质学校，这是田中办学历史昭示的发展方向，也是我在田中办学实践的追求目标。

（三）研修对办学思想形成的凝练

2015年5月，作为一名新晋校长，我有幸成为广东省中小学新一轮"百千万人才培养工程"名校长培养项目的学员。三年多的学习培训，带给我对办学全方位的思考、研究与探索，办学思想有了实质性的突破。

在学习期间，我感到特别有收获的是解决了三年来在凝练办学思想过程中产生的许多疑问，对自己办学思想的凝练起到了关键作用。在学习、参访、交流中，我接触了很多的办学思想，几乎都是校长基于学校历史或实际提出来的，久而久之就产生了疑问，当这位校长到另一所学校，他原来的办学思想还能够实施吗？是否需要重新凝练呢？或者说，一个校长的办学思想，究竟是他个人的办学思想，还是他在这个学校的办学思想？特别是在境外的研修，使我豁然开朗：一个校长的办学思想不能仅是他个人的办学思想，也不能只是他在一个学校的办学思想，应该是有他较为稳定的基础性办学思想部分和因为不同学校办学需要而形成的实践性办学思想部分。为此，我将自己办学思想体系构建为"1+1"的模式，即由基础性办学思想和实践性办学思想两部分共同构成整个体系，既有主旋律部分（基础性部分），又有基于主旋律的重音和强音部分（实践性部分）。这样，就很好地解决了即使到另一个学校当校长，既能秉持自己最基本的办学思想，又能够根据新学校的实际情况构建和调整实践性的办学思想。一个校长的办学思想体系应该兼具稳定性和变易性两部分，我如此认为，也依此来凝练我的办学思想体系。

二、"厚德田园"的办学思想体系

"厚德田园"办学思想体系包括基础性办学思想内涵和实践性办学思想内涵两部分，基础性办学思想内涵部分称之为"厚德载物、为国举才"部分，实践性办学思想内涵部分称之为"厚德田中、优育英才"部分。

（1）"厚德载物、为国举才"的基础性办学思想是我在办学中坚持的最基础、最根本的办学理念和原则，是我办学思想的主旋律。厚德，有两层含义，指的是建设一所有着厚实办学基础（包括办学条件、环境、制度、文化等）的校园，把师生培养成具有厚实品德基础的优秀人才的含义，包括校园建设和育人的目标。载物，也有两层含义，包括校园能够承载培养社会主义建设者和接班人的使命，以及办学中要构建如何载物（办学和育人）的机制和方式等的含义。为国举才，就是要培养社会主义建设者和接班人的使命。"厚德载物、为国举才"涵盖了我作为校长要办好三个方面办学工作的思想。

"厚德载物、为国举才"的基础性办学思想立足于三个基本点，一是落实党和国家的教育方针政策，二是明确办学、育人目标，三是依靠和发展师资力量。这三个基本点演化为谱写厚德载物办学思想主旋律的音符，在办学实践中指导我努力回答好"培养什么人、怎样培养人、为谁培养人"的根本问题，回答好我作为校长要做好建设学校、培养人才和成就教师三方面办学工作的基本问题。

"厚德载物、为国举才"基础性办学思想使得我不论在怎样的办学环境或不同的学校办学，都可以做到秉持具有相对稳定、可以持之以恒的办学思想进行办学指导，体现了我办学思想中不易与简易的特点。

（2）"厚德田中、优育英才"的实践性办学思想是指结合韶关市田家炳中学的办学实际，把"厚德载物、为国举才"基础性办学思想的内涵，转化为具体实施的办学策略和路径，犹如伴随弹好办学主旋律的同时，奏出有特色的重音和强音。

建设学校，就是要建设好田中，就是将"厚德载物"的办学思想通过培育，构建一系列的教育和管理机制、体系，以教育现代化的标准，把韶关田中办成一所培育具有田中特质和高素质现代人的现代化优质学校，谓之"厚德载物的优质田园"——"厚德田中"。围绕着培养人才和成就教师的办学需要，将"为国举才"的办学思想结合韶关市田中的办学实际，细化为实践性的办学思想——"优育英才"的办学思想。

"厚德田中、优育英才"的实践性办学思想是：以习近平新时代中国特色社会主义思想为指导，落实立德树人的根本任务，以"成就师生、发展田中"为办学思路，以"依法治校，从严管理；依规办学，从优管理"为办学路径，以"质量、安全和效率"为办学生命线；确立建设"厚德田中、文明田中、修业田中"的办学目标，以"内涵发展、制度建设、课程建设、信息化建设、教育和管理品牌打造"为办学发展的拓展空间，进一步提升办学质量和办学竞争力，把学校办成一所培育具有田中特质和高素质现代人的现代化优质学校。

"厚德田中、优育英才"的实践性办学思想体现在将特质、素质、优质作为韶关田中建设和田中人成长的内在办学特征，将厚德、文明和修业作为田中办学的内在基因和外显办学特点。今后，我将在办学中切实落实好"厚德田中、优育英才"的办学思想，抓好建设学校、培养人才、成就教师三方面的工作，努力将田中耕耘成一方厚德载物的优质田园，推进新时期的田中高质量发展，输出更多的优质人才资源，为新时期的田中发展和韶关教育事业做出更多新的贡献。

三、实践办学思想的路径

落实"厚德田中、优育英才"办学思想，需要围绕环境优、管理优、质量优、文化优的角度构建优质的育人机制，建设现代化的优质田中。"优育英才"的办学实践立足点将围绕着学生发展关键能力和核心素养的培养，以目标引领构建课程和校本课程体系，围绕厚德、文明、修业的建设角度构建培养过程，以活动式、体验式、实践式的形式开展素质教育实践。

1. 加强师资队伍建设，培育优质教育团队

优质的师资力量是立校之本，教师队伍建设是学校发展的着力点。优质学校必须有优质的师资，名师是成就名校的必要条件。以教师的发展为本，是学校发展的立足点。我注重教师队伍的建设，建立教师专业化成长制度及培养提升长效机制，通过制定《教师专业发展规划》，加强师德教育，创新培训模式，实施"名师工程"，健全考核机制等方式，在名师培养和优秀教学团队培养中，走一条与众不同的教师专业化成长之路。我加强管理团队（班子、处室、学科组和年级组）和群团

组织的建设，调动团队的工作积极性，提高教育管理的效率和成效，在师资队伍建设中构筑厚实的基础，为教育教学质量的提高提供有力保障。

2. 深化改革，培育品牌

（1）创新教学模式，提升教学质量。教学质量是学校发展的生命线，我始终把提高教育教学质量作为一切工作的出发点和落脚点。课堂是主阵地，探索和创新模式，推广改革成果是增添课堂教学的生命力、提高教学质量、提升学校竞争力、建设优质学校的有效途径。近年来，尽管由于招生政策的原因，我校在生源结构发生较大变化、生源素质呈总体下降的趋势下，我坚持"以生为本，师生共同成长"的教学理念，着力研究"以生为本"的课堂教学模式，在初、高中大力开展课堂教学模式改革，努力探索最适合的教学模式，积极开展有效教学活动，不断提高课堂教学质量。自 2010 年起，我在高中开始进行教学质量过程监控管理模式的探索；自 2015 年起，我校高中全面实施大数据分析、过程分点跟踪、三年监控的教学质量管理模式，为教学质量的提升奠定了管理基础。2016 年，我又在初中教学质量管理中全面实施相应的管理模式。

我实施的新课堂教学模式和教学质量管理模式的改革探索和成果推广，激发了新的办学动力，为提高我校教育教学质量和提升发展潜力夯实了基础。

（2）务实与创新，提高德育实效。有基础、有思想、有体系的德育工作，是优质学校的基本组成之一，是全面实施素质教育的基础。在长期的工作实践中，我形成了具有特色和风格的德育工作模式，把"育人为本，德育为先"的理念作为德育工作指针，以弘扬社会主义核心价值观和传承中华传统美德为教育的主要内容，以对学生行为养成教育和"学习田家炳，践行田家炳，弘扬田家炳"作为教育实践的两大主线，通过开展系列活动，整合家庭和社会教育资源，以多层次、多方位的德育工作体系，引导学生树立正确的世界观、人生观和价值观，构建生态校园、安全文明校园和书香校园。我一直积极探索德育工作的创新模式，努力提升德育工作的实效性。2015 年，我引入德育课程"共创成长路"，进行校本化的路径研究，在课题研究引领下，学校班主任队伍的德育观念得到了更新，班级管理更具特色和个性，德育工作也更具实效性。年轻班主任在课题引领下，得到快速成长，黄敏、郝司光、廖海燕、陈丽丽、湛志薇老师分别荣获省市优秀班主任称号；黄敏、陈丽丽等教师也多次在市班主任技能等比赛中荣获优异成绩，并被市教育局派到新丰、始兴进行班会示范课展示。2019 年 3 月，我校主办了全国"田家炳青少年正面成长计划"首届研讨会，我校共创课程的课题研究得到了专家组和全国各地 30 多所田中教师的高度赞扬。

（3）培育实践平台，铸就特色品牌。构建育人品牌、延伸教学平台，为全面培养学生和培养特长学生搭建了一个成长的舞台，对实施素质教育和建设优质学校有了更大的促进作用。在立足传统教育的优势下，我积极寻求内涵发展，培育办学特色，创造属于自己的教育品牌。在体艺教育方面，我们将普及与提高有机地结合起来，瞄准"全面加特长"的发展目标，搭建特色发展新平台，走普通高中发展艺体、电脑制作的特色教育之路。经过不懈的努力，我校在体艺项目、电脑制作等方面均取得重大突破，形成了自己的教育品牌。

3. 构建显性校园文化，优化环境育人的建设

我围绕着厚与德进行校园文化培育，从完善制度建设和环境建设入手，提高学校制度文化和环境文化的水平，通过活动引领，促进师生行为文化和精神文化建设的提升，推动现代化优质学校的建设。优质学校要有优质的育人环境，我注重育人环境的建设和良好校园文化氛围的营造，以进德修业为方向，修建文化长廊和师生休闲区等，校园内洋溢着浓厚的文化氛围，十余位中外科学家、艺术家、思想家、政治家（雕像）不时与师生穿越对话，教学楼走廊展示的世界经典名画和张贴的

名言警句，成为学校一道亮丽的风景线。有形熏陶、无形浸润，我发挥校园文化春风暖怀滋养心性的育人作用，把思想道德教育和行为养成教育作为校园文化建设的两大教育内容，将设施设备、人文景观、自然景观与学校文化精神有机和谐统一，做到教书育人、管理育人、环境育人、服务育人。

4. 创新管理机制，完善办学条件，提供优质保障基础

我努力创新办学管理机制（如采取全校性的专项工作会议机制、物资采购联合机制等新形式），调动群体积极性，提升工作协作水平，提高后勤保障效率。我努力争取经费，加速信息化建设，完善信息化设施设备，强化信息化教育教学和管理技能的培训，优化信息化设施设备的使用，改变工作理念，提升育人成效，改善师生教学、学习和生活的环境，创设优质的育人环境，在我的努力下，学校的信息化建设成效显著。

办好一所学校，需要适宜的办学思想引领，立足于学校发展的办学思想，需要在办学实践中不断积小成而有成。我期望在名校长培养项目下经过学习培养，具备较全面的形成完整办学思想的知识理论基础和实践能力，不断提升办学理念、提炼办学思想，为学校的可持续发展夯实理论和实践基础，为学校的进一步发展明确方向和目标，在未来带领全体田中人秉承田中人精神积极进取、奋发图强，争取在新的历史时期把田中办成一方厚德载物的优质田园，以高质量的办学成效培育更多的优质人才资源。